新时期高校英语教学中批判性思维培养研究

王　媛◎著

中国原子能出版社

图书在版编目（CIP）数据

新时期高校英语教学中批判性思维培养研究 / 王媛著. -- 北京 : 中国原子能出版社, 2022.11

ISBN 978-7-5221-2546-6

Ⅰ. ①新… Ⅱ. ①王… Ⅲ. ①英语－教学研究－高等学校 Ⅳ. ①H319.3

中国版本图书馆 CIP 数据核字 (2022) 第 235611 号

新时期高校英语教学中批判性思维培养研究

出版发行 中国原子能出版社（北京市海淀区阜成路 43 号　100048）

责任编辑 马世玉　杨晓宇

责任印制 赵　明

印　　刷 北京天恒嘉业印刷有限公司

经　　销 全国新华书店

开　　本 787 mm×1092 mm　　1/16

印　　张 14

字　　数 267 千字

版　　次 2022 年 11 月第 1 版　　2022 年 11 月第 1 次印刷

书　　号 ISBN 978-7-5221-2546-6　　**定　价** 72.00 元

作者简介

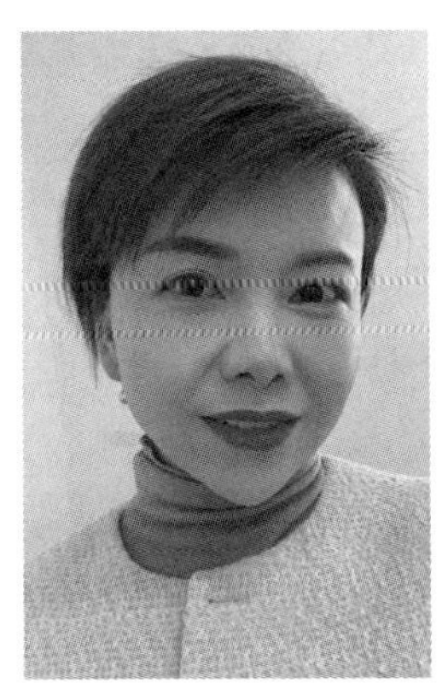

王媛　女，无党派人士，昆明学院外语学院讲师。毕业于云南大学外语系英语语言文学专业，获文学硕士学位，辅修金融学。2006 年至今在昆明学院外国语学院任教，主讲高职高专英语、专升本辅导、大学英语听说读写会计学原理、投资理财学。负责全国大学生英语竞赛阅读板块辅导，指导学生参加国家级、省级、校级各类专业技能竞赛十余次，获得优秀成绩。本人在国际、国内期刊以第一作者发表论文 12 篇，含 3 篇 CPCI 检索。主持、参与多项省级、校级课题，主要研究方向为英语教学法、英语教学创新。

前言

批判性思维能力是指运用恰当的评价标准来进行有意识的思考，从而做出有理有据的判断，它是一种集分析、综合、推理、判断、质疑、评价和创新于一体的综合能力。21 世纪是信息和知识经济的时代，要求人们对大量的信息和知识进行筛选、评判。在这个竞争激烈的时代，没有批判性思维就没有创新，没有创新就难以在竞争中脱颖而出，甚至会被社会淘汰。因此，是否具有批判性思维逐渐成为评判大学生合格与否的标准之一。批判性思维越来越受到人们的重视。学习英语语言绝不像学习使用一种工具那么简单，我们培养的学生绝不应该成为单向度的工具人，应做到学以致用，知行合一。然而，何以为用，何以为一，这就需要我们努力思考了。本书以“批判性思维”为主题，从多视角研究了英语教学与批判性思维的关联，有助于我们认识此领域存在的现实问题与可能的发展路径。

本书第一章为批判性思维概述，主要从批判性思维的定义、批判性思维的特点、批判性思维的意义、批判性思维的标准等方面出发进行论述。本书第二章讲述了批判性思维的研究与发展，主要从批判性思维的历史与现状、国外批判性思维研究现状、国内批判性思维研究现状等方面出发进行研究。本书第三章为大学生批判性思维培养及其影响因素，对批判性思维能力的培养、大学生批判性思维能力培养的影响因素、大学生批判性思维能力培养的途径进行了一定的分析。本书第四章为批判性思维培养与教学模式，主要从教学模式的本质、教学模式与批判性思维能力培养的关系、新时期高校英语教学模式、批判性思维视域下高校英语教学模式的改革这四方面展开。本书第五章是新时期高校英语教学与批判性思维培养的融合，从口语教学中的批判性思维培养、阅读教学中的批判性思维培养、写作教学中的批判性思维培养几方面展开了论述。本书第六章是批判性思维视域下大学英语教学之借鉴与探索，分别从美国高校批判性思维培养之启示、基于批判性思维层级理论的高校英语课堂教学设计两方面展开论述。

在撰写本书的过程中，作者得到了许多专家学者的帮助和指导，参考了大量的学术文献，在此表达真诚的感谢。本书内容系统全面，论述条理清晰、深入浅出，但由于作者水平有限，书中难免会有疏漏之处，希望广大同行批评指正。

目录

第一章　批判性思维概述

进入 21 世纪之后，随着科技的发展和互联网的兴起，过去被人们所重视的“3R”技能（Reading，wRiting，aRithmetic）受到了挑战，而兴起的“4C”技能（Critical thinking，Communication，Collaboration，Creativity）由于具有高阶性、多维性和复杂性的特征，更适合应对新时代全球化和人工智能带来的挑战。作为“4C”核心的 Critical thinking，也就是批判思维技能逐渐被认为是个体自由和社会进步的标志并成为我国教育改革的核心。本章作为全书的第一章，主要介绍了批判性思维的定义、批判性思维的特点、批判性思维的意义、批判性思维的标准等内容。

第一节　批判性思维的定义

批判性思维（Critical Thinking，CT）的起源可以追溯到古希腊思想家苏格拉底，批判性思维是广泛的认知技能和智力技能的总称。在逻辑方法上结合人的日常思维和心理倾向发展出的一系列批判思维技巧就是批判性思维。批判性思维在 21 世纪的社会中被认为是高等教育的教育目标之一。北京外国语大学孙有中教授指出，CT 的培养无论对学生个人的学业、就业还是对提升整个大学教育质量而言，都具有重要意义。因此在大学英语教学中，应以培养学生的 CT 能力为导向。

一、思维

在心理学领域，思维指的是一种心理活动的自然过程，思维是概括地反映客观事实的过程，是人脑对客观事物的本质和规律的概括。思维是智力的核心成分，一个人的思维品质决定了他的感受和行为。哲学领域的思维是人类认识过程中的理性认识，也就是智慧认识的过程。在逻辑学领域，思维指的是在概念的基础上对事物进行判断、推理和论证，人们的思考方式可以帮助他们做出判断。思维指的是一种智力活动，是在不同人生阶段的心理特征，是人科学地判断、推理和论证的过程，可以用来解决问题。与此同时，思维是一种技能，然而这里的思维并不包含所有形式，而仅指那些需要意识努力但无论好坏的思考。我们大部分的思考几乎是无意识的，我们只是单纯地进行思考，甚至可以说，我们的思考是无须深思熟虑的！比如，当有人问我要喝咖啡还是茶时，我不需要运用专业技能就能恰当地回答问题。同样，如果有人问我一个事实性问题，我也不需要任何技能就能知晓它的答案。表达偏好或陈述事实都不需要使用思维技能。当然，在此过程中也涉及语言和沟通技能，虽然它们都十分重要，但它们只是有益于我们所说的“思考”这项活动的技能。

以上这种区分往往是在我们归类“高阶”技能（“higher order”skills）的过程中形成的。心理学家、教育学家、哲学家等已经做了大量工作，他们对不同类型的思维进行了分类甚至是分级。绝大部分人都认为相较于简单的认知、记忆或理解事实，分析、评价和决策等活动会带来更高阶的挑战。高阶思维的标准在于，它需要思考者应用知识，并且根据不同的目标进行调整，它也要求思考者具备一定的主动性和独立性。这种高阶技能即是本书要探讨的内容。

我们通过练习获得和提升技能，并且通过我们的表现来评价技能。评价任何技能，都有两项关键标准：（1）执行任务的专业知识；（2）任务的难度。在身体技能方面，这些标准为我们所熟知。走、跑、跳属于基本技能，而体操、木工和弹钢琴则属于高级技能。你一般不会去评价一个人“跳”得好或不好，除非他跳得很远或很高，或者展示了空翻动作并双脚着地，可见，我们在任务中总会有一个挑战水平。但即使已经完成挑战，我们仍然可以对表现的质量进行更详细的评价。比如，一名体操运动员的动作看起来十分笨拙且混乱，而另一名却可以完美掌控动作并保持平衡。虽然他们同样都做了空翻动作，但其中一人比另一人表现得更为出色、更轻松且更娴熟。

上述两项标准中的第一项同样也适用于思维领域。一旦我们学会了计数、加法、看时间、阅读和理解文本、识别不同形状等，我们在做这些事的时候就不需要进一步思考，且我们并不真正认为它们需要运用技能。除非我们需要解决难题、做出决定，或理解一个晦涩的概念，否则我们就不需要“努力”思考。因此，正如身体表现得那样，我们一定程度上根据任务的挑战水平来评价思维。如果一个学生能够在规定时间内解决一个难题，而不是比较简单的问题，那么这通常被评判为更高级的技能。

然而，当我们评价一个人思维的质量时，问题就变得复杂了。心智表现与显而易见的身体表现是不同的，它主要潜藏在人的头脑中。即使两位学生都给出了同一问题的正确答案，我们仍无从得知他们是如何想出各自的答案的。其中一位学生可能只是事先知道了答案，或者已经学会了一种机械的解答方式，或者他根本就是猜的；而另一位学生则可能是通过坚持不懈地推理和想象独立地得出答案的。虽然这两种区别可能不会从给定的答案中表现出来，但从长期来看，后者的考试成绩会高于前者，因为他拥有应对不同挑战的能力。第一位学生则只能局限在他所知的和所能回忆起来的知识里，或仅仅只是能猜对题目而已。

二、批判性思维本质

中华文化以审慎、反思为美德，千古以来一直流传着“吾日三省吾身”“三思而后行”等诸多倡导谨言慎行的训导和警示。然而，我们的生活中却充满着诸多的疯狂。仅仅几十年，我们就见证了疯狂的君子兰、疯狂的邮票、疯狂的钱币、疯狂的玉石、疯狂的彩票、疯狂的传销、疯狂的炒房团、疯狂的食盐、疯狂的比特币等诸多疯狂的人们的疯狂行为，以至于《疯狂的石头》这样的电影已经不足以描述人们的疯狂，还需要《疯狂的疯狂》这样的话剧描述更加彻底的疯狂。

在一个以谨言慎行为美德的国度里，为何会有那么多疯狂的人有如此疯狂的行为？究其原因，是没有真正把握社会现象和他人言行的本质，从而受到误导，做出疯狂言行，一如全世界疯狂的人们。如何才能不为表象所迷惑，不为他人所蛊惑？已有研究表明，关键在于培养我们洞察、明悉社会现象与他人言行，把握现象本质的思维能力——批判性思维能力。

近年来，国内教育界普遍强调应加强学生批判性思维（critical thinking）的培养。那么，什么是批判性思维呢？批判性思维的概念实际源于古希腊。批判性（critical）这个词有两个希腊语词源：kriticos（辩明或判断的能力）和 kriterion（标准）。因此从语源学角度解释，批判性思维意指“基于标准的体现辨识力的判断”。古希腊先哲苏格拉底始创的“诘问”是批判性思维的雏形，即基于对方议论中的矛盾或疏漏处，以提问或提出反例的形式助推对方反思并校正，从而形成正确见解。现代意义上的批判性思维主要从杜威提出的“反思性思维（reflective thinking）”演变而来。所谓反思性思维，是指“能动、持续、审慎地对任何信念或被假定的知识形式进行思考，评价是否得到有力支撑并推断指向的结论”。此后，研究者们不断对批判性思维的本质进行再探究，对其概念进行补充和延伸。

譬如格拉泽认为，批判性思维不仅涉及思维技能，还涉及进行缜密思考的倾向和有关逻辑推理的知识；这一看法得到了恩尼斯等人的呼应，他们强调情感、态度等要素也应该纳入批判性思维的属性范畴。20 世纪末，以费希万（Facione）为首的 46 位专家学者组成了研究团队，在其成果《德尔菲报告》中尝试就批判性思维给出一个相对完整的定义，即批判性思维是出于一定目的，基于证据、概念、方法、标准或语境，不断自我校正的判断过程，具体涉及六项认知技能和若干心智倾向，如表 1-1-1 和表 1-1-2 所示。

表 1-1-1　认知技能及其微技能表现

六项认知技能（* 核心技能）	微技能表现
理解阐释（interpretation）	归类 解读 澄清
分析（analysis）	检视概念 识别议论 分析议论
评价（evaluation）	评价断言 评价议论
推理（inference）	质疑证据 揣摩更多可能性 得出结论
解释说明（explanation）	陈述结果 论证过程
自我校对（self-regulation）	自我检视 自我修正

表 1-1-2　心智倾向举隅

在生活上	就特定议题、困惑、问题
乐于探究； 想要变得消息灵通、知识广博； 对个人的推断能力有自信； 在推理的过程中保持公正性； 诚实面对个人的偏见、先入为主的观念、自我中心或社会中心倾向； ……	在陈述问题或顾虑时思路清晰； 处理复杂问题时有条不紊； 努力寻找相关信息； 在选择和应用标准时注意其合理性； 集中注意力于眼下的事务； 不畏艰难，持之以恒； 在可能的范围内追求精准； ……

进入 21 世纪，批判性思维研究领域的另两位集大成者保罗和埃尔德在上述《德尔菲报告》所下定义的基础上，又进一步明晰了批判性思维的标准、对象和

特质，并解释了三者之间的关系，具体如图 1-1-1 所示。

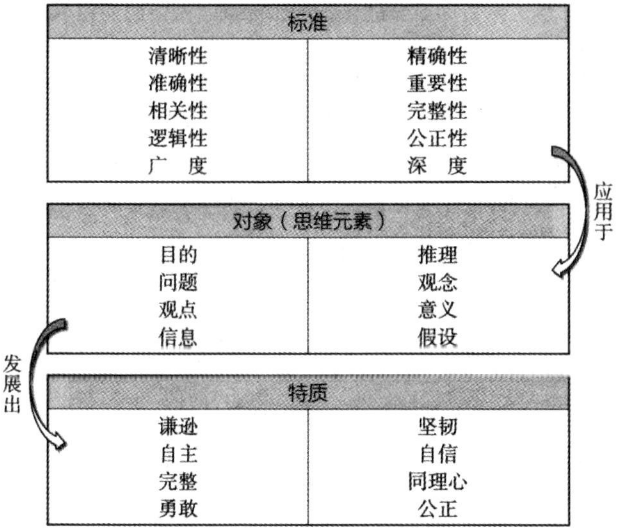

标准	
清晰性	精确性
准确性	重要性
相关性	完整性
逻辑性	公正性
广　度	深　度

应用于

对象（思维元素）	
目的	推理
问题	观念
观点	意义
信息	假设

发展出

特质	
谦逊	坚韧
自主	自信
完整	同理心
勇敢	公正

图 1-1-1　思维标准、思维对象、思维特质三者关系

国内对批判性思维的研究相对滞后，研究者们对批判性思维的认识也多是建立在西方既有的经验基础之上。不过，这其中也出现了一批具有一定代表性的观点，钟启泉将批判性思维看作是“对于某类事物、现象或主张发现其问题所在，同时自身做出逻辑思考”的过程；刘儒德认为，批判性思维是“对所学知识的真实性、精确性、性质及价值进行个人判断，从而做出合理决策”；罗清旭将批判性思维看作“对产生知识的过程、方法、背景等要素及评价知识的准则是否正确做出的自我调节性判断，这种判断需要批判性倾向和批判性技能”；谷振诣、刘壮虎将批判性思维定义为“面对相信什么或做什么能够做出合理决定的能力”，其实质是“恰当提问和做出合理论证的能力”。

人们对“批判性思维”这个词可能耳熟能详。但是很少有人真正理解何为批判性思维以及它的重要性。人们无法统一定义批判性思维，近代之后，西方的诸多教育家都开始对批判性思维做出定义，出现了多种多样的解释。从整体上来说，对某一事物做出自己的判断，根据事物的性质、价值、真实性、精确性提出合理的对策就是批判性思维。举个例子，审查一篇文章的逻辑性和识破误导人们的广告都是批判性思维的应用。

洞察、分析和评估等过程都是批判性思维必不可少的。批判性思维包括根据科学的论断和生活中的尝试对事物进行的思维反思过程，具有批评性、临界性和鉴定性等性质。批判是对于观点或学说，依据一定的理论基础，指出是非、正误或予以评价的思维，是将过去经验得知之事，在思索、考虑中，比较、统一、整合之后，推论尚未经历之事实。中外多位学者对思维进行定义后，认为思维是内在的心理认知历程，当人有了需要的知觉想达成目标时，以已有的经验、知识及信息，在智力运筹下思考，以补全其信息、知识与经验的不足，当目标达成或问题解决时，思维就告一段落；批判性思维是思维的一种方式，并且是指出某种工作或理念错误之处，企图予以纠正的心理历程。

两千多年前批判性思维即已被亚里士多德提出，并于教学中强调其重要性，直到 1909 年杜威提出人类须根据各种实证的理由和由此所推演出来的结论对一个信念或假定的知识形态，进行主动的、持续的、仔细的反思，杜威因而被尊为现代批判性思维之父。此后，学者们才开始致力思索并研究批判性思维，以教导后人。

广大学者从多方面对批判性思维进行研究，如评鉴、消除偏见、解决问题、价值判断和综合等层面。然而在实际事件中，人类常常需要运用综合评鉴、价值判断、消除偏见、解决问题等批判性思维。为了建构批判性思维的一致性定义，美国教育学家费希万等多位学者，以德尔菲研究法，将批判性思维定义为：在有目的的自我调整判断历程中，运用各种认知技能在反思推理过程中来确定什么是可以相信的。

罗伯特·恩尼斯（Robert H.Ennis）指出："人们明确什么是可信或可做时，进行的合理并深思熟虑的思考方式即为批判性思维。"在此定义中他认为决策也是批判性思维重要的一个环节。恩尼斯认为批判性思维需要具备一些能力，如厘清问题的脉络、能够内省、使用逻辑推理的形式思考、建立价值判断准则、审视问题的合理性、做好评价、决定什么事应该做等能力，他认为批判性思维是程序性心灵活动与心理操作的综合体，是一种比较高级的能力。有学者认为具备批判性思维的人，会从事的辩证性活动包括内在质疑、反省、解放与重建之心灵活动，其主要目的在于使人类生活更具合理性。

先备知识、特质及技能是批判性思维的三个内涵。先备知识指的是人们可以对拥有的知识进行类比、应用；特质指的是人们根据证据支持的探究态度；技能指的是人们的分析、解释说明、评价和自我调整的能力。批判性思维者使用批判性思维进行理性的深思，将所获得的信息进行审视、评鉴，最后做出自己的判断。

断言（claims）、论题（issues）和论证（arguments）是构成批判性思维的基本要素。这些构成要素的解析是理解批判性思维的关键。

虽然国内外学界尚未就“什么是批判性思维”达成一致意见，但综上所述，我们可以提炼其本质属性：（1）批判性思维的思考对象是思维本身，包括他人和自己的思维；（2）批判性思维建立在一定的逻辑基础知识之上；（3）批判性思维需要基于一定的判断标准；（4）批判性思维可依循一定的过程方法（技能）；（5）批判性思维伴随着心智倾向的形成与发展；（6）批判性思维最终将影响人对问题的决策。

另外，还可以从“批判性思维不是什么”的角度来认识它的本质。批判性思维的起点不是否定，而是质疑。“质疑”是批判性思维的关键概念。质疑不是一些人的消极牢骚、片面否定。有些人从他的固有立场出发，不管你说太阳从东边出来还是从西边出来，都“质疑”你是错的，这不但不是质疑，而且可能是违反批判性思维的一种偏向、封闭、顽固、教条的心态。质疑是提问，不是判断，更不是一味地否定判断。而且，提问要和理由相配，不能证据是一只鸽子，提问却是关于所有天鹅。

合理质疑，浓缩着开放理性；所以说，它是科学精神的核心，其价值无可比拟。批判性思维的关键，在于它的过程，不在于它的结论。不管一个思考的结论是同意还是不同意某个观点，这不要紧，要紧的是：它是不是来自一个谨慎反思的过程，甚至没有明确的结论也不等于没有批判性思维。在证据不足时，批判性思维者的判断就是悬置判断。批判性思维的起步要求，是谨慎细致的态度，接着是主动、全面的探究。毛泽东说，没有调查就没有发言权。批判性思维不能代替学科知识。相反，它必须和知识结合，才能使人在生活和学习中，更好地探究、实证和判断。

三、批判性思维的各种定义

人的思维活动就是人对事物状态的认知活动，这种活动既包括通过先天的机能性感知而进行的认知活动，更包括通过后天训练而形成的认知活动。人类有三种主要思维模式：批判—分析性思维（critical-analyticthinking）、创造—综合性思维（creative-synthetic thinking）和实用—情景性思维（practical-contextual thinking）。尽管大部分情况下，我们的思维本能地处于第三种模式之中，但我们也总是在努力更准确地认知世界，达到第一、二种思维模式。

我们的思维品质取决于我们的思维要素（图 1-1-2）是否达到必要的基本程

度。从思维要素图可知，思维的过程与结果都可以从多个维度进行分析，我们的思维结果（也就是 thought，不是 thinking），取决于思维各要素达到了怎样的充分程度，各要素越齐备、越充分，思维的结果就越符合逻辑、越具有说服力。

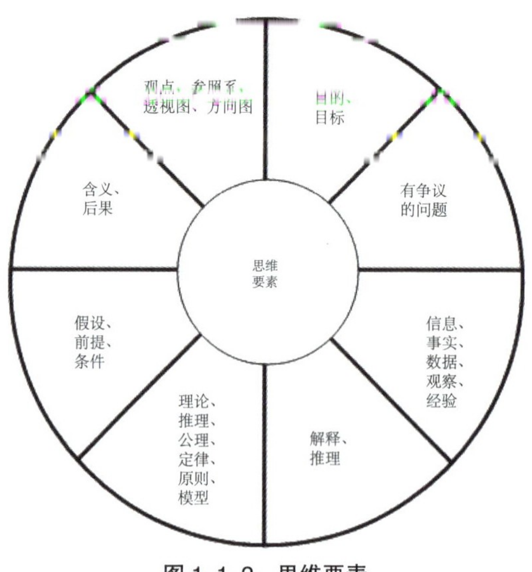

图 1-1-2　思维要素

思维要素内涵是否丰富、全面、深入，决定着思维品质、思维结论的质量。正是因为思维如此复杂，我们更需要对思维本身持有批判性视角、批判性立场、批判性价值取向，才可能形成真正有品质的思维结果，形成尽可能准确的认知与判断。

批判性思维的英文是 critical thinking，critical 的词根为 crit，源于希腊文的 kriterion，是“判断、辨明、区分”的意思。批判性思维起源于古希腊哲学家苏格拉底提出的问答法，其实质就是通过质疑习以为常的观点或解释，辨析它们哪些部分缺乏证据和合理性，最终发现真理。近代哲学家笛卡儿提出的普遍怀疑论认为现实中的许多观点都有不确定性，在没有分辨真理的情况下，将未经检验的内容作为推理演绎的基础，由此形成的结论和观点是不可信的，这也是批判性思维的一种表现。哲学家康德在《纯粹理性批判》一书中认为“批判”指通过区分而达到确定的结论，“批判”是对理性的一种训练，是理性的自我批判、自我审查和自我拷问。

作为现代教育创始人的杜威的反思形式是现代批判性思维概念的来源。现代批判性思维指的是深入、持续、认真、反复地研究某一问题，以期产生新的理解或者认识。以下两点是反思性思维的关键：

（1）反思性思维具有连续性；

（2）反思性思维具有目的性，反思性思维的目的是通过发现适合目的的事实来得出结论。

（一）国外学者对批判性思维的定义

1. 苏格拉底

苏格拉底，西方批判思维之父。西方思想和批判性思维的概念可以追溯到2500多年前的希腊哲学。这体现在苏格拉底的观点中，他发现了探索和质疑非理性知识主张的方法。在西方文化中，苏格拉底可以被视为批判性思维之父，因为他确立了提出深入探究性问题的重要性，并强调了看到证据的重要性；此外，他还通过分析那些自称拥有真正知识的人的基本概念并阐述这些主张的含义，仔细研究了他们的理由和言辞背后的假设。正如柏拉图所阐述的那样，这种“苏格拉底式提问”构成了他的教学策略，他推广了这一传统的批判性思维，并为传统的批判性思维理论制定了议程。

2. 约翰·杜威

自2500年前出现以来，批判性思维的概念得到了完善和丰富。通过查阅有关这一主题的文献，我们会发现各种定义有助于我们理解批判性思维的本质。约翰·杜威是第一个将批判性思维定义为“反思性思维”的人，即“根据支持某一信仰或假定的知识形式的理由及其倾向的进一步结论，进行积极、持续和仔细地思考”，他提出了一个五阶段批判性思维模型，其中包括（1）建议，（2）问题定义，（3）假设生成，（4）推理，（5）假设检验。在这一定义中，杜威指出，个体有必要通过反思积极、持久地参与自己的思考过程：对其结论给出理由和解释，随后进行评估，然后在反思中得到提升。

3. 格拉泽

批判性思维是在杜威的反思性思维的基础上发展壮大的，但是二者也有不同，批判性思维对于定义、结构和教学等更加重视。格拉泽（E.M.Glaser）认为态度、知识和机能是批判性思维的组成部分。他认为态度是质疑和反思的态度；知识是类比、推理的有效知识；技能是在态度和技能基础上的技能。格拉泽以批判性思维的组成结构设计了一套测验工具，整套工具可以测量批判性思维。

4. 罗伯特·恩尼斯

批判性思维有很多定义，但一位顶尖的批判性思维研究者罗伯特·恩尼斯（Robert H.Ennis）在多年前给出了以下定义，作者认为这依然是最为准确的。

批判性思维是一种理性和反思的思维，旨在决定该相信什么或做什么。我们可以看到这个定义含有几个要素，让我们由后向前，逐一进行考察。批判性思维是“旨在决定该相信什么或做什么”的思维。决定“该相信什么”即判断事实是什么，了解世界或者至少世界的某个角落是什么样子的。我们需要判断天气是大雨滂沱还是阳光普照，这部电影是否值回票价，这家餐馆是否在逐年改善，或者应不应该相信老师告诉我们的东西。在决定相信某些事情时，我们表明了自己的立场。如果这个决定与事实相关，比如天气，那么我们就表明了事实是什么的立场。如果这个决定与评价相关，比如电影或餐馆，那么在决定相信什么时，我们就表明了什么是好或更好的立场。在这两种情况下，批判性思维的作用都在于帮助我们决定相信什么。

批判性思维的另一个目的是“决定该做什么”。“决定该做什么”实际包括两部分。首先，每个人都要决定他看重什么或为什么而奋斗，这是在决定一个人的目标或最终目的。然后，他需要决定如何才能最好地达到这个目的，这是在决定达到目的的最佳方式。比如：自己现在应该去跑步，还是继续写书？自己要用积蓄去买一辆新车，还是继续使用原来那辆破旧的车？城市应该将有限的资源用于建造一座新的大桥吗？国家应该推行一项普遍的医疗保障计划吗？当朋友问一个人对她男朋友的看法时，他应该讲真话吗？自己应该捐钱做慈善吗？通常，我们会根据我们看重什么或者我们认为什么能使生活更美好，去决定该做什么。一个人决定去跑步而不是继续写书，是因为他觉得跑步和保持好身材是他生活的重要部分。他决定如实地告诉朋友他的看法，是因为他看重朋友之间的真诚，他想让他们觉得他是一个可靠的人。但有时候，决定为什么而奋斗或追求什么目标，首先要决定我看重什么、我要成为什么样的人、我想过什么样的生活。比如说要决定读不读哲学专业的研究生，我必须先决定什么是我看重的、我要以什么样的方式生活。决定看重什么，是我们要做的最为困难和影响深远的决定之一。批判性思维可以帮助我们做这样的决定。但一旦我们决定了看重什么，决定了过什么样的生活，我们还需要决定如何过上那样的生活。我们选择目标以后，还需要决定实现途径，在这方面，批判性思维也能提供帮助。

罗伯特·恩尼斯认为批判性思维是一种理性的思维。关于该相信什么或做什么的批判性思维是理性的，这要求我们在做决定时要有理由，而且是好的理由。批判性思维不仅仅是为了决定事实是什么或者要达到什么目的。在某种意义上讲，我们能够很轻易地做出决定，难的是有好的理由支撑我们的决定。仅仅决定去相信天气要放晴，这是不够的，我们还要有好的理由去做出这样的判断。同样，仅仅决定将诚信和正义作为自己看重的东西，这是不够的，我们还要有好的理由做出这样的决定。因此，批判性思维是理性的，这要求我们做决定时要有理由，而且是好的理由。

最后，恩尼斯认为批判性思维是反思的。当我们将批判性思维与数学运算相比较时，我们就能明白他的意思。毫无疑问，计算一个大数字的平方根也是一种思维，而且是一种非常注重方法和标准的思维。从这个角度看，数学运算与批判性思维有相似之处。但当我们算一个数字的平方根时，我们不用思考使用什么方法，我们只需套用公式就能找到正确答案。在这种情况下，我们手上的问题（找到这个数字的平方根）非常明确：从一开始我们就很清楚什么才算是正确答案、寻找答案的最好方法是什么。我们日常生活中所做的很多决定也是如此，但有些问题是开放的、无确切答案的。如果一个问题从一开始就没有明确的解决方法，那么它就是开放的。在这样的情况下，我们要有所进展，可能需要对问题本身进行深入的思考，而不仅是寻找问题的答案。为了解决它，我们可能需要通过分析将问题拆分开来，我们可能需要思考解决问题的最佳方法，在我们运用这种方法时，我们可能需要思考我们的运用方式是否正确。我们甚至需要对这种方法进行调整，或者是从一些临时拼凑的方法中形成一套系统的方法。

恩尼斯的定义的一个主要优点在于它没有将批判性思维限定在论证（argument）的范围内。一个论证包括一系列的陈述，一些陈述（前提）是为了给另外一些陈述（结论）提供逻辑上的支持。由于我们可以并且经常将该相信什么和做什么的理由以论证的方式呈现出来，因此批判性思维肯定与论证相关。

总而言之，罗伯特·恩尼斯是发展批判性思维理论的另一位重要人物。他的重点是关于信念和行动的决策、反思的过程和其合理性。批判性思维帮助人们决定相信什么以及如何解决各种问题。他将批判性思维称为“理性、反思性思维，专注于决定相信什么或做什么”。他培养了一系列批判性思维技能，首先是思想开放和注意其他选择，并制定了 FRISCO 模型。一个批判性的思考者应该总是努力扩大他对某一主题的理解差距，并更多地了解自己所学的东西，在批评中给出合理的理由。如果一个人消息灵通，他对事物的判断就会更加可信和可靠。一个消息灵通的人可以在一份报告中确定结论和假设。换句话说，一个经验丰富的人能够探索并找到证据支持论点的东西，并且能够以人们会接受的方式为论点辩护。该模型还提出，批判性思考者提出相关的合法问题，有助于澄清问题。通过这样做，学习者可以提出在实验中检验的假设。恩尼斯还解释说，创造性行为，如制定假设、建议看待问题的替代方式、提出问题、提出可能的解决方案以及制订调查计划，都属于批判性思维。

5. 保罗和埃尔德

保罗和埃尔德将批判性思维的本质概括为“思考”的艺术，有两种方式：一种是确定其优点和缺点，另一种是以改进的形式（必要时）重新塑造它。它要求思考者具备分析、评估和创造性思维的技能。对保罗和埃尔德来说，批判性思维是通过关注思维的部分或结构（“思维要素”）来分析思维，通过关注质量（“普遍的智力标准”）来评估思维，以及通过使用所学知识（“智力特征”）来改进思维。因此，他们将批判性思维定义为“思维艺术”，将培养批判性思维能力的方法定义为“思考”。保罗和埃尔德最大的贡献是他们增加了智力标准的维度来衡量批判性思维。

（二）国内学者对批判性思维的定义

王习胜教授提出自觉地对某种思想和行为进行合理判断的思维就是批判性思维，他认为批判性思维是理智的判断和选择，是人们为了理性把握世界，从而主动对人们的思想进行反思性审查。

朱智贤教授提出批判性思维应该是解决问题和创造性思维的组成部分，他认为批判性思维是一种智力品质，可以用来判别思想和检查思维过程。

熊明辉教授提出批判性思维的核心认知技能，包括解释、分析、评价、推论、阐明和自我调节等形式。批判性思维是一种有目的的反省性判断。

包景东教授提出批判性思维和运用思维相关，他认为批判性思维是一种认知活动，需要运用多种思维活动进行批判性的思考。

谷振诣教授认为批判性思维在广义上是将人们的世界观发展并完善，再高质量地运用在生活中的思维能力。

“论辩”是批判性思维中需要注重注意和考虑的方面。不论“论辩”的形式如何，它可以作为一条信息。利用批判性思维，人们可以更加清楚地辨别信息，从而理解论辩的形成过程。在研究不同的批判性思维定义时，大多数学者认为：批判性思维不但涉及分析、解释、推理、解释、评估和自我调节的思维和思维能力的过程，而且包括思维倾向，如准确、清晰、相关性、一致性、公平性、深度和广度。总而言之，不能将批判性思维理解为简单的质疑和询问，批判性思维是全方位地进行评判，依据一定的道德标准评价已有的想法，然后通过对已有想法的反思，做出最优的判断和选择，最后通过评价来改善行为。批判性思维不仅仅是去批判他人，更是对自身见解、推理过程有意识地进行合理反省的思维方法。

“批判”不仅能不断提高个人的思维效能，而且能不断完善个人的人格修养，学会批判与创新的过程，是每个人自我完善、不断修炼的过程。它是教育中的一股解放力量，也是每个人在个人与公众生活中的重要资源。

第二节　批判性思维的特点

一、独立性

批判性思维的基本特征之一就是独立性。判断性思维的独立性要求人们站在客观的角度看待问题，不受外界因素的影响，并且要谨慎小心地做出判断和选择。作为批判性思维的起点，独立性要求批判性思维者在使用时保持情感距离。成为批判性思考者意味着我们的信念必须建立在知识论理由之上，而非情感理由或实用理由。将信念建立在情感之上，而非知识论理由，这是错误的。因为一个观点或提议给人带来什么样的感觉无法为我们提供可靠的指导，帮助我们判断该观点是否真实或者提议的好坏。情感可能使我们难以搜集证据以确证我们的信念，甚至会阻碍我们开展更深入的调查。如果一个人的信念和意见掺杂了过多的情感因素，当别人询问他的理由，或对他的信念提出异议，或提出不同的信念时，他可能会消极地应对。他可能会觉得他们在批评他，而不是他的信念。当别人要求他解释他对证据的评价，或他在搜集证据时运用的不同方法，他也会有同样的感觉。如果他非常认同某种搜集和评价数据的方式，如果他觉得自己作为研究者被他们的价值观绑架了，那么他就会认为他们是在批评他本人和他的判断，并以此给予回应。这种被攻击的感觉使他有所戒备，这使他无法批判地思考眼前的问题。当他询问其他人的理由时，也会发生同样的状况。此类问题很容易被视作有攻击性或挑衅性的问题，即使其目的只是帮助他尽可能从不同的角度彻底地思考问题。

二、主动性

批判性思维的主要特征是主动性。主动性要求人们不论在什么情况下，都要具有好奇心和刨根问底的精神，人们要主动地思考，发挥能动性。人们不断地激发自身的创造性思考的前提就是可以严谨并且主动地提问。

三、反思性

反思是另一个核心概念。杜威在 1910 年首次提出“反思性思维”这个词，指的就是现在的批判性思维，反思，就是主动、全面和细致的探究；探究的对象，是观念、假说的根据、推理和作用。杜威说，这样的反思性思维，是我们做判断之前的必经过程。

不难看出，杜威的反思性思维，蕴含着当代恩尼斯批判性思维的定义。他的话可以导出三层相互连接的意思。其一，反思是谨慎的态度，没有反思，就不要随便判断和说话。其二，反思是主动、细致、深入的考察，它要包括正反两个方面意见。其三，反思是对观念和假说的来源、理由、推理和后果的考察，所以它是真实、合理的考察。从某种意义上来讲，批判反思具有以下益处。

（1）很有益处的精神练习。批判反思是一种精神练习，会带来多种益处，而且经常是预料之外的益处。学习和工作对于批判反思给出的外在刺激和限制对我们很有帮助，因为如果我们自主反思的话，很可能缺少这些东西。我们越是建立起一个批判反思的模型，就越可以锻炼自我管理、批判观察、情感独立的能力，可以积极运用这样的经历来利己利人。

（2）提高学习效率。我们自己的学业也可以作为批判反思的对象。从学习中抽身出来，反思自己的学习态度和学习策略，以及搞好学业的辅助和阻碍因素。这些都会对我们有帮助。批判反思以下内容可以更好地理解自己的表现：自己的教育经历对成就和自我信念的影响；目前的态度和学习方法有什么进步，是否最为符合目前的情况；自我认知对自己的表现是辅助还是阻碍；你是否在不自觉地破坏自己的表现。

（3）改善工作表现。批判反思可以改善工作表现。通过更好地理解你目前在做什么、为什么这么做，以及你的行为的影响，你可以更好地以专业方式来处理新的意外情况，专业的态度也会满足你自己的需求。

反思，是反思自我、超越自我，而且，反思首要地是要针对我们自己，即反思我们自己的思维。这是因为影响人判断最大、最深、最顽固的因素，是人的自我内在的信念。阻碍我们认识的，首先是我们自己，人被内在的偏向、先入之见影响而犯错误，这是普遍现象，要认识新事物、新知识，就要突破自我。所以，批判性思维，首先是自我批判。

不过，反思虽然是自省，它却需要通过和他人观念和外在事物的对比来进行，因为有比较才有鉴别，就像没有窗外的河岸，人们不知道自己的船在运动。这样，反思就促使我们寻找不同观念和事物作为对比物，这就产生了对辩证和创造的要求。即为了反思自我的旧有观念，我们需要向外寻求和创新：回首和向前、内省和外察、正和反、立和破、构建和扬弃……都互为依托。存在对立和不同是这样的反思的前提，如果没有，则需要构造它们，这就是创造。所以罗伯特·恩尼斯指出，批判性思维者在具有批判思维的同时，还需要具有创造性思维，因为批判性思维在对现有观念进行判断和评估时，还需要进行创造性方面的内容，如根据多种可能性提出多种应对方案。批判性思维者从本质上来说，是“虚怀若谷，坚守理性，勇于探究”的人。

反思不同于即时的刺激反应，指的是对某一事物进行深刻、严谨且专注的思考。当我们进行反思的时候，我们不只是冲动地决策，而是要认真地思考每一种选择及其后果，权衡已有证据、下结论、验证假设等。批判性思维、问题解决和决策能力都是反思性思维的表现形式。此外，反思者不仅聚焦要解决的问题、要做出的决策、要赢得的辩论，而且也关注这些活动中的推理过程。反思我们的思维方式或者说，对思维过程进行反思，这有助于评价我们思维的有效性，明确其优点及问题所在，最重要的是，知道如何做出改进。

由于批判性思维被称为“思维的再思考”，可以看出批判性思维需要及时的反思。反思、反省是一种重要的品质，人们可以通过对自己的观点进行反思和重新评价，来验证自己的观念是否正确及如何改善。反思可以帮助人们解惑，从而更加全面地解决问题。

四、综合性

批判性思维需要人们全面地对事物进行思考，不能单独地从某一片面的角度出发。人们运用批判性思维时需要多角度的考虑，同时还要拒绝偏见。在考虑问题时，需要运用批判性思维进行正反双方面的考虑，这样才能更好地解决问题。

五、合理性

批判性思维不是封闭的，而是开放的。批判性思维不像否定论者否定一切，也不像政治评论，批判性思维只基于个体的认知和感情。批判性思维的结论是科学的，是因为结论是从多方面做出的综合判断，不受外界影响，判断的依据是科学且合理的。

批判性思维的主要目的，是合理判断某个观念是否应该相信，而不是去说服他人，虽然批判性思维可以被用作说服。批判性思维更不是辩论赛中单纯求胜的手段，如果认识到对方观点正确，批判性思维者会承认。重要的是获得真知，而不是谁赢了辩论。

批判性思维不等于不听别人意见的“独立”思考。它要求每个人的话都要倾听，然后综合判断。批判性思维的独立思考，是先突破自我的封闭，倾听各方，然后努力超越自我和他人。批判性思维不只是“有破才有立”，而是还要“有立才有破”，有构建和创造才有批判。批判性思维也以简单逻辑基本规律为基础，但不同于演绎形式逻辑。如杜威指出的，人的实际思维的“逻辑性”是实质、全面、细致、有序等性质。

虽然论证对批判性思维极为根本，但批判性思维是思维，不只是论证，更不只是符合演绎形式逻辑的论证。批判性思维的反思要涵盖思维的一切角落。如范西昂指出的，它要探究证据和背景，对方法、标准及概念进行“元思考”。我们后面会叙述批判性思维的这些必要步骤：探究问题历史，考察思想背景，搜寻和评估信息。通过多论证的模式来判别某一论证、构造和创造替代观念等，这些均超出了演绎形式逻辑论证的范围，却正为开放理性和创造所需要。批判性思维是主动、具体、辩证和发展的思考，而不是被动、形式、单一和静态的思考。

批判性思维不等于单纯的技巧，它更不等于考试的技巧，学批判性思维是学解决问题的实际能力。两者区别重大，我们知道，通过托福考试并不等于在英语课堂上能听懂，批判性思维不能代替学科知识。相反，它必须和知识结合，才能使人在生活和学习中，更好地探究、实证和判断。和一些误解相反，批判性思维正是为了更好地学习知识和创造知识。

六、创新性

作为批判性思维的特征之一的创新性，要求人们不局限于某一方面，而是要放开思维，打破思维定式，勇于向传统发起挑战。否定、质疑和超越是批判思维创新性的主要体现。

从某种意义上来讲，批判性思维既促进创新，也要求创新。接下来我们通过一则案例来阐释批判性思维的创新性特点。

英国发育生物学家约翰·戈登（John B. Gurdon）获得 2012 年诺贝尔生理学或医学奖，他突破了两个成见。当他 1962 年用实验证明一个成熟细胞中的 DNA 仍然储存有让一颗细胞发育成一只完整青蛙的所有信息时，他颠覆了原先对于细胞发育和特化的认识。这种从不成熟细胞到特异化成熟细胞的过程在此之前曾经被认为是不可逆的：成熟细胞不可能返老还童，重新回到多能干细胞的阶段。他曾面对很多权威的长期反对。

另一个突破是关于他自己的。戈登在中学期间，生物学的成绩在同年级的250名学生中排名垫底，其他科学成绩也处于下游。他曾被老师称为“笨得完全不应该学习自然科学”。为此他一度转学古典文学，但后来还是因为强烈兴趣而回到生物学。戈登将一张伊顿公学的成绩单保存多年，因为在中学时期，一位教师嘲讽他不合适自然科学专业，这位教师说，如果戈登在大学学习自然科学专业，“完全是一种浪费时间的做法”。

通过上述例证，可以简明地概括批判性思维和创新的关系：

（1）批判性思维的质疑和开放意识，企图从心理上打开自我禁锢的牢笼。它强调人类认识没有极限，人不能故步自封。

（2）批判性思维者有自主、积极，好学、求真的习性，这是创新者的精神状态。开放理性精神使人头脑灵活、脚踏实地，这是探究、实证的精神状态。

（3）批判性思维“不立不破”的规定，“迫使”人以创造来完成批判过程。因为批判性思维的判断，是竞争观点之间的选择，如果没有竞争者，便要构造之。

（4）批判性思维的探究，要求提出问题和分析问题，然后寻求丰富信息，并进行辩证思考，这些活动为创造提供了问题、信息和思维的三大条件，奠定了产生灵感的基础。

（5）批判性思维的分析和综合的方法也是启发新观念、新发现的方法。分析问题、数据、论证的隐含假设，寻找反例，进行假设推理等，可以开拓思路，有助于发现新的联系。

（6）批判性思维的辩证性有助于激发新观念。研究证明，多方的批判性讨论、质问和挑战，最能激发思维和观念。

（7）批判性思维的实证理性，它规定用全面的事实和推理来证实、完善形成的新观念。

第三节　批判性思维的意义

伴随世界多极化、经济全球化、文化多元化、社会信息化的深入发展，人类正生活在一个大发展、大变革和大调整的时代，同时也生活在一个错综复杂与充满危机的时代。每天人们被大量的信息所包围，其中既有真的也有假的，既有有害的也有有益的，那么哪些听到的或看到的是真的？哪些是有益的？这就需要人们具备良好的辨别能力，也就是良好的思维能力。思维决定行为，因为我们的生活是由我们的行动和选择来决定的，而我们的行动和选择是由我们的思维来指导的。

当前，人们需要应对的压力越来越大，由此对于人们思维能力的考验也越来越严峻。现实生活中，我们要想提高工作和生活的质量，使自身具有更佳的生存和发展状态，就必须要有批判的态度，要拥有能控制自己思想的能力，不断地反省自己所做的决定，而且要通过学习和训练提高自身辨别真假、判断优劣和决定最恰当行动的能力，也就是批判性思维的能力。在现代生活的法律、科学、教育、经济等重要领域我们都常常遇到许多重要而复杂的问题，如法官如何审判某人是否有罪（甚至关乎某人的生死）、全球变暖是否对人类产生巨大的威胁、如何识别虚假广告、如何选报高考志愿、如何获得更高的投资收益等，要想明智地选择最佳方案或采取最恰当的行动，就必须审慎地思考各种方案和行为，这实质上进行的就是批判性思维活动。总体来说，不论是在生活、学习还是工作中，人们都需要批判性思维。人们运用的批判性思维越多，则人们的思维越能经受住考验，做出的决定就越好，人们的行动就会越合乎理性，处理问题时也就更明智。

一、推动科技创新发展

习近平总书记指出，“过去三十多年，我国发展主要靠引进上次工业革命的成果，基本是利用国外技术，早期是二手技术，后期是同步技术”“这些年来，重引进、轻消化的问题还大量存在，形成了‘引进—落后—再引进’的恶性循环”“核心技术受制于人是我们最大的隐患”。当时工业和信息化部部长苗圩也说，在全球制造业的四级梯队中，中国处于第三梯队，在第一梯队的美国、第二梯队的欧盟日本后面，处于中低端制造领域，后面的第四梯队是资源输出国，比如石油输出国组织、非洲、拉美等国。

有识之士知道，国家富强的根本在于科技创新能力。2016 年，微软创始人比尔·盖茨说，不管美国政府如何折腾，不能削弱美国的秘密武器，就是它无人可比的科技创新能力。他想说的是科技的无可比拟的决定性。中国领导人早就看到这一点，邓小平一个著名的论断就是：科学技术是第一生产力。习近平一再指出，“科技兴则民族兴，科技强则国家强”“科技实力决定着世界政治经济力量对比的变化，也决定着各国各民族的前途命运”。

高科技产业道路也是中国不得不走的道路。如果不想继续苹果手机中国制造厂商只拿到几块钱的利润、美国拿走几百块钱的利润这个局面，不想继续辛辛苦苦却收获甚微的局面，就必须向价值链上游攀登，况且，附加值低的劳动密集型产业受到印度、孟加拉等国的追赶，已经回不去了。而且，白宫贸易顾问纳瓦罗直言不讳：美国对华发起贸易战的目标就是破坏“中国制造 2025”，就是不想让中国改变这种被他们高科技卡脖子的局面。

前有堵截，后有追兵，怎么办？习近平总书记一再指出，“出路在自主创新”“实施创新驱动发展战略决定着中华民族前途命运”。那么，如何能创新？他说：“创新就需要敢于质疑。”他引用中国明代思想家陈献章的话说：“学贵知疑，小疑则小进，大疑则大进。要创新，就要有强烈的创新意识，凡事要有打破砂锅问到底的劲头，敢于质疑现有理论，勇于开拓新的方向，攻坚克难，追求卓越。”

所以，正如科学家、教育家杨叔子所说：“批判性思维是理性和创造性的核心能力，要创新，就要有批判性思维。中国的前途依赖于大量有批判性思维素质的人才。”

二、促进社会和人的发展

批判性思维不仅可以促进科技和知识的发展，也会促进社会和人的发展。批判性思维是人们求真的动力，如果没有批判性思维，那么人们将会缺乏客观分辨事物的能力，形成盲从的社会，这样的社会充满偏见，将会产生可怕的后果，人们不但丧失金钱，常常还有自尊，有的甚至是生命。

在今天的社会里，找这样的例子毫不费力。每一次旨在激发情绪的流言，几乎都能达到散发者所期望的效果，尽管有很多假新闻“反转”被揭穿，但人们下一次还是轻易被人操纵。金融骗子诈骗的手法重复不变，但上钩的人依然无数。有些人在 2011 年日本核电站事故时听信传言，加入了抢购盐的风潮；到 2015 年的股市风潮时又听信了空洞、抽象和无关的口号，借款卖房也将资金投入了股市，最后再一次成为盲目跟风甚至被一些大鳄恶意操纵的牺牲品。而且，一如既往地跟风，这些人还不知道教训在哪里，还在埋怨别人，不知道自己的辨别能力差才是主要的问题，他们还在等待下一次受骗上当的机会。缺乏批判性思维，没有理性的独立思考，一再导致个人和社会的重大损失。今天，即使是在日常生活的层面，也充满信息和决策的疑难问题。鸡有禽流感是否能吃？紫菜是废旧塑料袋做的吗？蒲公英根可在 48 小时内杀死 98% 的癌细胞？电脑蓝光会致盲所以要买电脑防辐射防护眼镜？这些问题信还是不信，做还是不做，需要批判性思维来破除迷雾，解决问题。人需要思考能力来保护自己，在这个时代更为显然。

批判性思维也不仅仅是保护作用。能创造知识和科技，能理性判断，本身就能促进人的幸福和社会的文明和繁荣。以今天的商务活动举例，不管是公司的发展，还是职场的进步，批判性思维都是必要的。国际领导力大师约翰·巴尔多尼（John Baldoni）说："如果你想在 21 世纪商业中获得成功，你需要成为一个批判性思维者。"为什么？人们只知道失败是成功之母，其实成功也是失败之母，因为过去的成功容易使人故步自封，和现实与发展脱节，结果在全球竞争不进则退的大潮中走向失败。这就是为什么华为这样的公司要建立自我批判的机制和制度。批判性思维的辨别能力对每一个职工都是需要的，世界经济论坛 2016 年《工作的未来》报告中，将批判性思维列为到 2020 年十大重要的能力的第二位，在 2015 年时，它还是只列在第四位。第四次工业革命来临的关头，批判性思维被认为是行业和职场上成功的杠杆。在今天信息泛滥和急剧变化的世界，我们需要批判性思维来保护自己，发展自己。

与此同时，西方特别是英美的教育中，植入批判性思维的元素已经很长时间。在 20 世纪初，现代批判性思维的鼻祖，美国哲学家、教育家杜威（John Dewey），领导了相关的教育实验。他的教育思想对美国影响深远，因而美国基础教育很早就广泛融入了批判性思维的教育元素。

20 世纪六七十年代开始，在苏联卫星挑战的背景下，美国再一次关注教育改革，随之兴起了批判性思维运动，推动相应的教学思想和方法更进一步深入基础教育和高等教育。先后兴起的实证性学习（evidence-based learning）、探究性学习（inquiry based learning）、问题解决式学习（problem-based learning）、项目式学习（project based learning）等学习方法，都是以批判性思维为指导，以此来培养学生批判性思维的认知发展，提高理性判断和解决问题的能力。

2002 年，为了能让美国在 21 世纪继续在科技、经济、商业等领域领先，美国学界、商界和政界成立了一个组织——"21 世纪学习联盟"，提出新的知识和技能需要，特别要加强"学习和创新的技能"的培养，英文称为"4C"，即批判性思维（critical thinking）、交流（communication）、合作（collaboration）和创造（creativity）。这四项技能，被认为是美国文化、科技和商企保持全球领先的必备武器。

从 2009 年开始，美国开始制定中小学教育的标准，叫作"各州共同核心标准"

（The Common Core State Standards，CCSS）。它全面地接受了21世纪学习联盟的理念，把基本技能和“4C”的教育放在这个标准的最优先位置。

除了基础教育，北美大学早已广泛开设批判性思维、非形式逻辑、非形式推理、批判性推理、批判性写作等课程，它们实质都是批判性思维教育。

澳洲广播网2015年8月6日报道，澳洲悉尼大学商学院商学硕士课程本期期末考试中，有1200多人参加核心科目“商业的批判性思维”考试，400多名学生不及格，挂科率37%，中国留学生占了八成。另一门“商业成功学”挂科率也达12%。作为澳商学院主管教育的副院长，约翰·谢尔兹认为，“商业的批判性思维”和“商业成功学”两门课程中批判性思维的运用较多，部分学生相对较差的英语水平和被动的学习方式是造成这 结果的主要原因。

除此之外，批判性思维是信息时代提高生存和发展能力的基础。批判性思维是一种思维过程，它指个体在面对所学知识、事件、现象和观点时，对它们是否真实、是否准确、是否客观，属于何种性质，有何价值而进行的自主性的分析判断，以便最终做出正确决策。批判性思维是一种对思维进行思考的艺术，是人人都需要的思维品质，是每一位社会成员拥有高质量日常生活和实现专业发展的基础。它是一种思维能力，也是一种人文精神。哲学家保罗和埃尔德认为，假如人们能控制自己的思想并且经常反省，人们就能决定自己的工作质量和生活质量，甚至决定我们的生活。

批判性思维和创造性思维是推动未来知识社会前进的主要动力。21世纪是信息化高速发展的时代，信息高速公路、国际互联网技术的成熟，在加速知识产生和传递过程的同时，也产生了大量好坏掺杂、真假难辨、需要加以科学判断和选择的信息。互联网具有两面性：一方面，互联网可以方便人们的生活，为学习生活中的问题提供许多答案；另一方面，人们需要在诸多答案中分辨出正确的答案。而所有这些分析、判断和决策的能力都与批判性思维密切相关。

另外，批判性思维有助于人们辨别自己和他人思维中的谬误。谬误就是在推理中所犯的错误，通常是以不好的理由为基础的不合理论证。有的时候人们想通过不合理的论证愚弄、欺骗、蒙蔽或误导别人，有的时候人们自己也是错误推理的受害者。批判性思维是对信息进行分析、评估和判断的过程，这一过程足以促使人们发现推理的弱点，辨别自己和他人思维中是否存在谬误，从而避免被谬误引入歧途。

三、培养创新精神和创新能力

在21世纪，劳动者拥有创新能力是一个国家经济能持续稳健发展的基础。我国《关于深化教育改革，全面推进素质教育的决定》《国家中长期教育改革和发展规划纲要（2010—2020年）》都强调要关注普通高中学生创新意识和创新能力的培养。而批判性思维则是一个人创新思维发展的动力和基础。要创造，就要善于从普遍认为是定论、真理的事实中发现尚存的不合理、不完善的因素。所谓科学精神就是能够在批判性继承和发展旧理论的基础上，不断得到新发现。

四、改善学校教学质量

进入20世纪80年代，批判性思维的培养逐渐实现了制度化和课程化，西方许多国家都设置了批判性思维的课程和制度，例如批判性思维课程已经在美国上千所高校开设。批判性思维成为各高校各类专业学生的必修课，课程内容一般包括关于归纳分析、演绎分析、推论分析、假设测定等方面的技能。批判性思维课程的目的是通过教学来纠正学生的负面的思维习惯，使他们养成正确、良好的思维习惯，培养学生运用批判性思维进行思考，让学生在踏入社会后可以面对各种挑战。与此同时，美国的学术能力评估测试也将批判性阅读和写作作为重点考查的内容之一。

联合国教科文组织的73号建议《教育和生产劳动之间的相互作用》、77号建议《扫盲：90年代的行动政策、战略与计划》、78号建议《教育对文化发展的贡献》、79号建议《国际理解教育的总结与展望》等也都建议对学生进行批判性思维的教学与培育，以此来提升学校教学质量。

第四节　批判性思维的标准

一、清晰

清晰性包括语言的清晰，即我们可以确定它所说的具体对象，知道它在具体环境或语义关系中的意义。如果不具备清晰性，就无法进一步判定准确性。关于清晰性的问题包括：你能详细描述那个观点吗？你能否用其他方式表达那个观点？能否用图表说明？能否举例说明？

在我们有效地评估一个人的观点或论点之前，我们需要清晰地理解他或她在说什么。但这并不是一件容易的事，因为人们经常无法清晰地表达自己的观点。有时导致不清晰的原因是懒惰、草率或缺少技巧；有时却是由于讲话者试图表现得很聪明、博学或深刻。众所周知，哲学家马丁·海德格尔的《存在与时间》是一本影响深远，但也十分晦涩的书，来看看书里的这段话吧：

时间性使得存在、真实性和崩塌的结合成为可能，从而从根本上构成了牵挂状态的整体。正如瞬时在“时间的流逝”中逐渐累积一样，牵挂的要素也从未来、已然和现在之中逐渐累积。时间性完全不是整体。然而，时间性会对其自身加以限定……时间性会限定时间，也为自身设定了多种可能。这使得“此在”存在模式的多样性成为可能性，尤其是真实或不真实的存在的基本可能性①。

这段话似乎很深奥，但也可能是一派胡言，又或者是两者的结合。不论这段话究竟要表达什么，这种晦涩实在是没有必要。

正如威廉·斯特伦克和E.B. 怀特在其经典著作《风格的要素》中所说：“含混不清不仅会造成对文章的干扰，还会毁灭生命或希望：比如高速公路上因为表意不明的路标而造成死亡，恋人因为情书里言辞不当的表达而心碎……”② 只有仔细用心地使用语言，我们才能避免此类不必要的沟通不畅和伤心失望。

具有批判性思维的人不仅会尽力使语言更清晰，也会最大可能地追求思路的清晰。正如那些励志书不断提醒我们的，为了实现人生目标，我们需要清晰地知道自己的目标和优先选择，对自己的能力有切实的了解，对所面临的问题和机遇有清醒的认识。而这种自我了解只能建立在重视并努力实现思路清晰的基础之上。

二、精确

侦探小说里有一些有趣的关于批判性思维的案例。小说里最著名的侦探当属英国作家阿瑟·柯南·道尔创作的不朽形象夏洛克·福尔摩斯。在道尔的小说里，往往在那些反应迟钝的伦敦警察厅侦探还毫无头绪时，福尔摩斯就已解开了复杂的谜题。他成功的秘诀究竟是什么？就是对于“精确”的非同寻常的执着。首先，通过细致和训练有素的观察，福尔摩斯能发现被其他人所忽视的线索。随后，通过精确的逻辑推理，他就能按图索骥找到答案。

在医学、数学、建筑学和工程学等特定领域，人们都会意识到精确的重要性。

① （德）马丁·海德格尔．存在与时间 [M]. 陈嘉映、王庆节，译．北京：生活·读书·新知三联书店，2012.
② （美）威廉·斯特伦克．风格的要素 [M]. 崔长青，校注．北京：中央编译出版社，2009.

而具有批判性思维的人同样会理解日常生活中精确思考的重要性。他们明白，要从很多日常问题和麻烦带来的混乱和不确定之中抽身出来，就必须对一些具体的问题做出精确的回答：我们面对的问题到底是什么？到底有哪些备选方案？每一个备选方案的优势和劣势分别是什么？只有当我们习惯于追求精确时，才能成为真正的批判性思维者。

三、准确

准确性指的是反映事物的实际情况，即真实性，是关于事实证据和理由的第一尺度。关于使思考更准确的问题包括：这是真的吗？我们如何通过检查了解它是正确的？如果是真的，我们如何知道？

有一个关于计算机的耳熟能详的话语：无用输入，无用输出。换言之，如果把不正确的数据输入电脑，输出的也无疑是错误的信息。人的思维也多数如此，无论你有多么睿智，如果你的决定建立在错误的信息之上，那么这一决策几乎可以肯定是不明智的。最好的例证就是美国参加的那场漫长而代价巨大的越南战争。美国民众认为使他们卷入这场战争的决策者们并不愚蠢。恰恰相反，用记者戴维·哈伯斯塔姆的那句时常被引用的话来说，他们是那一代人中“最优秀和最聪明的”。当然，他们一次次的决策失误有着复杂和富有争议的原因，但历史学家们认为，最主要的问题在于错误和不充分的信息：对于越南历史文化的无知、对于越南和东南亚其他地区战略重要性的夸大、对于南越政府民众支持率的错误判断、对于战争“进程”的过度乐观，等等。如果美国的决策者能更加努力地了解这些真相和事实，可能就不会做出如此失败的决策了。

具有批判性思维的人不仅尊重事实，还会对准确、及时的信息怀有“激情”。苏格拉底有句名言，未经审视的人生不值得度过。无论是作为消费者、公民、员工还是父母，他们都会在尽可能充分的信息基础上做出决策。他们秉持这一理念，从不会停下学习、成长和质询的脚步。

四、切题

如果你曾经在一场无聊的学校集会中从头坐到尾，或者看过一场互泼脏水的政治辩论，你就会理解不跑题的重要性。最有希望获胜的辩论者们常使用的技巧就是利用不相关的话题来分散观众的注意力。就连亚伯拉罕·林肯也不例外，他的律师同伴曾讲过这样一个故事：在一个案子里，一向正直勇敢的洛根大法官与林肯针锋相对，当时林肯对洛根的着装很是嘲弄了一番。林肯一直等到向陪审团陈述时才突然出击，让洛根猝不及防。他说："先生们，你们可得小心，别被辩方律师的口若悬河忽悠了。就我所知，洛根法官是位很厉害的律师，我跟他很熟，对这点毫不怀疑；然而，尽管他很高明细致，有些时候也难免出错。一开庭我就注意到一件事，这位先生尽管很谨慎和讲究，还是百密一疏，把衬衫给穿错了。"洛根听了满脸通红，但林肯说的的确没错，他穿了一件新衬衫，却不小心穿反了，胸前的褶子都跑到了背后。大家哄堂大笑，洛根对陪审团的慷慨陈词顿时黯然失色——而这正中林肯的下怀。林肯的计策令人捧腹，并成功转移了陪审团的注意力。然而，如果那些陪审员们具有批判性思维，就能意识到，一个人着装上的疏忽与其言辞的力量之间并没有逻辑关联。因此，切题是批判性思维重要的标准之一。

五、前后一致

很容易理解为什么前后一致对于批判性思维尤为重要。从逻辑上来看，如果一个人的观点前后矛盾，那么其中至少会有一个观点不正确。具有批判性思维的人珍视事实，所以他们总是在寻找自己思维和他人言论中的不一致。

我们应该避免两类前后不一致。一类是逻辑上的前后不一，也就是在某个具体问题上表达或相信彼此矛盾的事（也就是不可能同时成立的事）。另一类是实际做法中的前后不一，即言行不一。

有时人们能完全意识到自己言行中的矛盾。一就职就冷笑着把竞选承诺抛在一边的政客、因贩卖毒品而被捕的戒毒顾问——这些人都是十足的伪君子。从批判性思维的角度来看，这些例子并不是特别有意思，通常，其背后的原因更多在于性格上的缺陷，而非思维推理的问题。

从批判性思维的角度来看，更有意思的是那些没太意识到自己言行不一致的案例。这些案例凸显出批判性思维的重要一课：人类经常会展现出非凡的自我欺骗的能力。作家哈罗德·库什纳举了一个特别典型的例子：问一个普通人什么对他来说更重要，是挣钱还是为家庭付出，基本上每人都会毫不犹豫地回答"家庭"。但如果你再看这个人是怎么生活的，看看他的时间和精力都真正用在了什么地方，就会发现一个事实：他绝对不是按照他所说的个人信念在生活。他会说服自己，他早上更早地离开家，晚上更累地回到家，这恰恰证明了他对家庭的付出，证明了他在多么努力地为家人买广告里的各种商品。

批判性思维能帮助我们意识到这些潜意识里实际存在的前后不一，并让我们在自觉和理性的基础上应对这些问题。

当然，人们会不自觉地对某一问题持有前后矛盾的看法，这也是很常见的事。实际上，很久之前苏格拉底便指出，这种潜意识的逻辑矛盾远比大多数人想象得更普遍。例如，虽然当前很多人鼓吹“道德相对主义”，但是他们的很多观点却表明自己并不这么看。批判性思维能帮我们认识这种逻辑上的矛盾，进而能避免此类问题。

六、逻辑正确

逻辑思考就是指正确的推理，即从我们的观点中得出扎实的结论。批判性思维需要准确、可靠的观点。但同样重要的是，我们需要通过这些观点进行逻辑推理，一步步得出结论。但不幸的是，没有逻辑的思考对于人类而言太过常见。伯特兰·罗素在他很经典的那篇《思想垃圾概述》中就提出了一个有趣的例子：有时我会对那些自认为虔诚的人对神的亵渎感到震惊——比如，那些从来不脱掉浴袍洗澡的修女们。如果问她们，既然没有男人可以看到她们洗澡时的样子，为何还要如此，她们会回答：“哦，可你忘了还有上帝啊。”显然，她们将神看作是一个偷窥狂，能借助万能的力量来看透浴室的墙，却不能看透她们身上的浴袍。这种观点让我很是好奇。

罗素从这个命题中注意到：

（1）上帝能看到一切。

于是那些虔诚的修女确切地得出结论。

（2）上帝的目光能穿透浴室的墙。

然而，她们却没能得出同样明显的另一结论。

（3）上帝的目光能穿透浴袍。

这种不合逻辑的情况的确令人好奇——但却并不罕见。

七、完整

在大多数情况下，我们更青睐深入完整的思考，而不是肤浅表面的思考。于是，我们会理直气壮地谴责那些草率的刑事案件调查、仓促的陪审团决议、肤浅的新闻报道、简陋的指路牌和匆忙的医疗诊断。当然，有时深入地讨论某件事是不可能或不合适的，比如，没人会认为应该在一篇简短的报纸社论里，深入、全面地讨论人类基因研究的道德问题。但深入全面的思考总是胜过肤浅表面的思考。

八、公正

最后，批判性思维要求我们公正地思考，即保持开放中立的心态，不为偏见和成见所束缚。这一点很难做到。只要对历史或社会科学稍有涉猎，就会知道人类经常对自己不熟悉的观念大加排斥，过早作判断，对外来者存在刻板印象，以自身利益或国家、集体的利益为前提来判断事实。要让我们的思维完全不受偏见或成见所累未免不切实际；在某种程度上，我们看待现实的方式是由个人经历和文化背景塑造而成的。尽管很难实现，基本的公正仍然是批判性思维的一个重要特质。

第二章　批判性思维的研究与发展

批判性思维是面对相信什么或做什么做出合理决定的思维能力。批判性思维是帮助我们过健康的精神生活、提高学习和工作效率的工具。本章节讲述了批判性思维的研究与发展，主要从批判性思维的历史与现状、国外批判性思维研究现状、国内批判性思维研究现状等方面出发。

第一节　批判性思维的历史与现状

一、批判性思维定义的历史沿革

（一）西方批判性思维定义的历史沿革

国内外诸多学者对处于不同历史阶段的批判性思维进行不同角度、不同方面的研究，从而得出了多种多样的研究成果。从历史上看，为批判性思维做出第一个实质哲学贡献的是古希腊思想家苏格拉底，他发展了用推理来检验观点的特殊对话，即“诘问式”的精神助产术。苏格拉底强调反思信念和思维的质量，并教育他的学生通过提问的思维原则以及如何做出回答来得出更深入的有构建性的思想。柏拉图记录了苏格拉底的工作，并进一步发展了寻找现象背后真理的理性方法，而且影响了他的学生亚里士多德。亚里士多德作为“逻辑学之父”发明了三段论推理，发展了辩证法，提取和制定了正确推理的规则，他强调的思维的艺术影响深远。由中世纪、文艺复兴时期到 17 世纪笛卡儿提出所有的思想都应该受到质疑，而质疑思想的过程使得个人可以深入思考。到了 18 世纪和 19 世纪，批判性思维已经成为人类思想的重要工具，广泛应用于人类的社会生活领域。但直到 20 世纪，伴随批判性思维运动的发展，批判性思维才成为教育的核心部分。

约翰·杜威（John Dewey）被称为现代批判性思维之父，他是最早对批判性思维进行关注和研究的。作为西方教育思想家，杜威在 1910 年《我们怎样思维》中提出了“反省思维”（Reflective Thinking），反省思维是在认知的连续性的基础上提出的。杜威在实用主义的影响下，认为思维是行动的先驱，与个体经验相连。杜威认为思想有连续性，相互关联，承前启后且互相支持。杜威强调介绍“反省性思维”，是要强调积极反思信念、知识和其他的思维产物的重要性。他认为反省性思维应当整合到学校学习的内容中，强调培养某种态度（就是现在所说的批判性思维品质或倾向）的重要性。

杜威在 1933 年定义了反省思维：主动、持续和缜密地思考任何信念或被假定的知识形态，洞悉支持它的理由以及它进而指向的结论。杜威在定义中明确了两方面：一是批判性思维是主动的思维过程；二是前提和证据是结论的基础。这是因为批判性思维的探究难度要求探究者缜密谨慎地思考，而且批判性思维需要公正性。

批判性思维在 20 世纪 40 年代到 80 年代是美国教育改革的主题与核心。

美国学者格拉泽（Edward Glaser）在 1941 的作品《批判性思维发展实验研究》是批判性思维理论的认知来源。杜威的批判性思维是主动的思维过程这一观点也是格拉泽所支持的。格拉泽在 1941 年首次提出了批判性思维这一概念，他认为批判性思维者必须具有质疑的态度、分析和问题的能力、逻辑推理能力及综合和评价的认知技能，并将批判性思维界定为“态度、知识和技能的综合体”。同时，格拉泽还列出了如收集相关信息的技能、识别问题的技能、评价证据和陈述的技能等 12 种批判性思维技能要素。

哲学家西格尔（Harvey Siegel）也是研究批判性思维的先驱者，他认为批判性思维者是由理智驱使的。西格尔支持批判性思维二元论，他认为批判性态度（Critical Attitude）和推理评估（Reason Assessment）是批判性思维概念的两个维度。西格尔将批判性态度称为批评性精神，指的是思维倾向和习惯；推理评估指的是在理解原则的基础上进行评估。

1981 年，哲学家 John E.McPeck（麦克匹克）《教育中的批判性思维》出版，在批判性思维领域掀起轩然大波，带来了批判性思维的另一个全新的视角。McPeck（麦克匹克）在书中将批判性思维定义为“与具体的专业知识领域密切相关的反思和怀疑”，这一定义在当时的学者们看来是十分消极的，McPeck（麦克匹克）还认为批判性思维具有领域特殊性，这个观点是当时学者讨论的热点。他认为某一专业领域的批判性思维者如果在其他专业领域，不一定擅长运用批判性思维。McPeck（麦克匹克）在为批判性思维的学科特殊性辩护的同时，也提出由于批判需要对象，批判性思维不能单独教授。只有人们对事物进行思考，才会有批判性思维的发生。一个人只有掌握了某一学科的知识，才能对这个学科运用批判性思维进行思考。例如一个建筑专业领域的专家对医疗方面的知识不了解的可能性较大，那么他就无法对医疗专业领域做出批判性见识。在McPeck（麦克匹克）为批判性思维的学科特殊性进行辩护的同时，Watson和格拉泽指出批判性思维者除需要对专业领域的知识了解之外，还应该掌握有效推理、抽象和概括的本质特征，这些是两位学者对McPeck（麦克匹克）的批判性思维观点的补充。1988年2月到1989年9月，彼得•法乔恩（Peter A.Facione）率领由46名公认的批判性专家组成的国际小组就“批判性思维”的含义和评估进行了合作研究，对“批判性思维”的含义达成了一个可行的共识，使之能够服务于从幼儿园到高中阶段再到研究生阶段，并能涵盖整个学术领域及所有专业领域的教学和评估目的。46名专家中的“52%来自哲学领域、22%来自教育领域、20%来自社会科学领域、6%来自自然科学领域”。他们用“德尔菲法”进行了六轮的问答和讨论，最终于1990年出版了《德尔菲报告》，形成了批判性思维专家共识。至今，批判性思维已经渗透到很多大学专业课程中，是大学的基本教学理念和教学方法。30多年来，在西方作为哲学和教育理念的批判性思维现在已得到理论家和实践家的拥护，批判性思维得到了更多的关注。

罗伯特•恩尼斯（Robert H.Ennis）关于批判性思维的定义与McPeck截然不同。作为《康奈尔批判性思维测试》的开发者，1962年恩尼斯在《批判性思维的概念》（A Concept of Critical Thinking）这一标志性文章中为批判性思维提出了重要的定义，他认为批判性思维是对陈述的正确评价。恩尼斯认为批判性思维的适用的主要方向是事实陈述，在某些方面适用于价值观陈述。此后，事实陈述便成为批判性思维的目标；语义分析、演绎逻辑和归纳逻辑就成为批判性思维的方式。恩尼斯对批判性思维的定义为学者们界定了批判性思维的概念，恩尼斯赞同思维存在好坏之分，他认为坏的思维是非批判性的，相对而言好的思维则是批判性的。经过时间的检验，恩尼斯也认为之前对批判性思维的定义不够清晰，将创新性排除在批判性思维之外，而且恩尼斯其他错误的一点是混淆了过程与结果。恩尼斯经过多年的研究和思考后，重新界定了批判性思维的概念，即“批判性思维是为决定相信什么或做什么而进行的合理的、反省的一种思维”。这一概念一出世便受到当时的学者们尊崇，但是恩尼斯却认为这个定义仍然存在不足。后来，恩尼斯提出了批判性思维者所需要的10种技能来完善新定义：

（1）判断信息的可信度；

（2）识别结论、理由和假设；

（3）判断论证的质量，确定理由、假设和证据的可接受性；

（4）形成对某论题的个人立场并为之辩护；

（5）为澄清意思提出合适的问题；

（6）设计实验和评价实验设计的质量；

（7）对术语作契合语境的定义；

（8）具有思维开放性；

（9）掌握足够的信息和知识；

（10）审慎得出有担保的结论。

恩尼斯认为上述 10 条技能相互关联，不能独立。举个例子，只有批判性思维者具有思维的开放性，才能更好地判断信息的可信度。恩尼斯认为批判性思维的学科通用性可以通过这 10 种新技能之间的相互联系来验证。所以人们可以通过批判性思维在两个情境之间迁移，使具有普遍价值的批判性思维测评工具得以发展。

由于提出了“批判性思维倾向”的概念，作为批判性思维中心的创立者的 Richard Paul（理查德·保罗）在批判性思维研究领域久负盛名。和恩尼斯相同，Paul（保罗）认为批判性思维作为通用技能可与跨越学科界限。维度过多是 Paul（保罗）认为批判性思维概念难以界定的原因。经过多年的研究，他提出了批判性思维的概念：“批判性思维是一种独特的、有目的的思维。”这是一个复杂的定义，思维者会习惯性地通过规范、目的和治理标准对思维进行建构和评估。Paul（保罗）和 Elder（埃尔德）在著作《思考的力量》中提到，思考者只有具备理性的热情、理性的诚实、理性的执着、理性的勇气、理性的谦恭、理性的民主和自性的推理，才能达到思维的公正，公正是批判性思维者的毕生追求，思维的公正性极其重要，这一观点与杜威相同。同时，他们还指出对思想和行为质疑和评鉴的能力是批判性思维的基础，准确性、清晰性、相关性、公正性、公平性、深度和广度等是检核标准。

同样的 Soden（索登）和 Pithers（皮瑟斯）也认为批判性思维应该包含如聚焦问题、判断假设和资料来源的信度和效度、理解和使用推理等许多的技能。库恩则提出批判性思维不仅包括认知维度，而且包括特质维度，他对批判性思维的认知更加全面。总之，在运用批判性思维时，需要认知技能，寻求更好判断的主动性和识别好思维的强烈愿望同样重要。

（二）我国批判性思维定义沿革

我国关于思辨的思想很早就已经有了，如“博学之，审问之，慎思之，明辨之，笃行之”（《礼记・中庸》）。随着改革开放政策的实施，我国在1978年后社会经济水平迅速发展，世界上各种先进的教育理念传入我国，其中就包含批判性思维。经过查阅资料，在中国知网上收录最早的文章是《批判性思维——风行美国的新教育法》，这篇是由章少红1986年在《世界知识》杂志上发表的文章，在国内首次介绍了批判性思维在美国的发展历程和发展现状。这篇文章发表后在国内引起了人们对批判性思维的关注，杨志勇在1987年发表的《从批判性思维说起——谈创造型人才的培养》中将习惯性思维、创造性思维和批判性思维三者之间的联系进行了梳理，归纳了批判性思维者的心理品质，为国内培养批判性思维创新型人才提供了宝贵的建议。在此之后，国内各专业学者在哲学（陈慕泽、何云峰）、心理学（刘儒德、罗清旭、朱智贤、林崇德）、逻辑学（谷振诣、刘壮虎、武宏志、杨武金、周建武、武宏志）和教育学（刘义、王习胜、钟启泉、朱新秤）等领域对批判性思维进行了研究。这些学者分别从不同的领域、不同的角度研究批判性思维的内涵、特征、意义，为国内培养批判性思维者提供了方式和途径。这些学者的研究为我国后来的批判性思维的研究奠定了基础，开阔了国内学者的视野。

由于多方面的原因，如不同的背景和研究领域，国内学者对批判性思维的定义与国外稍有不同。差别在以下几个问题：

（1）批判性思维是一种过程还是一种结果？

（2）批判性思维是否包含知识维度？哪些知识？

（3）批判性思维是否具有迁移性？

（4）批判性思维包含哪些技能？

（5）批判性思维是否包括倾向、情感、态度或精神维度？

（6）批判性思维是否具有学科普适性？

（7）批判性思维是否包含道德维度？

（三）结论

批判性思维有其一定的理论发展过程，通过其发展历史可以看出，哲学和心理学是批判性思维的起源。早期并没有“批判性思维”这种学术术语，它是一个逐渐演变而来的术语，早期的批判性思维可以看作哲学家们对批判性思维的一种早期研究形态，这一点可以从巴门尼德的“存在论”、苏格拉底的问答法、笛卡儿的普遍怀疑论、康德的批判哲学和黑格尔的反思论中得到相应的体现。心理学的发展逐渐丰富了批判性思维，使批判性思维的研究逐渐趋于成熟，比如杜威的反省思维理论可以看作批判性思维的原型，在相当一段时间内影响着批判性思维的发展，为批判性思维的形成奠定了基石。E.M.Glaser（爱德华・格拉泽）、R.H.Ennis（罗伯特・恩尼斯）和 P.A.Facione（彼得・法乔恩）对批判性思维持有不同观点，正是这些不同的观点促进了批判性思维理论的形成。从此，批判性思维理论就有了两个具体的部分，分别是倾向和技能。批判性思维还与心理学中的认知发展理论具有很大的关系，比如，皮亚杰将认知发展分为四个不同的发展阶段，分别是感知动作阶段、前运算阶段、具体运算阶段和形式运算阶段，其中最后一个阶段就可以看作批判性思维成熟的具体表现。

截至目前，国内外学者对批判性思维进行了大量的研究，但总的来说，这些研究可以分为大概三个不同的方面：一是研究方向趋向于如何定义批判性思维；二是研究方向趋向于如何测量批判性思维能力；三是研究方向趋向于如何将批判性思维应用于教育之中。我国对批判性思维的研究起步比较晚，从 20 世纪 80 年代才逐渐有相关方面的研究，大体上有两个主要阶段：一是理论认识阶段，二是理论与我国实际结合阶段。批判性思维在国外经历了很长的发展过程，它逐渐地被人们从普通的显性认识发展为科学的思维理论，在这个过程中，其内涵也逐渐丰富。批判性思维的内涵涉及不同的维度，总体说来有思考内容、思维过程、技能、倾向、标准及实用价值等。对于批判性思维能力的测量，国外研究也是比较丰富，有 30 多种测量量具。如何将这些量具与中国的实际情况相结合，是批判性思维在我国发展之初需要考虑的问题，对此，我国学者进行的大量的资料翻译与修订。同时，国内也有一些学者对批判性思维能力进行了研发，但是研究成果并没有完全公布于众。

在批判性思维的研究上，国外有其研究时间上的优势，其研究结果已经非常成熟并且能够与具体的教学实践相结合，这一点，为世界各国的研究人员树立了良好的榜样。比如，Pirozzi（皮罗齐）、Akkaya（阿卡亚）等，就是从理论与实践结合的角度阐述了对批判性思维的看法，而且将之运用到具体的教学策略当中。我国学者如罗清旭、彭美慈、唐海燕、贾珍等虽然也从不同的学科对批判性思维进行了具体的现状调查和实施策略研究，取得了一定的成效，但是对于批判性思维的研究大多还是存在于理论方面的论述，在与实践相结合方面缺少详细的实施细则，这就导致其研究缺少一定的实际指导价值。

批判性思维已经经历了很长的研究过程，理论的形成主要目的是指导实践，只有与实践相结合才能展现其价值。为了有利于学生批判性思维的发展，国内外很多学者尝试将批判性思维与具体的学科教学实践相结合，而且取得了一定的成效。因此，可以从理论与实践相结合的角度将批判性思维与英语学科相结合。对于大学生来说，英语教学主要培养学生英语的听、说、读、写能力，这也是英语学习应当掌握的基本技能。在英语教学中培养学生的批判性思维，应当从基本技能入手，这样能取得更好的效果。国内外学者对从学生的英语阅读能力方面培养学生的批判性思维进行了很多的研究，从中可以窥探出两点：第一，大多数研究都阐述了英语阅读与批判性思维的关系，总结出批判性思维取决于批判性阅读这一观点。学生应当带着批判性思维进行阅读，进而可以进行批判性地思考所阅读的内容。就英语阅读而言，学生的批判性思维能力体现在阅读能力、反省能力、批判地对文本反应的能力。一言以蔽之，学生英语阅读中的批判性思维能力，指的是学生的英语阅读不应当局限于理解字面意思，而是应当具有通过文字信息进行具体分析的能力。第二，虽然国内外诸多学者致力于在英语阅读中培养学生的批判性思维能力，但是对培养的方法并没有统一意见，不同的学者有不同的策略。从国外的研究者来看，Pirozzi（皮罗齐）认为应当使用不同的方法比如分析、评价等来提高学生的思维能力；Mansoor（曼苏尔）、Ko（柯）等主要分析了批判性思维策略训练是如何提升学生批判性思维能力的。我国学学者对于具体方法的研究是进入 21 世纪以后才逐渐发展的，但是整齐情况来看，大多数还处于理论研究方面，能提出具体策略的研究比较少。

通过分析国内外关于英语阅读中培养学生批判性思维能力的文献，可以看出，批判性思维能力与英语阅读能力可以相互作用，相互促进。我国的研究人员在这方面的研究，大多数是基于思想相对成熟的大学生。2008 年和 2009 年，学者文秋芳就带领他的研究团队从大学生入手，致力于建立一个与中国大学生相适应的批判性思维量表，其研究数据分别来自于 2008 年的 2770 名大学生和 2009 年的 18 825 名大学生，研究表明，与其他文科类的大学生相比，外语类大学生的批判性思维测试提升的比较明显。这是一项历时相对较长、规模相对较大的研究，也是继黄源深教授之后的第一次研究。黄源深教授曾经关于外语类学生提出过“思辨缺席”的看法，通过文秋芳等学者的实践研究，学界对外语类大学生的批判性思维能力有了新的认识。

批判性思维与批判性阅读的密切关系给学者们的研究提供了一个新的思路，很多学者开始着手于研究批判性思维与自我效能感的研究，通过研究发现，自我效能感的内部理论与批判性思维有着很大的一致性。反省认知、自我调节的技能，被认为是批判性思维技能理论的核心组成，同时这也标志着信息加工理论已经开始进入批判性思维的相关研究领域。从认知心理学上看，很多研究者认为人的心理活动是一种机械式的类似计算机的信息处理系统，同时认为人的复杂的行为是信息处理系统的结果。

Bandura（班杜拉）（1986）通过对人类行为的研究提出，人类的行为是受行为结果和现行因素的影响，其中，先行因素就是人类对行为结果的期望，期望则源自人类的信息处理系统。信息处理系统对人类的批判性思维和自我效能感的进步都有很大的影响，而且批判性思维和自我效能感之间是正相关的。

在行为表现方面，自我效能感与批判性思维有很大的相关性。Gloudemans(格洛德曼斯）针对护理专业的学生开展了一项关于批判性思维与自我效能感的调查研究，研究同样显示两者之间具有正相关。个体的自我效能感评估是一件相对复杂的事情，需要个体具有很强的认知能力，同时，思维能力越强的人，其自我效能感的影响越积极。我国的很多学者也对我国的护理专业学生开展了这方面的调查研究，提出了与国外学者研究相同的研究结果。比如，袁秋环、张婷婷和朱芬芬等都通过不同的调查提出同样的结论，他们认为，学生自我效能感越强，其批判性思维能力越强，拥有良好自我效能感越的学生，能够更加充满自信地处理遇到的各种事情，这更能体现学生的批判性思维能力。在我国的调查研究中，不乏一些样本量比较大的调查，比如袁秋环总共对 1018 名学生进行了调查，其研究成果的可信度也比较高。

我国虽然在英语教学与批判性思维的研究上起步比较晚，目前尚无法与国外相比，但是越来越多的学者关注这方面的研究，近几年涌现了很多的研究成果。也必须看到，我国学者在这方面的研究大多处于理论层面，少有能够与实践相结合的研究，研究深度总体尚浅，特别是在与学科相结合的方面非常稀少，而其中与英语学科相关的研究更是凤毛麟角。从研究深度和广度上来看，我国批判性思维与学科相结合的研究大多是对国外的研究进行模仿，这并不利于我国学术研究的长远发展，也很难真正地提高学生的批判性思维能力，还需要我国学者继续努力，踏踏实实地从基础实验做起，提高自身的研究水平，提出与我国实际情况相符的理论。

在英语学科与批判性思维结合的研究方面，我国的研究者大多都默认了英语类学生的表现能力比其他学科的学生强，这就使研究缺乏公平性，带有主观色彩，影响研究结果的准确性。黄源深教授对英语学生提出的“思辨缺席”至今已有 20 多年，我国的教育事业已经发生了很大的变化。当前，我国的英语教学应当重视学生批判性思维的培养，提升学生的自我效能感。

二、批判性思维的构成历史沿革

（一）FRISCO 单维结构模型

1987年，Ennis（恩尼斯）提出了自己对批判性思维的看法，他将其看作人类的一种技能，这种技能赋予人类不同的能力来决定需要做什么、应该相信什么，他还将能力分为六种，分别是聚焦、推理、推论、情境、澄清、反思，如表2-1-1所示。聚焦指的是人们在任何情况下都具有分析出主要问题的能力；推理指的是人们能够根据以往的经验为某种结论提供逻辑上的支持；推论指的是人们能够根据不同的证据得出与之相符的结论；情境指的是人们在考虑或者争辩某些问题时，应当充分考虑问题产生的综合环境和背景，包括问题产生时所涉及的不同层面的利益、不同人对待问题的看法以及不同的人是如何从问题中获利的等；澄清指的是人们在看待问题时是如何使用术语的，这些术语在特定的情况下具有什么样的意义，要甄别不同情况下不同术语的实际内涵；反思指的人们在遇到问题时能够审视前面五步认识的正确性，通过思维的梳理，寻找到几个部分之间的一致性。

表 2-1-1　批判性思维能力 FRISCO 构成模型

FRISCO					
Focus （聚焦）	Reasons （推理）	Inference （推论）	Situation （情境）	Clarity （澄清）	Overview （反思）
发现问题 找出主要观点	逻辑分析 经验证据	检验结论	考虑问题背景 考虑不同情境	明晰术语 避免混淆	审视过程 寻求一致

从恩尼斯的批判性思维能力 FRISCO 构成模型中可以看出，恩尼斯的理论重点在于批判性思维技能上，虽然他的理论中也包括批判性思维倾向，但是重视程度明显不够。

（二）“德尔菲”项目组的双维结构模型

1990 年，法乔恩提出了自己对于批判性思维的看法，并提出了双维结构能力模型：认知能力和情感特质。法乔恩认为，批判性思维是人们有针对性地调节认知是否正确的思维过程，是一种目的性比较强的思维活动，主要调节产生认知的过程、理论、方法、背景、证据和评价知识的标准。在法乔恩看来，批判性思维主要包括技能和倾向两个维度。为了调节认知的正确性，思维过程中的技能是可以相互交替使用的，主要有六种，分别是阐释、分析、评价、推理、说明、自我调节。而思维过程中的倾向主要有七个维度，分别是寻求真理性、思维开放性、分析性、系统性、自信性、好奇性和成熟性（见表 2-1-2）。法乔恩同时还认为，完美的批判思维者应当具有不同的特点，比如勤于发问、学识丰富、思想坚定、豁达开朗、视野开阔、公平正直、大公无私、谨言慎行、乐于总结、敢于面对、坚忍不拔、锲而不舍等等。

表 2-1-2　批判性思维双维结构模型

认知能力						情感特质
阐释	分析	评价	推理	说明	自我调节	
归类；解读意义；澄清意思	审查观念；识别论据；分析论证	评价主张；评价论证	质疑证据；提出假设或方案；得出结论	陈述结果；证明程序的正当性；表达论证	自我审查；自我校正	求真性、思维开放性、分析性、好奇性、系统性、推理自信心、认知成熟性

（三）Paul 和 Elder 的三元结构模型

三元结构模型是由 Paul（保罗）和 Elder（埃尔德）在 2006 年提出的，它将批判性思维分成三个组成部分，分别是推理元素、理性标准和智力特质（见图 2-1-1）。其中，推理元素是由八个元素组成的，分别是推理、观点、概念、目的、问题、假设、信息和含义。八个元素之间并不是孤立的，而是互有联系的，当一个人处在推理的状态时，肯定是出于对某种观点的考虑，这其中必然会想到某些概念，进而达到自身想要的目的。也可是说是一个人在思考某个问题的时候，会提出某种假设，基于自己已知的信息，然后得出有目的的结论。理性标准可以看作人们对于推理质量的一种要求，主要分为：清晰性、精确性、准确性、重要性、相关性、完整性、逻辑性、公正性、广度和深度。而最后一项智力特质，主要指的是批判性思维者应当具有的某些理想特征，主要有：理性的谦恭、理性的执着、理性的自主、坚信推理、理性的真诚、理性的换位思考、理性的勇气和理性的公正。在三元结构模型中，三个组成部分是相互作用的，理性标准用于评价推理元素，推理元素用于逐步发展智力特质。这其中，智力特质则有助于思考结果的公正性，能够保证思考结果的质量。

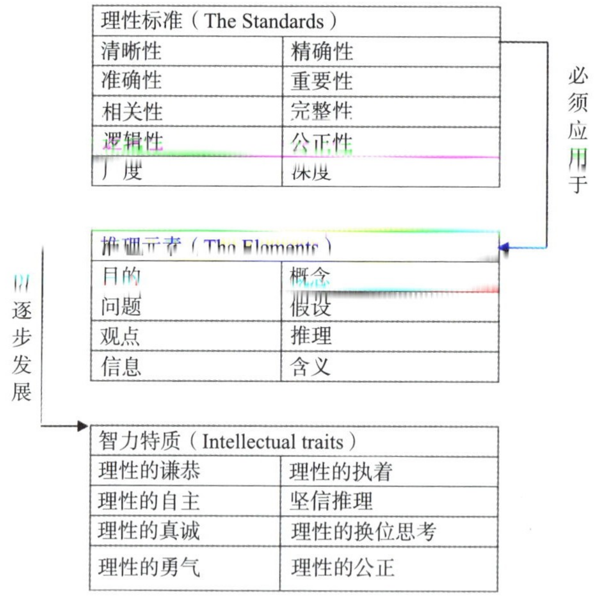

图 2-1-1　Paul 和 Elder 的三元结构模型

（四）林崇德的三棱结构模型

2006 年，我国学者林崇德通过对批判性思维的研究提出了自己的看法，提出了三棱结构模型（见图 2-1-2）。三棱结构模型中，思维主要有六种元素组成，分别是思维的目的、过程、材料、自我监控、品质、非认知因素。其中，目的指的是人们对思维活动的预期，代表着人们思维活动的方向，可以看作人们为了正确识别和适应环境而提出并且解决相应问题；过程指的是人们对信息的处理；材料指的是人们掌握的信息；自我监控指的人们对思维过程的反思，主要分为五个不同的方面，分别是计划、检验、调节、管理和评价；品质指的是人们的个人特质和思维结果的质量，主要从五个方面考虑，分别是深刻性、灵活性、独创性、批判性和敏捷性；非认知因素指的是一些对认知过程间接参与但是起直接作用的因素，主要有欲望、爱好、心境、感情、意识、气度和性情等。

从三棱结构模型可以看出，智力和思维结构是具有多元性的，它也从某方面说明了智力是一种能力，但是并不是与生俱来的，而是需要在一定的物质和文化环境中不断提高的，也可以说，智力指的是人们为了达成目的进行的有意识的思维活动，在这个思维活动中，有不同的因素对结果产生影响。三棱结构模型与三元结构模型有一些相似之处，主要有两个方面：第一，三元结构中元素中包含三棱结构中的目的、过程和材料；第二，三棱结构中的品质与三元结构中的智力特质都是从人的角度出发考虑的元素，而且十分相似。但是与国外的机构模型相比，三棱结构模型意识到了自我监控和非认知因素对思维的重要影响，是模型的进步之处。

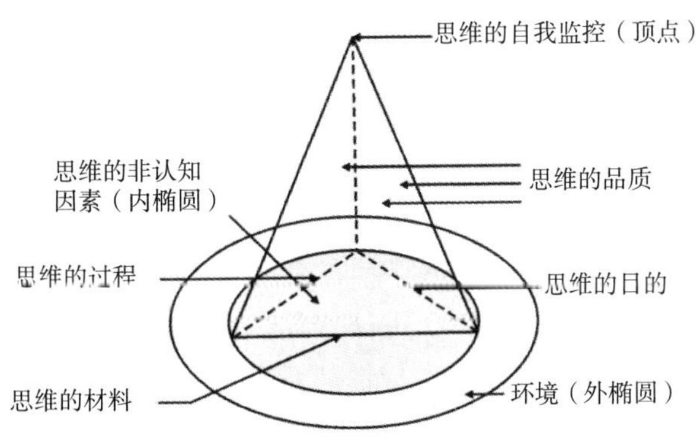

图 2-1-2　三棱结构模型

（五）文秋芳团队的层级模型结构

2009 年，学者文秋芳在之前结构模型的基础上，结合自己的研究成果，提出了对批判性思维的看法，构建了批判性思维的层级模型（见表 2-1-3），进一步丰富了人们批判性思维的模型结构的观点。层级模型结构建立的目的是找到与我国大学生实际情况相符合的思维能力测评工具，对思维主体的考量因素主要集中在认知技能、情感特质和思维质量上，并没有广泛的考虑其他因素。

表 2-1-3　层级模型结构

<table>
<tr><td colspan="3">元思辨能力（自我调控能力）——第一层次</td></tr>
<tr><td colspan="3">思辨能力——第二层次</td></tr>
<tr><td colspan="2">认知</td><td>情感</td></tr>
<tr><td>技能</td><td>标准</td><td></td></tr>
<tr><td>分析（归类、识别、比较、澄清、区分、阐释等）
推理（质疑、假设、推论、阐述、论证等）
评价（评判预设、假定、论点、论据、结论等）</td><td>清晰性（清晰、精确）
相关性（切题、详略得当、主次分明）
逻辑性（条理清楚、说理有根有据）
深刻性（有广度与深度）
灵活性（快速变化角度、娴熟自如地交替使用不同思辨技能）</td><td>好奇（好疑、好问、好学）
开放（容忍、尊重不同意见，乐于修正自己的不当观点）
自信（相信自己的判断能力、敢于挑战权威）
正直（追求真理、主张正义）
坚毅（有决心、毅力，不轻易放弃）</td></tr>
</table>

第二节 国外批判性思维研究现状

批判性思维的研究是从国外开始的，至今已经持续了100多年。分析国外的研究情况可以看出，国外的研究主要集中在批判性思维的定义、批判性思维能力的测量工具和批判性思维的培养三个方面。

一、关于批判性思维内涵法的研究

（一）萌芽形成时期

对于国外批判性思维发展来说，20世纪30年代到20世纪60年代属于萌芽期。美国著名哲学家杜威在20世纪30年代提出了反思性思维。反思性思维就是人们积极、仔细和连续地对自己的假设性认知进行的思考，这种思考基于自身现有的认知。在批判性思维的发展中，学界将《批判性思维发展实验研究》一书看作批判性思维的方面最早的著作，它是由美国著名的教育心理学界E.M.Glaser（爱德华·格拉泽）于1941年发表的。E.M.Glaser（爱德华·格拉泽）在书中将批判性思维分为三个部分，分别是知识、技能和态度，并从儿童心理学的角度系统地论述了自己对批判性思维的看法。

（二）高速发展时期

批判性思维在国外被大量的关注是20世纪80年代，这一时期，国外学者们逐渐意识到批判性思维是一个复杂的过程，很难直接对批判性思维进行文字定义。比如，McPeck（麦克匹克）从倾向和技能两方面考虑，将批判性思维看作一种对现有认识的反思和怀疑；Paul（保罗）分析了批判性思维的整个过程，将批判性思维看作人们对通过观察、实验、推理、反思和交流所得到的信息所进行的抽象、分析、运用、综合和评估；Lipman（利普曼）将批判性思维看作人们在相应的规则下，有方法、有计划地指引信仰和行动的思维活动。

（三）深化发展时期

20世纪90年代，国外学者将批判性思维的内涵进行了拓展，而且比较关注思维的内容、倾向和元认知能力。比如，Facione（法乔恩）将批判性思维看作人们的一种判断，这种判断具有目的性和自我校准性。他认为判断有不同表现方式，比如有说明、剖析、评判、猜想和对产生判断的根据、概念、手段、规则和语境的说明；Jones（琼斯）和Ratcliff（拉特克利夫）通过自己的研究，将批判性思维看作一种人们对思维掌控的元认知能力。

到了21世纪，国外学者们从更加科学的角度对批判性思维的定义进行了细化。比如，Halpern（哈尔朋）结合自己的研究，认为批判性思维就是人们分析、整合、评价信息的能力，同时还包括人们在使用这些能力时的倾向。Paul（保罗）和Elde（埃尔德）则在2003年结合自己的研究将批判性思维看作人们在一定的标准下，可以灵活地自我引导、约束、监督和矫正自己的思维。

二、关于批判性思维测评的研究

1990年的德菲尔报告，对批判性思维技能的评估方式进行了介绍，主要有四种。第一，判断一个人的批判性思维技能不是一个短期的过程，需要经过长期的观察，主要是观察研究对象在问题的产生、发展和结束的过程中怎样运用批判性思维的。第二，相同的批判性思维技能会在不同的研究者身上得到体现，在进行对比时，应当使用相同的评判标准。第三，要及时对研究者进行回访，深入了解研究对象们在整个批判性思维的使用过程中的步骤和判断的变化。第四，评判研究对象在两次不同任务中重复使用同一种批判性思维技能时，应当使用同一种标准进行对比。但是目前关于批判性思维技能与任务之间的关系，尚无相关研究。

1993年，恩尼斯对表现评估提出了自己的看法。他认为，表现评估需要研究者对研究对象进行长时间的观察和分析，可以看作一种“最昂贵”的评估方法。这种评估是基于研究对象处在真实的情境中，所以具有真实的现实意义，同时也带有很强的表面效度。他认为，这种评估过于真实，导致缺少全面性。在实际的生活情境中，研究对象大多数使用批判性思维技能是为了解决当时所处情景中的问题，而很多的问题处理并不需要研究对象使用这种技能。因此，这就给现实生活中的表现评估带来了现实问题，即虽然可以对研究对象进行评估研究，但是却无法保证表现评估的全面性。

关于自评报告与直接评估测量二者的关系，相关学者进行的很多的研究，但是研究结果却各有千秋。Pike（皮克）和Astin（阿斯汀）结合自己的研究论述了自评报告与直接评估测量的关系，他们认为，若是将两者看成同一种概念的话，自评报告也可以反映一些学术发展状况，但是却不能使用自评报告来代替直接评估。Pascarella&Terenzini（帕斯卡雷拉与特伦齐尼）和Tsui（徐克）则通过自己的研究将二者的关系看作是中度相关，但是Bowman（鲍曼）和Seifert（塞弗特）则结合自己的研究认为，二者的关系微乎其微甚至可以认为二者没有关系。Shim

（希姆）和 Walczak（瓦尔恰克）结合的自己研究分析了自评报告和直接评估测量的不同方面，他们认为，学生们能够在自评报告中展现出对自己认知的肯定，代表学生是从自身角度考虑，对自我感觉的良好以及对学校生活的满意；而直接评估则是从另外一种角度考虑，代表的是一种标准化测评，反应的是学生的能力层次。从自身评估与直接评估测量的差异性可以看出，在对研究者的评估是一个非常复杂的过程，只有运用不同的评估方式才能综合提高学生的批判性思维能力。

批判性思维的评估工具很难全面地对批判性思维能力进行测量，这使学者们逐渐重视批判性思维测量工具的研究，同时从不同的方向对测评工具的发展提出了自己的观点。有学者指出了传统批判性思维技能测量的不足，建议摒弃定量测量，提出了自己对发展定性测量方法的观点。Norris（诺利斯）则通过自己的研究认为批判性思维技的评估也可以采用口头报告的形式，这种形式不但具有个性化，而且能够很好地展示批判性思维的全过程。Cromwell（克伦威尔）从研究对象历史发展的角度出发，他认为，评估研究对象的批判性思维可以分析研究对象之前的学习行为和成果，并结合研究对象的教学计划考查对批判性思维的影响。Blatz（布拉兹）根据自己的研究，建议批判性思维的测量应当结合学生自身的知识基础，应当采取因地制宜的方式。

三、关于批判性思维培养的研究

20 世纪初以来，欧美国家的学校逐渐重视对批判性思维能力的培养，包括美国、英国、芬兰、新西兰等国家都将批判性思维能力作为教育的核心目标之一。仅在美国，就有上千所学校开设了批判性思维课程，并拥有数百种相关的教科书。

1900 年，德尔菲报告对批判性思维的教育目的进行了阐述。报告认为，对学生的批判性思维教育应当采用理性的方式，主要是从学生的学业、决策和素质等方面提升学生的整体认知技能和思维倾向。

1993 年，美国教育部门从大学生发展的角度将批判性思维作为高校教育的目标，同时鼓励学者们对批判性思维进行研究。从罗清旭对美国批判性思维发展的研究报告中可以看出，2000 年之前的 30 年中，与“批判性思维能力”相关的论文不一而足，其中与“大学生批判性思维能力”的培养相关的论文在心理学和教育学领域共有 158 篇；这期间，共有 114 本与大学生培养相关著作被国会图书馆收藏。

1993 年，Astin（阿斯汀）通过对教学中的思考，发现学生在不断的课堂陈述和文章点评中也可以明显地提升批判性思维。Tsui（徐克）通过分析批判性思维发展的不同因素，发现除了多项选择题，其他的如文章点评、独自创造、合作项目、课堂陈述和短文写作等活动都可以提升学生的批判性思维能力。Shaw（萧伯纳）对学生的批判性思维能力培养进行的研究，他认为，对学生进行读、写、说等技能的训练能够对学生的批判性思维技能发展起到积极的作用。Hanrahan(汉拉恩）和 Isaac（艾萨克）结合自己的研究认为，为了拓展学生学习批判性思维的空间，教师应当尽可能地利用不同的方式锻炼学生的批判性思维。Miri（美里）、David（大卫）和 Uri（尤里）结合自身的教学实际，发现不同的训练方法、开放性的问题讨论和一些研究性的实验活动都能不同程度地提升学生的批判性思维技能。

除了在提升学生的批判性思维能力的活动上有所发现，学者们还分析了这些活动提升学生批判性思维能力的原因。Tsui（徐克）分析了这些活动的相同特征，他认为这些活动的相同特征表现在：学生在活动中可以用自己的思维构建问题的解决方案，而不是选择解决方案。同时，他还对自己的观点进行了走访和观察，并在学生写作活动中发现，写作数量和任务是提升学生批判性思维的重要方面，他认为，要想提升学生的批判性思维，教师应当为学生布置频次较多的分析性写作任务来代替描述性，而且教师应当积极的对学生的写作进行反馈。

批判性思维的培养应与具体学科的专业知识学习相结合，在具体的学科学习中训练学生的批判性思维。批判性思维教学应提倡主动学习，以问题为中心，通过提供真实情景的学习促进学生之间的交流。美国心理学家布鲁纳提出在教学中使用“发现法”（discovery method），他认为应该在学习中提出难度适中且富有挑战性的问题，引导学生学会收集资料、积极思考，不断“发现”某一特定概念的形成过程。在对教学方法的研究上，恩尼斯有自己的观点，他认为，虽然教学方式不同，但是在对学生批判性思维的提高方面，大多数的教学方法可以归纳为四类，分别是一般教学法、融入式教学法、沉浸式教学法和混合式教学法。

彼得·法乔恩认为批判性思维不是某几项思维技能的开发，而是多种思维技能的综合利用。批判性思维教学应该让学生习得、掌握运用批判性思维的知识、概念、方法、原则和技能。

此外，Aryani（雅利安尼）等人探讨了反思性学习模式对提高学生批判性思维技能的效果。Nabila Nejmaoui（纳比拉·奈马乌伊）研究了如何在议论文写作中培养和提高英语学习者的批判性思维技能。Plotnikova 和 Strukov（普罗蒂尼科娃与斯特鲁科夫）通过定性和定量的方法，开展了小组学习对于提高大学生批判性思维能力的效果研究。

四、关于批判性思维理论的研究

（一）皮亚杰认知阶段发展理论

心理学家皮亚杰将儿童的认知发展分为四个阶段，认为每个阶段都有不同的理解方式和思维方式。第一阶段（0~2 岁）为感知运动阶段。儿童通过探索感知觉与运动之间的关系获得动作经验，形成图示。第二阶段（2~7 岁）为前运算阶段。由于语言的发展，儿童的认知活动不再局限于感知活动，而是开始内化为表象或形象图示。第三阶段（7~11 岁）为具体运算阶段。儿童具有了抽象的概念，能运用表象进行逻辑思维，能够进行逻辑推理。第四阶段（11~16 岁）为形式运算阶段。儿童的思维变得抽象并有逻辑性，能形成自己对某件事情的假设，并检验假设。我们可以看出与批判性思维技能有关系的逻辑思维与反省认知等能力主要在第四阶段（这正处于一个人的中学阶段）得到发展。

在四个不同的阶段中，儿童的认知都有其与自身特点相符的构成，而且后面阶段的发展都是以前面的阶段为基础。经验是个体在对动作不断地重复练习中得到的，主要分为两种，分别是物理经验和逻辑数理经验。思维的成熟正是随着个体经验的不断增加而逐渐成熟的。从批判性思维的发展角度来看，人类的青少年时期是思维发展非常重要的时期，这一时期的批判性思维发展需要在儿童时期奠定好技能认知的基础，否则很难达到思维的成熟。儿童时期对基础认知技能掌握的越牢固，青少年时期批判性思维技能提升得越快。

（二）新皮亚杰理论

皮亚杰认知发展理论认为，人类 15 岁之前认知的最后一个阶段为形式运算阶段。作为认知发展心理学家的佩里结合自己的研究认为，人类在形式运算阶段后的认知发展依然是不断变化的，最终会在 20~25 岁时到达后形式思维阶段。形式思维阶段的特点是人们能够处理复杂的、碎片化的信息，显示出高于青少年认知的能力。在后形式思维阶段，人们的思维表现得更加活跃，并能从不一致的信息中找到适合自身的观点，不再受单一思想的限制，但是，能将这种思维能力发挥到淋漓尽致的人是比较少的。

皮亚杰的认知阶段发展理论为批判性思维的研究提供了一个新的方向，通过批判性思维与皮亚杰理论的结合，研究者们发现，11~16 岁是人类抽象和逻辑思维形成的主要时期。而对于高一年级的学生来说，正是处于这个年龄之间，而且这也是他们批判性思维发展的关键时期，因此，完全可以在高中阶段对学生进行批判性思维的测量。但是，新皮亚杰理论则将人们对批判性思维在高中阶段的发展提升了一个新的认识水平，人们认识到在高中阶段对学生的批判性思维测量具有一定的局限性。思维的形成是一个长期的过程，高中阶段则是重中之重。所以，教育要注重高中阶段学生批判性思维的培养，这样更有利于学生日后批判性思维能力的提升。

（三）布莱塔兹背景化理论

布莱塔兹认为批判性思维能力和倾向都是高度受背景限制的。人们在批判性思维过程中根据不同的背景，有选择性地运用推理和假设的模式。背景不同，个体对同一问题产生的反应不同。最理想的批判性思维测量是本地化的、非标准化的测量。

（四）布朗芬布伦纳的生态系统理论

从布朗芬布伦纳的生态系统理论来分析人的发展，可以将人的发展看作人与环境相互作用的过程。布朗芬布伦纳的生态系统理论将人与人之前的关系看成是大圆包含小圆的四个相互联系的同心圆环境系统（见图 2-2-1），他们之间以及与个体之间都是相互作用的，从不同的方面影响着个体的发展。

微观系统位于环境系统的中心位置，代表着人们接触的最直接的环境，分为四个方面，分别是学校、朋辈群体、家庭和业余生活，这四个方面也可以看作人类发展的不同时期所接触的不同环境，它们之间又互相有穿插和影响，在不同时期起到的作用不同。

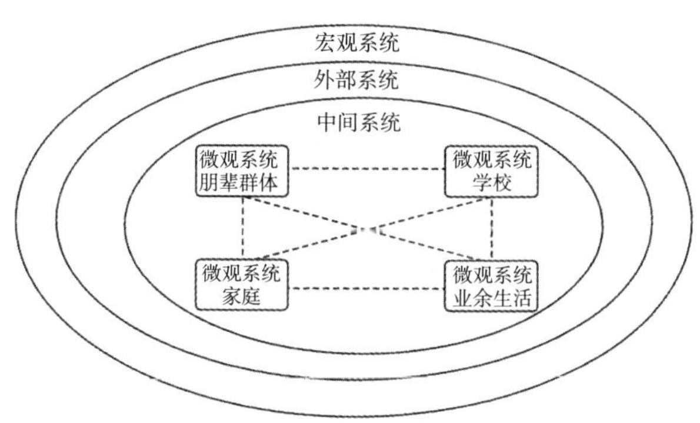

图 2-2-1　布朗芬布伦纳的宏观、外部、中间和微观系统之间的嵌套模型

五、关于批判性思维层级结构的研究

（1）批判性思维是一种思维组合，更是一种人格特质。它包括批判性思维技能和批判性思维精神特质两个方面，二者缺一不可。杜威认为反思性思维中反省的态度和逻辑知识二者都不可或缺。西格尔认为批判性思维包含批判性思维精神和推理评价两部分。霍尔普恩认为批判性思维由三种成分组成，倾向与态度、批判性思维技能、指导与评价思维的元认知。

一般来说，批判性思维可以从意识和技能两个方面进行分析。意识可以看做人们的一种思维习惯，而技能可以看作通过自身的思维习惯解决问题的能力。对于批判性思维教育来说，其目的就是培养合格的批判性思维者，他们能够在日常生活的其他学科的学习中有效地运用批判性思维的各种技能，提高他们的自我意识、自信和判断能力。

法乔恩从不同的层次分析了批判性思维，分别是寻求真理、思维开放、分析能力、系统能力、信心、好奇心和认知成熟度。寻求真理就是指人们具有探究真相的内心追求，更多地关注事情的真实存在；思维开放是指一个人思想的开放程度，以及是否能够接受来自与自己思想的不同观点；分析能力是预见可能的结果或后果的能力。在问题出现之前，人们总是保持警惕，同时设想解决问题的办法；系统能力是系统化、组织化和专注的能力；信心是指人们在面对不同的信息不同的问题时，展现出对自我认知的自信和对自我思维判断的自信；好奇心在批判性思维技能中是指一个人对知识的渴望，好奇的人对事物的运行方式、学习的重要性和不断进步有着广泛的知识。批判性思维中的认知成熟度描述了一个人解决问题、探索和决策的能力，他们可以根据不同的情况提出不同的解决方案。

批判性思维是人们处理日常问题，解决日常矛盾的重要思维，而其中的批判性思维技能则是批判性思维最好的实现手段。批判性思维技能主要有六个核心技能：解释、分析、评价、推理、解释和自我调节。

（2）批判性思维是一套逻辑推理技能。迪克认为批判性思维包括五种思维技能：识别论证、分析论证、外在资源利用、科学性的分析推理、推理和逻辑。每一种思维技能又包括一些思维元技能，共十五项批判性思维技能。霍尔普恩认为批判性思维技能包括：理解原因、对假设的认识与判断、对目标进行分析、给出支持一种结论的理由、评价不确定性的程度、使用自我监控和反省等。

（3）批判性思维倾向指个体开放独立的个人特质和追求理智的思维习惯。杜威认为反省的态度包括三个主要方面：虚心、专心、责任心。

六、关于批判性思维与阅读教学的研究

（一）关于批判性阅读教学的研究

批判性阅读的概念最早出现在20世纪70年代，近年来已经涉及许多领域。随着批判性阅读的深入发展，许多学者将研究视角转向批判性阅读教学。1979年，英国语言学家福勒（Fowler）、克雷斯（Kress）等人出版了《语言与控制》一书，首次提出了“批评语言学”和“批评语篇分析方法”的概念，为批评阅读教学提供了语言学的理论基础。Burroughs（巴罗斯）在他的《批判性阅读教学技巧》一书中提出了提高批判性阅读能力的实用方法。阅读过程分为三个步骤：阅读前、阅读中和阅读后。教师应在阅读前和阅读中不断引导学生提出问题，引导学生积极思考，培养学生的思维能力。在阅读后阶段，学生应以书面形式表达自己对某一问题的看法。

（二）论述批判性思维与阅读的关系

从心理学领域来讲，学者对语言与思维之间的关系研究较早，并较早地认识到二者之间有相互作用的关系。语言学家Halliday（韩礼德）对语言进行了较为深入的研究，并对语言进行了概述，他认为语言是一种社会符号、意识潜势。除此之外，他认为语言同样可以反映出人的信念以及价值观。在学术研究中，同样有众多学者认为不能单独培养人的批判性思维，需要将它融入具体教学内容之中，如阅读、写作教学等。从阅读过程、功能角度来讲，可以将它认定为一种语言解码技能，即人在原有知识基础上，对文中作者的观点、句子关系等内容进行梳理，最终总结出作者意图。此外，部分国外学者对阅读与批判性思维的关系进行了研究，一个人在阅读时往往会采用一些阅读技能，如阐述、推理等，而这些又与批判性思维技能有紧密的联系，为此通过开设阅读教学，并引导学生运用已有知识来理解、阐述、推理作者意图，这是培养批判性思维最佳方法之一。

Paul（保罗）在研究中也对阅读与批判性思维培养的关系进行了论述，他与大部分学者观点基本一致，均认为二者之间有着紧密的联系，通常情况下一个人在阅读时也会伴随相应的推理。Paul（保罗）和Elder（埃尔德）对批判性思维与阅读二者之间的关系进行了深入研究，并对二者之间的关系进行了深入总结，认为如果读者带着自己的思想去阅读，此时二者之间就会形成相互影响的关系。此外，Paul（保罗）在研究中为阅读中批判性思维的培养构建了思维训练框架。

综上所述，批判性思维培养受批判性阅读的影响，人只有批判性阅读的环境

下，才会进行批判性思考。从具体上来讲，批判性思维在阅读中的培养蕴含在整个阅读过程之中，并在此基础上不断培养人阅读、反省以及文本反应等方面的能力。另外，批判性思维在阅读过程中的培养要透过现象看本质，深入挖掘文本后的信息、观点以及思想意识。

（三）在阅读教学中培养批判性思维能力

目前，国外对学生批判性思维培养十分重视，尤其是在阅读教学中对学生批判性思维的培养。正是在这种氛围下，西方国家在小学阶段阅读教学中融入批判性思维培养。与此同时，西方学术界在理论研究方面也比较重视阅读教学中批判性思维的培养，且理论研究成果丰硕、观点深刻。如学者 Akkaya（阿卡亚）认为学生批判性思维的培养可以通过合理设置阅读教学大纲，完善阅读教学方法，优化阅读课程设置等方式实现。与此同时，教师自身素质对学生批判性思维培养同样具有重要作用，只有教师具有较高的素质，才能使学生成为潜在批判性思维者。另外，西方学者 Chamberlain（张伯伦）和 Burrough（伯勒）同样对阅读教学中批判性思维培养进行了深入研究，并提出问题驱动法、信件书写法可以促进学生批判性思维养成。而学者 Belet（贝尔特）和 Dal（达尔）认为学生批判性思维的培养可以采用讲故事的方式。

除此之外，还有许多国外学者对批判性阅读教学进行了深入研究，如 Bloom（布鲁姆）、Pirozzi（皮罗齐）以及 Kurland（库尔兰）等等。他们从不同角度提出了批判性思维的培养策略。在对批判性阅读研究中，不同的学者有着不同的研究教育与方向，部分学者在研究中强调将分析工具引入语言课堂之中，以此来提升学生批判性思维。总而言之，国外学者关于阅读与批判性思维培养的研究为学术界做出了巨大贡献，为批判性思维培养指明了方向。

将批判性思维培养融入听说读写任一环节之中，能够极大程度上提升培养效果。Lewis（刘易斯）对批判性阅读进行了深入研究，认为批判性阅读可以推动批判性思维的培养，对此他在研究中对高校大学生批判性思维培养提出了解决策略，并强调了批判性阅读的重要性。在批判阅读教学中，教师应对学生各个阅读环节进行充分了解，找出其相对薄弱环节，而后结合薄弱环节优化教学策略。

Crawley（克劳利）和 Mauntain（曼丹）将阅读分为三个层次：字面理解、解读性阅读、批判性阅读。从这个分层上可以看出，批判性阅读属于较高层级的阅读，而且它是建立在前面两个阅读层级基础之上的阅读。批判性阅读是字面解读阅读的提升与发展。随着一些批判性阅读研究的开展和相关理论的提出，批判性思维的重要性被越来越多的人认可，许多国内外的学者开始把批判性阅读引进阅读教学的探讨之中。

著名教育学心理学家 Benjamin Bloom（本杰明·布鲁姆）在 20 世纪提出了教育目标分类理论。从此，这个理论就成为系统教学目标设计的理论依据。之后，近十名学者一起探讨，对这个分类理论进行了修改，也取得了很大的成果。本研究也将以改进的分类法进行阐述。如图 2-2-2 所示，可以看出，图的左边是最初版本，一共有六个层级，最低层级是知识，最高层级是评价。

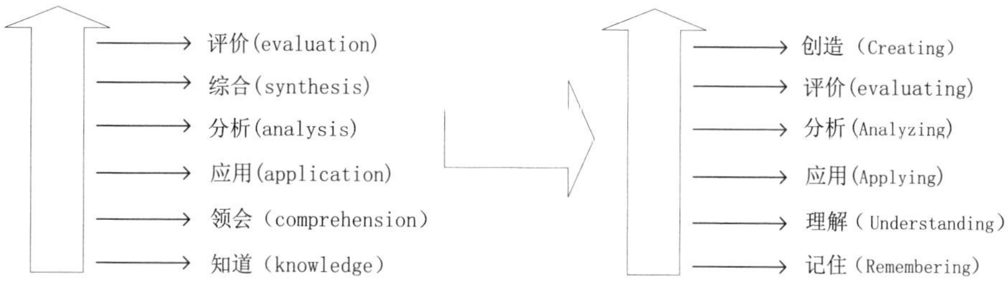

图 2-2-2　教育目标层级分类修订过程图

而图的右边是修订版本，同样也是六个层级，最低层级是记忆，最高层级是创造。根据布鲁姆的层级分类，教师能建立更为完善、系统、科学的教学目标，并能根据这些目标设计较为合理的教学活动。

在西方教学领域，许多理论和书籍从不同的角度阐述了批判性阅读。一些研究是建立在经验上的理论性定义。Hafiner（海夫纳）认为，随着学习者在语言建构上的进步，通过巧妙的问题进而讨论、剖析发现问题的本质，批判性思维过程也随之得到发展。Chamberlain（张伯伦）和 Burrough（伯勒）提出了提高批判性阅读能力的两大策略。一个是以问题为导向的策略。他们认为，通过对于材料相关的一系列问题的提出，学生可以在问题中发展思维。另一个是以读后活动为导向的阅读策略。教师在读后要求学生写出对文章的评价，并且与别人分享。Cleg（克莱格）也指出，批判性阅读思维帮助学习者明辨真实与虚假、信息和炒作宣传、公德与个人偏见。通过这样的形式锻炼学生的思维，Flynn（弗林）提出了七大阅读策略，分别是：预览、评注、概述、分析、提问、预测、评价。预览指的是学生通过对标题或者文章段落甚至某句话的扫视后对文本的初步了解；评注是对文章关键信息的标注；概述即简要概括；分析是指在字面理解之上对字里行间的解读；提问即质疑，可以对自己、对文章，甚至对作者等提出疑惑；预测是适当的猜测，可以贯穿整个阅读活动；评价是最常见的策略，是对评价对象的一种态度表明，可以是支持的，也可以是反对的。Flynn（弗林）提出的这些策略出现在了很多研究里面，本研究也将以这七大策略作为基础展开论述。Milan（米兰）进一步说明，为了达到此目的，学习者必须抛开个人期望、偏见，以客观的视角看待事物。[illegible]（[illegible]）同样也谈到了学习者应用批判性阅读思维中的评价技巧区分观点与事实。

而另一些国外的研究则是通过实验提出相关的批判性阅读策略。Flynn（弗林）提出批判性阅读策略包括预览、评注、概述、分析、提问、预测和评价等。Collins（柯林斯）和 Welker（威尔克）研究认为，教师在鼓励引导学生运用批判性思维进行阅读上起到了重要的作用。随着阅读策略的不断提出，Bruce（布鲁斯）强调，除了在教学中引导学生运用这些策略，首要问题是教会学生明白这些策略是什么。外国的研究者通过对这个问题的探索研究建立了扎实的理论基础，也提出了一些让教学和学习都受益无穷的阅读策略。

七、关于批判性思维与写作教学的研究

国外学者将批判性思维的理论成果应用到了写作教学过程中。20 世纪 60 年代，国外学者们加强对研究批判性思维能力与写作、阅读之间关系的重视程度。

20 世纪 80 年代以后，研究者进一步揭示了批判性思维与英语写作二者的关系。Flower（弗劳尔）和 Hayes（海斯）表示英语写作大致需要三个环节，即确定文章主旨、撰写初稿和修改文章。在这一过程中，学生并非独立完成，而是需要教师引导。通过挖掘问题，学习者学会从适当角度立意并分析问题，从而进行英语写作。Tsui（徐克）通过在大学课程中使用多样化教学法，探究批判性思维发展与哪些课程相关，发现它同写作水平相关性较强。Shaw（肖）则是从高中英语写作教学入手，研究批判性思维能力与写作水平的相互作用。Kirby（卡比）和 Goodpaster（古德帕斯特）在《哲学研究》中认为，思想与语言是相互依存的。思维是语言的重要内容，而语言是思维的外部表现。这句话强调了在英语教学的过程中增加批判性思维培养的比重对促进学生批判性思维的发展是非常必要的。

20 世纪 90 年代以后，研究者将可操作的具体方法贯穿于写作教学的方方面面。哈佛大学提出学生的批判性思维需要借助写作课程来提高，因此学校开设了一些专门的英语写作课程。Ramanathan（拉马纳森）和 Atkinson（阿特金森）指出，大学写作课程重视对学生思维的专门训练。为了使学生的思维能力更好地发展，学校重新设置教学大纲，从设立写作教学目标、使用教学方法等方面加强对

教师的培训。从批判性思维的角度来看,Jeicek（杰里克）和 Hitchcock（希区柯克）认为英语写作课可以描述为 5 步：输入批判性思维技巧；运用技巧剖析问题并进行写作；收集论证资料，进行师生互动；独立写作；自评与互评。马萨诸塞大学采用限时写作考试的方式来评估学生的批判性思维能力并根据其思维水平来选择最佳的教学模式。

综上所述，国外对批判性思维的培养途径关注较多，并与具体学科相联系，不断将理论应用于具体实践中，培养方式多样化。而且学者们多对二语写作教学环节进行研究。与此同时，国外还探究了批判性思维能力与写作教学之间的关系。通过将二者结合，教师引导学生在学习学科知识中学会思考，提高学生分析问题和灵活运用批判性思维技能的能力。

八、关于批判性思维发展影响因素的研究

在批判性思维技能理论中对反省认知以及自我调节技能进行了明确的解释，并将二者纳入批判性思维的核心组成部分，从某种程度上来讲，“反省认知”与“自我调节技能”也暗示着信息加工理论在批判性思维领域的运用。部分认知心理学研究者在对人心理活动研究过程中进行了形象的比喻，将人的心理活动比喻成计算机信息加工系统，以此来形象化地描述复杂的人类行为，而批判性思维培养、自我效能与认知信息加工有密切联系。

关于自我效能感与批判性思维间的关系，Facinone 等（法西农）的自我调节理论将“自信”作为批判性思维人格倾向的一个维度。国内外学者关于自我效能感对批判性思维的影响也有一定的研究。有学者发现批判性思维与自我效能感之间存在显著的正相关。Dehghani 等（迪汉）对大学生的研究结果也证实自我效能感与批判性思维呈显著正相关，自我效能感可作为培养学生批判性思维的激励因素之一。

Bandura（班杜拉）在对自我效能感研究中指出了它的三个维度，即水平、强度、广度。自我效能感的这三个维度又代表着不同的意思，其中“水平”主要反映任务选择的难易程度；“强度”则反映对完成任务的自信心程度；“广度”主要反映自我效能感的扩展功能，即自我效能感是否能够迁移到其他任务之中。此外，Bandura（班杜拉）也对自我效能感调查问卷的设计进行了深入研究，他认为在编织问卷时必须要强调特定性，这是编织自我效能感问卷最关键的一点。另外，编织自我效能感问卷时，还要注意问卷测量的全面性以及任务难易的等级性。1985

年著名德国心理学家 Schwarzer（施瓦泽）所编制的自我效能感问卷成为当下最为流行的自我效能感问卷之一，共计 10 个问题，并被翻译成 25 种语言使用，该问卷的信度与效度得到全面验证。1982 年美国学者 Sherer（谢尔）和 Maddux（达克斯）共同编织的自我效能感问卷，同样在世界流传较为广泛，此问卷主要分为两部分内容，第一部分内容为“一般自我效能”，第二部分内容为“社会自我效能”，其中第一部分内容共计 17 个测试题，第二部分内容共计 6 个测试题。以上两个自我效能感问卷都没有设定具体的情境，因此这两个问卷是从宏观角度测量个体的自我效能感。

还有许多国外学者对批判性思维与自我效能感二者之间的关系进行深入论述，如 Gloudemans（格洛德曼）、Capa-Aydin（卡帕·艾丁）、Dehghani（迪汉）等人以护理专业学生作为研究对象展开深入分析，并指出批判性思维培养与自我效能感二者之间的关系为正相关，即自我效能感评估越高，人的批判性思维则越强，反之则越差。

从以上研究中不难发现国外学者对批判性思维研究有着悠久历史，并极大程度上推动了批判性思维的理论与实践研究。此外，国外学者逐渐将批判性思维的理论研究与实践相结合，并将实践中的经验反作用于理论研究，从而将批判性思维研究推上一个新的高度。然而国外学者对批判性思维的研究领域也存在一些不足，尤其是关于教育中批判性思维培养的研究成果相对较少，与其他领域相比显得尤为稚嫩，在此方面的研究仍需学者开展深入研究。

批判性思维的培养受到多方面因素的影响，主要包括以下几个方面：第一，智力支持。学生在自评报告中对教师给予的智力支持做出了肯定评价，如教师对抽象概念的解释等都可以极大程度上影响学生批判性思维的培养。第二，课堂提问。教师在课堂上的提问能够对学生起到较大的引导作用，指引学生从不同角度去思考问题，这对学生批判性思维的形成与培养起到了积极作用。第三，课程作业。从某种程度上来讲，课程作业的特点也能够影响学生批判性思维的培养。例如，教师在课堂上为学生布置一项多角度分析问题的作业，或者对不同观点进行对比分析的作业。这些都可以从不同程度影响学生批判性思维的培养。为此 Shim（希姆）和 Walczak（瓦尔恰克）在研究中对课堂任务特点进行了深入研究分析，并强调课堂任务特点对培养学生批判性思维的重要性。第四，学生对教师的依赖性。教师相对于学生而言无论是在认知，还是经验方面都有着一定的优势，所以大部分学生对权威性教师容易产生依赖，并希望通过他们了解世界。Magolda（马戈尔达）通过对大一新生的研究证实了这一点，学生在学习中往往依赖于权威性教师，而不愿意与同伴进行交流沟通，哪怕是在小组讨论中，往往也不会用批判性的眼光去反驳同伴的观点。第五，大学生学习年限。随着大学生年龄的增长，他们的批判性思维能力也会得到提升。Lampert（兰伯特）将大三、大四以及大一学生作为研究对象，通过实验研究方法，发现大三、大四学生的批判性思维要明显高于大一新生。第六，课程教学方法。学者 Tiwari（蒂瓦里）等人从课程教学方法角度对大学生批判性思维培养展开了深入研究，发现问题教学法培养学生批判性思维的优势要远高于传统讲授教学法。第七，教师批判性思维培训力度。只有教师具有批判性思维能力，在教学中才能够使学生成为潜在批判性思维者，而教师批判性思维能力受自身批判性思维培训的影响。Burbach（伯巴赫）等人通过对 12 名农业教师进行批判性思维技能方法培训，并通过为期一学期的教学观察，发现受批判性思维技能方法培训之后的老师批判性思维教学倾向得到明显提升。

Atkinson（艾特金森）在研究中对中西方学生进行了对比分析，大部分中国学生受传统文化的影响，他们倾向于和谐，对权威有较强的尊崇感，因此在学习中不善于用批判性思维方式考虑、分析问题。而西方学生他们崇尚个性发展，推崇个性张扬，因此在学习中比较善于运用批判性思维。另外部分学者在研究中发现，大部分的亚洲学生从小所受的教育使他们养成了服从的性格，而缺失了独立判断的态度，正是在这种环境下，亚洲学生在学习中形成了“枪打出头鸟”的思想。

第三节　国内批判性思维研究现状

在中国，2000 年前哲学家和教育家提倡思考和推理。孔子早于苏格拉底说过“知道你知道的和你不知道的，那就是真正的知识”。孔子是一位很好的批判性推理实践者，他的格言仍然经常被引用，如“学而不思则罔，思而不学则殆”。然而，他的智慧格言并没有构成一个系统的辩论理论。

墨家以墨子（公元前 5 世纪）的教义为基础，开创了一种预测批判性思维模式的论证方法。墨家通过与儒、道、明等传统学者的争论，为中国批判性思维奠定了基础。墨家寻求找到并应用客观的标准或模式来指导思想和行动，而不是仅仅接受传统。为了做到这一点，他们开发了一个推理系统的模型。他们的模型是可以与批判性思维准则相媲美的工具，因为它们为语言以及道德方面的判断提供了标准。对墨家来说，推理是对模式的识别，因此他们的目标是区分相似与不相似，或者这个东西是什么与它不是什么，通过三个模式或问题来进行区分。对三个批判性思维问题的回答反映了墨家批判性思维的特点和内容。关于术语或概念的第一个问题是，“原因是什么？”或者“它的来源是什么？”批判性思维的重点是通过研究支持智力论证的证据来评估智力论证。第二个问题涉及区分意义模糊的单词和句子。批判性思维要求语言清晰明了。由于汉语非常复杂和精炼，墨家特别注重语言的精确性和清晰度。墨家强调问“为什么是这个而不是那个？”为了找出原因，支持证据。第三个问题是这个类比是否恰当和正确。墨子是类比推理的专家，他对语言进行了深入的研究，并将它作为辩论的工具。因此，墨家专注于如何说服人们并通过标准或模式解决问题，以支持辩论。然而，墨家通过类比推理而不是形式逻辑的应用进行论证。

一、概念理论研究阶段

国内学者们接触批判性思维的概念较迟，大约在20世纪80年代才引入我国。目前国内对批判性思维内涵的研究基本借鉴了国外研究的成果，分为以下几种观点：

林崇德在《思维心理学研究的几点回顾》中从批判性思维的认知功能角度展开分析，指出批判性思维是指准确理解一种观点的含义，分析判断其中的归纳推理是否准确，进而做出自己的选择的思维过程，其本质是反思和评估自己和他人的思维。有了批判性思维，人们不仅能够认识客体、设计未来，而且也能够认识主体、监控自我，并在改造客观世界的过程中改造主观世界。

吴宏志在《批判性思维与逻辑教育教学》中从批判性思维决策科学的角度展开分析，并指出“批判性思维是对所提供的解决问题的方法进行检测，以保证它们的有效性的思维方式”。

除此之外，我国还有众多学者对批判性思维的内涵进行了研究，并提出自己的观点，如刘儒德将批判性思维定义为个体不仅能够对事物的价值进行全面、准确地评判，而且能够从不同角度来看待它，提出独特且合理的个人看法。进入21世纪以来，我国学者对批判性思维定义的研究更加多样化。罗清旭认为批判性思维是个人基于已掌握的理论、知识、处理方法等经验，通过权衡分析，进行的认知判断。李瑞芳指出批判性思维是一个“收”的过程——在了解事物的各方面后，对有疑问的某方面进行评估并作出合理的解释。这强调了个体应保持个性，坚持自己独特的观点。文秋芳提出批判性思维较强的人能够进行深层次且全面的分析，并能恰当地评论各种有争议的观点。陈振华认为批判性思维是人们对已存在的事物或已发生的事情进行反省的过程，是对事物的整体进行分析、辩论或对其不同方面进行整合。孙有中认为批判性思维能力可以从态度和技能两方面说明。

综上所述，学者从不同角度对批判性思维下定义，但在本质上都强调了批判性思维是合理的判断和创新性的评价。

二、实证研究阶段

我国学者关于批判性思维的研究受国外理论研究成果影响较大，因此我国学者在研究批判性思维培养时，主要将它置于学科教学之中，这也致使我国学术界出现了许多关于各个学科批判性思维培养的学术研究成果。从具体上来讲，目前批判性思维培养所涉及的学科主要有语文、英语、物理、数学、政治等。就当前学术界关于批判性思维培养理论研究对象而言，绝大多数的研究对象指向高中生和大学生，虽然学术界也有关于中小学生批判性思维培养的理论研究成果，但是与前者相比，其研究数量可谓少之又少。贾珍以语文学科教学为例，对学生批判性思维培养展开了深入的研究与分析，并在研究中提出批判性思维培养策略。唐海燕通过采用问卷调查的研究方法，对数学教学中学生批判性思维能力培养进行了研究，通过问卷收集了学生批判性思维培养现状，了解了影响学生批判性思维培养的因素，最终结合实际情况提出了批判性思维培养的策略。王海红在对批判性思维概念理论以及相关教学方法的基础上对高中物理教学批判性思维进行了全面研究，在研究中学者主要采用了问卷调查的研究方法，在研究中学者也对中美高中物理教材中批判性思维内容进行了对比，并提出了提升高中物理教学批判性思维培养的策略。

（一）国内批判性思维与英语阅读相关研究

为了全面了解英语阅读教学中批判性理论研究情况，在知网数据库通过搜索关键词“英语阅读”“批判性思维”发现我国关于英语阅读批判性思维培养研究始于 2004 年，截止到目前共有 92 篇学术文章。另外通过对这些文献资料的梳理发现其研究对象主要为大学生、高中生。其研究内容主要表现为以下几个方面。

1. 批判性思维在英语阅读教学中的应用

随着大数据时代的到来，我们面临的挑战不再是如何获取信息，而是如何通过鉴别从而高效准确地消化我们获得的信息。因此，要在数据大爆炸的当代从信息当中汲取知识与智慧，成为信息时代一名独立有创见的读者，批判性阅读能力是必不可少的条件。与西方的成果相比，中国的研究虽起步较晚，但仍取得了一些具有启发性的成果。从 21 世纪开始，国内外很多学者把目光投向了批判性阅读在教学领域的应用。有学者认为批判性阅读能力使读者能不为虚假信息所惑，可以跳出思维的框架进行思考。

与之前西方对批判性阅读的定义相似，中国学者认为具有批判性思维的学习者能在理解文本的基础上对读物的真实性、有效性及其价值进行判断并作出评价。有学者指出批判性阅读不在于机械或消极的记忆和吸收知识，而在于整合和评价。陈泽航将批判性阅读分成两个层次，一是对文本的理解，二是对文本所传递的观点、态度等进行评价。

随着国内学者所提出的这些批判性阅读理论，许多教育者开始尝试提出批判性阅读教学的学习策略。陈令君提出批判性阅读教学的三个步骤：建构有效阅读模式、选择典型阅读材料和阅读策略、提高学生对语言的敏感度。李慧杰也曾指出，正因为英语学习者可以接触到各种各样的学习材料，学生更需要具备鉴别良莠的批判性慧眼。不仅教育界的学者重视批判性阅读，在我们国家教育部颁发的高中英语课程标准里也明确强调，在培养学生听说读写基础技能的同时也要注重对学生批判性阅读思维的培养。李慧杰在对批判性阅读概念描述的基础上建立了一个四阶层次框架作为批判性阅读水平的理论架构。

另外目前我国学术界关于批判性思维在英语阅读教学中应用研究的论文并不是很多，通过对收集文献资料的梳理，其中有 2 篇论文是以高中生为研究对象，进而展开批判性思维在英语阅读教学中的运用。2014 年林玉岩和张琪对批判性思维在高中阅读教学中的运用进行了研究，在研究中他们首先从批判性思维定义出发，而后对批判性思维在高中英语教学中的运用现状、问题进行分析，并在此基础上提出学生批判性思维培养的对策，然而这些对策分析不够深入。

除此之外，目前我国学术界还有部分关于批判性思维在大学英语阅读教学中的运用。2011 年，杨行胜在研究中重点对批判性思维对大学生语言能力培养进行了研究，整个研究学者分别从教学实例、改变模式、发表见解等方面论述。2012 年，向李林从项目教学法角度对批判性思维在大学英语阅读教学中的运用进行了深入分析。2012 年，张秀峰从探究性学习入手分析，并论证该教学方法对大学生思辨能力倾向的影响。2012 年，王瑞霞从学生学习风格角度对大学生思辨能力影响进行了研究。2013 年，曾金玲从大学生人格特质、成就目标等角度出发研究分析了大学生思辨能力。2015 年，朱玲从批判性阅读角度出发研究大学生批判性思维培养，在研究中学者首先对批判性阅读的定义进行了诠释，随后在研究中对批判性阅读的重要性进行论述，最终提出了切合实际的批判性阅读教学方式方法。2015 年，王晶晶从课堂氛围、课堂问题设计等角度出发对大学生批判性思维培养进行了全面研究与分析，学者认为提升大学生批判性思维能力需要创建良好课堂氛围，设置问题引导。2015 年，康林对大学英语阅读教学中批判性思维培养思路做出了研究，并提出了“提出—分析—解决”问题的教学思路，与此同时学者指出在这个教学思路中，要格外重视“分析问题”这一环节，并作为教学重点。

2. 英语阅读教学中批判性思维能力的培养研究

目前我国关于英语阅读教学中批判性思维培养研究方面的文章较多，而且此方面的研究成果同样是以高中生和大学生作为主要研究对象，就大学英语阅读教学批判性思维培养方面来讲，又涉及英语专业和非英语专业两个领域。2013 年，张同银对高中英语阅读教学中批判性思维能力培养进行了研究，在强调批判性思维培养必要性的基础上，通过采用教学案例的方式对培养学生批判性思维能力提出了对策。2012 年，廖乃帜以大学英语专业学生为研究对象，对英语阅读教学中批判性思维培育策略进行了全面分析。在研究中，学者指出了目前我国大学英语专业教学弊端，如重视语言知识点教学，忽视思维技能教学，也正是这一方面的原因导致我国英语专业大学生缺乏思辨能力。结合教学实践，廖乃帜对英语专业阅读教学中“阅读”“理解”以及“评估”三个过程批判性思维培养提出了具体策略。2015 年，周捷将非英语专业大学生作为研究对象，对英语阅读教学中批判性思维培养策略进行研究与分析。通过分析，学者提出了合作学习方法可以在一定程度上提升非英语专业学生批判性思维。除此之外，还有大量中国学者对英语阅读教学中批判性思维培养进行了研究，如陈峻宇、罗敏杨国庆等人，都从不同角度对其展开论述。2010 年，董元兴通过运用《加利福尼亚批判性思维技能量表》对 25 名大学生进行批判性思维进行问卷调查，在整个研究中为了保障问卷数据分析的有效性，学者借助美国加利福尼亚州学术出版社旗下的洞察力评估中心的先进技术，对问卷数据进行统计分析，从而得出所调查学生批判性思维能力现状。

2012 年，王婧对大二英语专业学生批判性思维能力培养情况进行了深入分析。2012 年，田丹、王子君同样对大学生英语思辨能力进行了探索与分析。2013 年，张艳阳对大学英语课堂学习共同体的批判性思维能力培养进行了研究与分析。除此之外，2008 年，文秋芳以英语专业研究生为研究对象，从文献阅读与评价课程角度出发，提出了将批判性思维培养融入文献阅读教学中的策略。2009 年，韩少杰、王小英对批判性思维培养与英语阅读教学融合进行了分析，并从教学方法角度提出提升批判性思维的策略，除此之外，学者认为学生批判性思维培养还需要制定完善的教学评价激励机制，激发学生理解、分析问题的欲望。

3. 批判性思维与英语阅读的有效性和相关性研究

目前我国学术界关于英语阅读教学与批判性思维培养的有效性研究内容相对较少。2012 年，许金红以英语专业大学生为例，分析了大学生批判性思维倾向与大学英语阅读教学之间的关系，在研究中学者运用了 Facione（范西昂）的批判性思维倾向理论。此外，学者在研究中将我国大学英语阅读教学测试特点作为研究依据，学者在研究中注重理论与实际结合，并采用定量分析和定性分析的方法对我国大学生批判性思维倾向与英语阅读教学的相关性展开了全面分析。2009 年，张硕对大学生二语学习与批判性思维倾向之间的关系进行了分析。2010 年，马笑春通过采用实验的方法展开了二者之间关系的研究，通过实验结果发现发现二者呈正相关关系，即批判性思维能力较好的学生，在英语阅读时能够更好地运用自我反省等批判性思维技能。

从以上国内学术研究成果上可以发现，无论是国外学者还是国内学者都对批判性思维培养有了一个正确认识。从对比的角度来讲，国外关于批判性思维以及英语阅读批判性思维培养方面比较成熟，这为我国学者研究提供了借鉴内容。此外，就我国学术界研究而言，大部分学者在研究中均是参照国外学者理论研究成果，但是近年来我国学者也加强了对批判性思维培养与英语阅读教学批判性思维的研究力度。此外，从研究内容方面来讲，近年来我国学者关于此方面的研究主要集中在批判性思维、批判性阅读等概念性研究，而关于批判性思维培养训练方面的研究成果并不是很多。另外，在研究方法上，虽然我国部分学者在研究中将实验法运用到批判性思维培养与英语阅读批判性思维培养研究之中，但是实验时间较短，且在教学中未能有效采用批判性思维培养方法，因此很难改善学生批判性思维能力现状。

（二）批判性思维与写作相关研究

2000 年，罗清旭在研究中强烈指出批判性思维的培养应当融入学科教学之中，这可以有效提升学生批判性思维培养效果，也是目前批判性思维培养的有效方法之一。2006 年，刘伟、郭海云通过实践教学的方式对批判性思维与英语写作教学之间的关系进行了研究，学者通过对学生进行为期一学期的批判性思维培养，最后发现随着批判性思维的提升，学生的英语写作水平也得到提升。2010 年，郑玉琪将批判性思维与二语教学进行融合研究，并对批判性思维与二语学习之间的关系进行了阐述，批判性思维能力较高的学生，在二语学习中能够更好地理解、分析问题，并阐述自己的观点。

（三）批判性思维与自我效能感

黄蕾和杨文卓在研究医学生批判性思维形成和发展所涉及的相关影响因素时提出，自我效能感作为个人因素是影响批判性思维形成和发展的三个因素之一。另外，我国学术界还有很多学者对护理专业学生进行了批判性思维培养研究，最终得出的结果均证明了批判性思维培养与自我效能感之间呈正相关关系。

（四）对批判性思维现状的调查

在批判性思维理论研究中，部分学者也对我国学生批判性思维缺失的原因展开了调查与分析，并在此基础上结合我国教学实际情况提出了相应的解决措施。从具体上来讲，我国学者在对批判性思维现状进行研究时，其调查对象包含较广，如中小学生、高中生、大学生以及各个年级学生的家长等。与此同时，学者在对批判性思维培养研究中所涉及的学科也较为广泛，如医学护理、数学、英语、心理健康教育、化学等等。通过对现有批判性思维培养研究成果的梳理，不难发现无论哪个学科，关于学生批判性思维培养表现的都不是十分理想，有着较大的提升、完善空间。2010 年，学者刘义以香港大学生作为研究对象展开批判性思维现状调查研究，在研究中学者对不同年级段、不同专业的学生均做了调查，结果表明教师本身对批判性思维未能形成正确的认识，所以在实际教学中并未重视对学生批判性思维能力培养。这在一定程度上也表明，应试教育环境下学生批判性思维能力培养显得格外重要。

（五）对批判性思维影响因素的研究

对批判性思维影响因素的研究，大多采用问卷的形式，较早的是护理专业。影响我国学生批判性思维发展的因素很多，本书将在第三章从外在因素和内在因素两个方面来分析与阐述。外在因素主要包括环境氛围、社会文化、教育体制和教育模式等。内在因素主要是指学生的自身因素，包括思想方面、受教育程度、个人习惯爱好、批判性动机，知识的储备、学习和思维风格、人格等。内外因素中最关键的影响因素是教学模式。

（六）对批判性思维培养策略的研究

在批判性思维能力的培养方面，我国学者也做了积极的探索。林岩通过分析学生的反思日记，探索在英语辩论课中培养学生思辨能力的方法。张坤媛基于行动学习理论，构建了讨论写作式教学模式，从而通过讨论和写作来促进学生思辨能力的提高。杨莉芳探讨了在英语阅读课中，课堂提问对学生思辨能力发展的影响。潘琳琳和宋毅研究合作学习模式对增强学生思辨能力和学习效果的作用。张宏武从社会文化理论和内容依托视角开展了以思辨能力培养为导向的英语专业教学改革。李莉文和刘雪卉以某高校 5 篇英语专业本科毕业论文为样本，发现教师反馈能促进学生思辨能力的发展。李普探讨了如何通过《西方文论》课程的论文写作环节来培养大学生的思辨能力。随着时间的推移，国内外越来越重视对学生（包括中学生和大学生）批判性思维能力和创新能力的培养。

此外，阮全友在回顾国内外思辨能力相关研究的基础上，构建了培养我国英语专业学生思辨能力的理论框架（见图 2-3-1），为英语专业学生思辨能力培养厘清了思路，但没有考虑学习者特征和人际互动对学生思辨能力发展的影响。

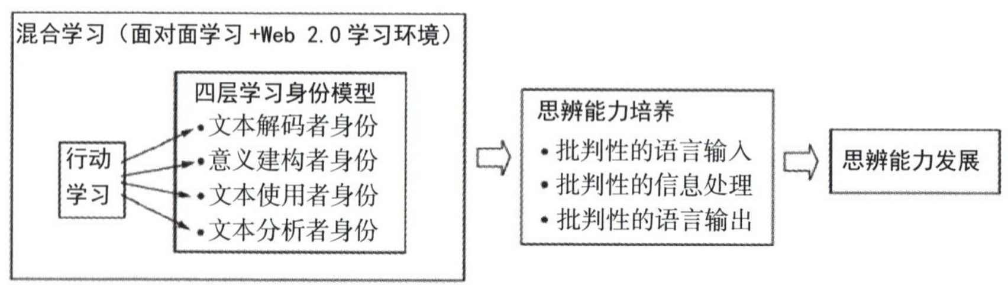

图 2-3-1　培养英语专业学术思辨能力的理论框架

（七）对批判性思维测量工具的研究

随着批判性思维在国际上的快速发展，我国各个领域专家从不同程度上加强了对批判性思维能力的重视，自 1990 年之后，我国外语界专家也加强了对批判性思维能力培养的重视程度，并从多维度展开学生批判性思维培养的理论研究，如批判性思维能力层级理论模型，以及加快对国外批判性思维量具的翻译工作。吕国光在研究中重点对台湾《批判性思考倾向量表》进行研究，并对此量表进行修订，最终形成了含有 12 个项目的“系统性、分析力、好奇心、开放性”的四因素量表。刘义和赵炬明对一所综合性高校的 679 名学生，采用“加利福尼亚批判性思维倾向问卷”进行了调查研究。文秋芳等教师用自行研制的量具对我国大学生思辨倾向进行了两次检测，以检测量具的信度。张莎等构建了英语专业硕士生的思辨倾向量表并开展实证调查。文秋芳等人对两所不同类型高校英语和德语专业的 139 名学生进行了 3 年的跟踪研究。

通过对比我国与国外关于批判性思维的研究可以看出，我国仍然处于初级阶段，对于批判性思维的概念和理论的研究停留在引用和借鉴上。虽然文秋芳等构建了比较有信度和效度的适合中国人的测量工具，但对于量具的开发我们还需要努力，而对于培养策略的分析也需要深入地探究更为实用的培养策略和途径。除此之外，虽然我国学术界关于批判性思维培养的实证性研究得以增加，但是从理论研究成果内容上看，其研究程度处于初期探索阶段。大部分学科包含的内容较多，如英语听说读写四大版块，虽然部分学者对英语教学中学生批判性思维培养进行了研究，但是大部分学者并未将批判性思维培养融入学科具体方面，因此在以后研究中学者还应当加强此方面的实证性研究，这样才能不断提升学生的批判性思维能力。

（八）批判性思维与英语写作相结合的相关研究

在我国学者们的不懈努力下，写作教学的研究重心开始转变，逐渐从注重文章的用词、句式、语法等转变为关注学生批判性思维的培养，开始重视写作者、作品以及读者三者之间的关系。自 2005 年起，关于英语写作与批判性思维相结合的研究开始增加。作者在中国知网中以“大学生英语写作教学批判性思维的培养”为关键词进行检索，发现英语写作与批判性思维相结合的相关研究共 525 篇。以“高中生英语写作教学批判性思维的培养”为关键词进行检索，作者发现通过英语写作来培养高中学生的批判性思维研究呈上升趋势，相关文献近 190 篇，但其中，硕博论文仅 23 篇。文献主要指出了批判性思维对写作的重要性，研究了能够促进学生批判性思维能力的英语写作教学方法和写作测评的模式及标准。

作者阅读过大量文献后发现：部分学生由于批判性思维的缺席，导致文章表意深度不够，仅仅停留在话题表面上。朱晓姝通过查阅本科英语专业学生的汉语和英语作文，发现他们的批判性思维能力较差，作文内容较为表面。而且年级越低者，其批判性思维水平越低。韩少杰、易炎探讨了批判性思维强的学生更可能提出新的观点，写作逻辑更加清晰，衔接更加自然，论证了批判性思维对写作能力的正向促进作用。

学者们也研究了“新型”英语写作教学方法。李瑞芳认为英语写作教学过程最重要的部分就是提问，教师通过不同方式的提问来引导学生辨别信息，促进学生思考。文秋芳、刘润清提出新的写作方法，即在一定时间内完成写作。学生通过深入剖析主题，选取有用信息，整理文章结构完成写作，促进学生批判性思维技能的灵活运用。李莉文指出：在传统的教学中加入题目精选、学生互评、教师评阅三个步骤的教学模式有利于提高学生的批判性思维能力和写作水平。学者们的研究丰富了写作教学的方法，增强了写作教学的有效性。

近几年，我国学者对写作测评模式及标准进行了研究。文秋芳提出了建构思辨能力量具——思辨能力层级理论模型，为转化成具有操作性的测试题目奠定基础。李莉文认为授课老师应从形成性评价和终结性评价两个方面对学生的作文进行测评。具体而言，研究者在写作教学过程中给每个学生新建一个写作文件夹，并在写作教学的终结测评中增加训练批判性思维的题型。周燕杰在英语写作课中融入了批判性思维，提出了新的写作评判标准，设计了自我评估表（包括测评语言能力和批判性思维能力）和同伴评估表（包括评估论点、论据、衔接等）。

通过上述学者的研究结果可知，国内对批判性思维的研究时间较短，重点逐步从理论研究层面向实证研究层面转移。研究者对英语写作教学进行了较长时间的理论探索，教学中关注的侧重点不断改变。相关学者还将批判性思维与英语写作相结合进行研究，了解到思维能力的高低对写作有较大的影响以及提出批判性思维培养的写作教学方法。但目前的批判性思维研究现状体现了国内的研究仍处于起步阶段，学者们侧重于理论方面的研究，对英语实践教学关注度较低。同时，他们对接受高等教育学生的批判性思维研究较多，对高中生批判性思维培养的研究较少。而且，我国英语写作教学存在关注写作形式和结果的问题。因此，本研究综合英语写作教学同批判性思维的培养，提出了新型教学模式，旨在激发教师培养批判性思维的意识，提高学生英语写作水平和批判性思维能力。

第三章　大学生批判性思维培养及其影响因素

本章节内容为大学生批判性思维培养及其影响因素，对于批判性思维能力的培养、大学生批判性思维能力培养的影响因素、大学生批判性思维能力培养的途径进行了一定的分析。

第一节　批判性思维能力的培养

一、国外批判性思维的培养

批判性思维运动是由美国首先发起，随后扩展到全世界。美国在20世纪六七十年代提出批判性思维的目的是对以记忆为主的被动复习式低层次学习方法的矫正。随后，在大学里，学生们呼吁课程应与公民素养相关联，因此非形式逻辑首先以逻辑教科书的形式在大学中展开，其内容主要是当代生活中的论证。现今美国及其他国家高校开设的逻辑课程主要包括三类：形式化逻辑、导论逻辑和论证逻辑。这些课程主要介绍系统的逻辑知识、论证知识、产生批判性思维的方式，训练批判性思维，利用生活中的知识与批判性思维相结合，其目的是提高学生的批判性思维能力，培养学生的批判性思维技巧。

美国对于学生批判性思维的培养教学比较成熟，并且处于世界领先地位。除了在大学通识课程中开设逻辑思维课程，还将批判性思维融入各门学科课程的教学中。这个策略贯穿在美国学生整个受教育的过程中。通过中学课程教学对批判性思维的潜移默化，来强化学生在大学中对批判性思维的运用，从而为学生在大学时接受更专业化的批判性思维训练打下基础。在高等教育中，涉及的活动有：系统的逻辑课程、学生个人成绩的评定（评定中有涉及批判性思维的评价标准，如课上课下讨论、小组合作学习、试卷上的创新想法等）、学生之间的合作与交流（如社团活动交流、小组内交流）等活动。在这些活动中，教师不仅要培养学生的批判性思维能力，还要帮助学生形成独特的批判性思维气质，这也是提高个人综合素质的一个重要方面，对学生的一生都有深远的影响。

除了美国，其他英语国家同样把批判性思维作为素质教育的一个重要目标。大部分英语国家把非形式逻辑和批判性思维课程归为教育的基础课程。美国、加拿大、澳大利亚和新西兰等国家的大学课程设计者声称，批判性思维课程属于各专业学生共修并提高能力的课程，或者至少是社会科学学科学生的必修课。亚洲一些国家也开始注重培养大学生的批判性思维能力。

培养高等教育阶段学生的批判性思维具有多方面的意义：（1）批判性思维是科学学科学生和社会学科学生在探究问题时所需要的思维过程，具有批判性思维的学生可以更好地思考、看清问题、设计研究过程等；（2）可以为大学生毕业后走向社会，应对多变的情况、面对选择进行决策以及思考如何成功等做准备；（3）培养学生批判性思维气质和批判性思维能力；（4）帮助学生成为一名合格的公民，为建设国家作出自己的贡献。

二、国内批判性思维的培养

国内高等教育阶段普遍认同批判性思维对于学生发展起到很重要的作用，因此很多大学的通识课程中开设了思维课程。但是，学生的学习效果并不明显，主要原因可以归结为以下几个方面：（1）学生在基础教育阶段没有接受过批判性思维的训练，因此对于批判性思维还是比较陌生；（2）因为开设的课程为通识课，因此教师在授课过程中并不关注学生是否学习成功，而是在课程中加入较多有意思的内容，这虽然增加了课程的趣味性，但是学生并未领悟到批判性思维的精髓所在；（3）教师在评价学生时，为了保证及格率而没有对学生的批判性思维能力进行认真评价；（4）学生得到课程的终结性成绩后，没有与教师及时交流，即使有问题也得不到及时反馈和修改，导致某些学生的批判性思维能力发展扭曲等。这些因素导致我国高等教育阶段学生的批判性思维并没有得到较好的发展和培养。虽然学生具有一定的逻辑思维，但是他们无法把批判性思维与生活相结合，而且过分依赖教师提供的解决方法。虽然在学校内学生可以得到很高的分数，但是不一定能适应社会的变化，这也是产生“高分低能”的原因之一。

我国要改变这种状况，首先需要转变教学目标，不仅注重学生对知识的掌握，还要注重学生能力的培养，把培养学生的批判性思维能力看作教育目标之一。其次，在大学教育中开展批判性思维课程，对于理科学生和社会学科学生，尽量要求他们了解思维，掌握批判性思维技巧。因此需要配备专业的授课教师，并且对课程进行很好的设计（包括介绍逻辑的定义、内容，批判性思维的定义、方法，通过生活事例对学生进行训练）。还要注意的是，逐渐让授课教师把批判性思维与课程内容相融合，使学生通过批判性思维而更深层次地理解知识。最后，教师应多与学生进行沟通，帮助学生建立良好的批判性思维模型，并鼓励学生运用批判性思维。通过这些改变，让学生处于有批判性思维的环境中，才可以使他们逐渐了解批判性思维，从而潜移默化地接受和运用到学习、工作和生活的方方面面。

第二节　大学生批判性思维能力培养的影响因素

本节我们从外在因素、内在因素两个方面来分析目前中国学生的批判性思维能力培养的影响因素。

一、外在因素对大学生批判性思维能力的影响

外在因素是影响大学生批判性思维发展的重要因素之一。环境氛围及社会文化的熏陶会对大学生起到耳濡目染的作用。另外，国家的教育体制以及工作在教学一线的教师所采用的教学模式也对大学生批判性思维的培养起着决定性的作用。

（一）环境氛围

1. 家庭环境氛围

家庭环境对孩子的教育与成长产生巨大影响。如果孩子生长在比较民主的家庭环境中，就会逐渐形成比较开放自由的性格和做事习惯，具有较为强烈的求知欲，独立性强，对自己有自信心。他们会不断将自己的想法与自己的父母交流，听取父母的经验之谈并能够适时对自己的想法进行修正。父母在家庭氛围中扮演着指导者、引领者、分析者和批判者的角色。

因此生长在和谐的家庭环境中、经常与父母交流的孩子，能随时表达自己的观点，并且在与父母的交流与探讨中得到反馈和验证的过程本身就是思维辩证、批判的过程，有利于批判性思维的形成及提高。与此同时，也提高了个人处理人际关系的能力。相反，生活在较为专制的家庭环境中的孩子，在父母“唯我独尊”

的教育观念影响下，形成了“唯命是从”的做事风格和习惯，他们在父母眼中是“乖乖孩儿”。但是其思想和行为受到了一定的束缚和禁锢，并没有得到自由发展。遇到事情不敢大胆去尝试，不能够积极应对。这严重影响了他们的生活习惯、性格和处事态度，使他们不能发挥主观能动性，应变能力差，更不具备创新和批判能力。总之，家庭氛围的好坏与孩子的批判性思维能力的培养有着密切关系。

如今绝大部分的学生是独生子女，集父母、祖父母万千宠爱于一身。这样不但妨碍了孩子的健康发展，更影响了孩子的批判性思维能力。因此，要彻底改变对孩子的过分宠爱，让孩子有自己独立思考的空间。告诉孩子自己的事情自己做，鼓励、启发孩子多动手、多动脑，父母不代替、不包办。遇事给孩子判断的机会，增加孩子在家庭中的自主权，从而培养起独立思考、批判性思维能力。

2. 外部环境

除了家庭环境影响大学生的批判性思维发展以外，外部环境也不可忽视，例如大学生与同学之间的交往情况、宿舍环境氛围以及学校课堂学习氛围，等等。个体根据所处情境有意识灵活调整行为与同伴很好地处事交往、积极地交流合作，可促进学生建立有效、积极的应对方式。同学间的讨论氛围、课堂氛围对于大学生批判性思维能力的培养具有十分重要的作用，通常情况下，学生心理发展往往受到身边同学的影响，正所谓“近朱者赤，近墨者黑”。开始时，同学之间的讨论可能属于被动行为，然而经过时间的洗礼，同学之间的讨论交流则会变成积极主动的行为，所以课堂同学之间的讨论，会在一定程度上推动学生批判性思维的发展。

此外，大学生的“认知成熟度”，也深受环境影响，这说明思维成熟的发展是一个渐进的发展过程，需要慢慢从环境中吸取“养料”。另外，教师在培养学生批判性思维中更是身负重任。教师必须从高高在上的讲台上走下来，与学生站在同一平台之上，当然，与学生心理上真正的平等是第一位的。教师必须积极探索行之有效的先进课堂教学模式，而不是家长式、灌输式的教学方式。在实际教学中，教师还应当为学生提供行之有效的批判性思维训练方法，以便学生在学习过程中自觉训练自身批判性思维能力，这样课堂逐渐会演变为学生批判性思维训练的“演兵场”，这不仅可以提升课堂教学质量，还能够逐渐提升学生批判性思维能力。由此可以看出，教师是学生批判性思维能力培养的重要外在因素，教师通过创造讨论式的课堂氛围，可以为学生批判性思维培养创造良好的环境。

（二）社会文化

从某种程度上来讲文化是伴随着人类发展而形成的，文化集中体现了人与自然、人与人之间的各种行为、观念以及心理。文化在形成过程中具有一定的种族性、民族性以及地域性特点，即文化具有差异性。此外，为了保障文化本身结构的稳定，赋予了文化本身一定的封闭性特征。儒家学说追求以伦理、道德、治世等问题为理论思维的主体，在中国封建社会思想界长期占统治地位，儒家学术导致中国的思想家从人的道德修养、人类的社会关系出发去看待一切事物，导致了理性批判性思维在中国文化传统中的失落。从某种意义上来讲，批判性思维与儒家文化中的和谐稳定、直觉领悟等观点相背离，且批判性思维对儒家思想的发展也无法起到积极作用，久而久之，批判性思维便被儒家文化中的和谐稳定等观念所取代。

中庸之道在我国古代思想中占据十分重要的地位，其影响力也十分久远并传承至今，该思想对我国人们的思想与行为都产生了极大的影响，所谓“中”，其主要指的是居中的意思，“庸”可解释为平庸、平凡。中国传统的中庸之道教给人们做事要随波逐流，不要逆流而上，这样就使大众形成了“从众”思想，并逐渐放弃了自己的看法，从而使自身丧失了独立思考的能力，由此可以看出，中庸之道与批判性思维完全背离。中庸思想同样对现代大学生有较深的影响，如“枪打出头鸟”等思想观念均是源自于中庸思想，在这样的文化氛围下，大学生很难形成良好的思维习惯。例如，教师在课堂教学中将某个知识点内容讲错，虽然部分学生发现老师讲错内容的错误，但是在“枪打出头鸟”思想的作祟下不敢站出来指正老师的错误，他们认为班级中学习成绩好的学生都不站出来说，我成绩没他们好，更不能站出来说。还有部分学生是由于缺乏自信心，认为老师不会讲错内容，所以就认为是自己错了，不敢对老师发出质疑。此外在实际教学中还有很多关于中庸思想的观念，如“好奇害死猫”，无论是哪种中庸思想，都会极大程度上限制学生批判性思维的培养，久而久之学生便彻底丧失了独立思考问题的能力。

我国大学生除了过于相信权威、尊师重教，还过于倾向以群体标准作为衡量对错的标准，即人云亦云。他们相信多数人的观点是正确的，做人处事过分强调人情和面子，好多情境下就是因为不敢妄加评论，而把正确的思想和观点抛之门外。在与他人讨论问题过程中，倾向把争论、批判、否定、质询看作对人身或人格的攻击等。这些都是在中国培养大学生批判性思维的主要文化障碍。

我国是一个具有五千年文明历史的国家，随着文明历史的发展，我国逐渐在经济、社会制度、文化等各个方面形成了自身独特的特点。而批判性思维产生于西方文化之中，中西两种文化的不同在一定程度上阻碍了批判性思维在中国的发展，但这并不是说批判性思维与我国传统文化无法融合，我们仅仅是为了强调批判性思维在我国发展道路之艰辛，想要使批判性思维培养在我国顺利开展，需要付出更大的努力。从当前世界发展局势上来看，随着经济全球化的快速发展，各国文化都面临着外来文化的严峻挑战，我国文化面临着保持自身文化独特性与实现文化趋同的双重压力。就目前我国文化所面临的严峻形势而言，批判性思维融入我国教育教学中的社会文化障碍已经淡化。

（三）教育体制

从我国正规教育教学的目标上来看，学生批判性思维能力培养并未在目标范围之内，其教育目标主要针对学生掌握知识内容，加强对学生社会主流意识形成等方面的教育。在这样的教育环境下，会极大程度束缚学生的思想，这对学生批判性思维能力的培养十分不利。纵观我国教育体制，无论是明清时期的科举制度，还是现如今的教育体制，都将考试成绩作为评价学生能力的主要标准，在“唯以成绩论英雄”教育体制的影响下，学生逐渐过分重视考试成绩，甚至出现“只要成绩好，其他都无所谓”的想法，从而导致我国社会上出现了“高分低能”的教育现象，这部分人虽然考试成绩突出，然而在团队协作、独立思考等方面表现的并不理想，而导致出现这种教育现象的根本原因在于教育体制。在这种教育体制环境下，大部分学生为了考上一所理想的大学，整日沉浸于题海之中，而忽视了自身其他方面的发展。虽然近年来我国对教育体制进行了多次改革，并采取了相应措施来改变现有的教育体制，如“减负”，然而其收效不大。在现代教育体制下，学生从小就被灌输“考高分”“一切向分数看齐”等思想，因此在实际教学中教师为了提升学生考试成绩、提升升学率而努力备课，学生为了考高分而进行着题海战术，无论是教师还是学生都无暇顾及批判性思维的培养，与此同时在这种僵硬的教育体制下，学生的天性逐渐被抹杀，对事物缺少批判性看法，最终限制了学生批判性思维能力的提升。

总而言之，应试教育对学生批判性思维能力培养百害而无一利。应试教育影响下的“死记硬背”“被动式学习”成为学生学习的主要方式，而这种学习方式也随着我国教育体制的改革而得到不断强化。应试教育的这种学习方式不仅被运用到自然学科之中，同时也被运用到人文学科之中，学生从小学阶段开始便机械式记忆各种知识点，而且知识内容需要与书本、教师讲解的一模一样，甚至连标点符号都不能出现错误，在这种教学环境下，书本知识、教师具有了绝对性权威，不容置疑。而这些在极大程度上表明培养学生批判性思维的重要性，与此同时，在教学实践中也应将批判性思维能力培养与各个学科教学融合在一起，通过完善学科教学理念、教学方法等行之有效的方法来全面培养学生的批判性思维能力。

（四）教学模式

在当今时代，传统的教学模式越来越严重地阻碍中国教育的发展。教育部近些年一直在强调教育教学改革，倡导“以学生为中心”的现代教学模式。通常情况下我们所说的传统教学模式主要指的是以教师为中心的教学模式，此种教学模式教师作为教学主体，学生在课堂中处于被动状态，教师通过利用各种教学工具对教材中的知识点内容展开教学，而学生在课堂上则是被动地接受知识内容。在评价传统教学模式时，我们不能全盘否定，在这种教学模式下可以快速提升学生的成绩，这是其优点，但是传统教学模式也存在众多弊端，尤其是对学生批判性思维能力的培养尤为不利。

第一，在传统教学模式环境下，教师往往将自身的知识结构以及对事物的看法灌输给学生，学生在课堂上缺乏主观能动性，他们的思维也被封闭起来。另外，在传统教学模式的影响下“拿来主义”成为学生的学习理念，他们习惯从老师那里直接获得知识，这使学生获取知识的过程缺失了批判过程，长此以往学生对教师的依赖性也随之加重，而这同时也让学生养成了懒惰的学习习惯，他们不愿意思考问题，更不愿意用批判的眼光去分析、解决问题。由此可以看出，传统教学模式明显不利于学生独立思考，更别谈批判性思维的培养。

第二，在传统教学模式的影响下，会形成学生对教师的盲目崇拜，在部分学生的眼中，老师是万能的，他们所说的话便是真理，虽然这在某种程度上对提升学生学习成绩有着积极影响，但是这在无形中将“教”与“学”二者之间的距离拉开，教师成了高高在上的教学主体，从而导致教学变成一种不平等的关系，在这样的教学关系中，就算是教师在课堂中犯下低级教学错误，也很难有学生敢于站出来指正教师的错误，甚至认为教师所讲内容正确，而是自己所掌握的知识点出现错误。在这样的教学环境下，学生丧失了敢于质疑的自信心，更别说批判性思维能力。由此可以看出我国现有教学模式的改革迫在眉睫。虽然教师要先于学生掌握知识内容，但是这并不能成为“教”与“学”不平等关系的借口，在实际教学中我们应当建立平等的“教”与“学”关系，并在这个平等的教学关系中，积极培养学生的创造能力，让学生学会独立思考问题，进而提升他们的批判性思维能力。同时，在实际教学中教师应当发挥自身的引导作用，引导学生掌握正确的学习方法。

第三，传统教学模式缺乏讨论式的课堂气氛。实践证明课堂讨论有利于学生批判性思维的养成。经常参与课堂讨论的学生求知欲、自信心思维能力、分析能力都明显高于不参加课堂讨论的学生。教学中对学生整体采用讨论式的教学方式，能够培养学生多角度、多层次分析、推理、归纳问题的能力，最终有利于培养大学生的评判性思维能力。在教学中我们应当充分认识到语言的重要性，它不仅是信息传递的工具，同时也是思维培养的工具，通过开展课堂讨论的教学形式，在一定程度上可以培养学生批判性思维能力。学生在课堂讨论过程中，通过分析、辩论的方法将自己的想法表达出来，然后结合讨论中总结的内容，做出最后的结论，而整个讨论过程与批判性思维实质吻合。因此，教师在教学中应积极为学生创造良好的课堂讨论环境，并调动学生的积极性，让学生在发挥积极能动性的基础上，积极思考、分析问题，逐渐将课堂由被动式学习转为主动学习模式，这不仅提升了课堂教学质量，同时也培养了学生的批判性思维能力。

二、内在因素对大学生批判性思维能力的影响

学生批判性思维的培养受其诸多自身因素的影响，如思想因素、教育因素、个人习惯爱好、批判性动机、个人知识储备、人格特质、个人经历和思维风格等等。下文将从这几个方面加以说明。

（一）思想因素

批判性思维需要具备寻求真理、解放思想的观念。大量研究表明，大学生的思想个性方面存在着许多不利于批判性思维发展的因素。主要表现在以下几个方面。

（1）思想上的惧怕和胆怯。现代大学生中有很多人害怕提出问题，更害怕被老师提问。他们更害怕遇到困难，害怕努力后得到的是失败，因此放弃努力而失去批判和创新发展的机会。

（2）存在着极大的自卑心理。自己对知识的掌握和理解没有自信，唯恐提出的问题被老师或同学嘲笑，因此导致不能正确评估自己的水平，或者过于自我批评，消极的自我无能力概念使其思想过于呆板。久而久之，学生生活在以自我为中心的世界，造成思想的封闭。

（3）思想处于懒惰状态。众所周知，“学起于思，思源于疑”，学习要勤于

思考，思考是由于对事情产生了质疑。聪明才智均来源于勤奋和思考后的对知识的积累，不勤于读书，就不善于发现问题和思考问题，更不能创造性地解决问题。

（4）存在随波逐流的从众思想。大学生具有盲目的从众思想，严重影响其批判性思维的发展。中国有句俗语："跟大流儿不挨揍。"说的就是害怕与众不同，会遭到别人排斥的人们。有些学生害怕自己的独立见解会与他人发生问题和矛盾，怕引来别人的讥讽和嘲笑。因此只是把观点隐藏在自己的内心，久而久之，就不再相信自己的独立思考能力和创新批判能力。

（5）思想狭隘、固执己见。有些大学生长期存在"大家说得对就对"的思想观念，而缺少了质疑和探究精神。这也说明了他们没有按自己的定向思维行事，造成思想上的狭隘，思考问题总是被限定在自己的小范围内，有时还会表现出刻板和固执的倾向。处理事情时会形成个人的偏见甚至主观武断，不易接受他人不同的合理观点和建议，阻碍创新观点的产生。

（6）骄傲自满、安于现状。一些同学骄傲情绪严重，比较以自我为中心，认为自己的想法永远是对的，听不进别人的建议和劝告，这就导致了他们做事一意孤行，思想上得不到创新和发展。新思想的产生是批判性思维和创新思维的前提，它是在思维活动中产生的不同于以前的思想和观念，比如突如其来的灵感，一刹那间的顿悟都可以产生新思想。总之，大学生思想的开放程度严重影响其批判性思维的形成和发展。

（7）主观相对主义。即否认"真"（truth）的普遍有效性，认为"真"是相对的主观相对主义，相信"真"依赖于人们相信什么，而不是依赖于世界是怎样的。也就是说，"真"对于不同的人是不一样的，那么一个命题就有可能对一个人来说是真的，而对另一个人来说则不是真的。大多数哲学家认为，"我们运用批判性思维发现一个陈述是否是真的或假的——客观的真或假。客观的真是关于世界的，关于世界的客观真与我们相信什么无关。换句话说，存在世界是怎样的方式，并且我们的信念没有创造它"。

（8）自我中心主义与社会中心主义。自我中心主义即认识事物与考虑问题时，一切从自己的看法出发，想要使社会适应于自己的理想和理论而不考虑他人的看法，接受的是与自我利益相符合的信念并为之辩护，习惯于以自私或自我疑惑的方式来进行推理，主要是想获得自己想要的，极力避免被他人否决，并在头脑中想证明自己是正当的。自我中心主义认为"我"才是根本和权威，这是自私的、利己的思维方式。这种自我中心主义倾向会阻碍人们进行批判性思维时换位思考与公正地思考。社会中心主义与自我中心主义类似，过度关注集体而阻碍理性思维，主要表现为集体偏见和集体本能。集体偏见不自觉地认为自己的集体（如国家、部落、教派等）比别的集体好的倾向，这种现象在历史和文化中非常常见；集体本能是跟随人群，即不加思考地符合行为和信念的集体标准。自我中心主义与社会中心主义在很多方面都会阻碍批判性思维的发展。

（9）恐惧权威。这里所说的权威是我们之外的专家信息来源，可能是某个人如父母、老师、总统等，也可能是一群人，如医生、教育者等，还可能是一个机构组织，如政府机构等。但不论是哪种形式，权威都能发挥影响我们信念系统的作用。如果一个人不是依赖自己做出决定而是依赖于相信权威，就会存在风险。因为一个人怎么知道他相信的权威是可靠的呢？而且过于依赖权威就会使人们停止自己的思考。此外，人们还必须知道权威的背景和训练与当下的问题是否相关。

（10）因循守旧，固守已有的思维习惯。常常表现为在不仔细思考的情况下，行动时按照习惯行事，这对我们的生活是非常有害的，会阻碍人们进行批判性思维思考。

（11）偏见或成见，有可能是种族偏见、伦理偏见或性别偏见。这些偏见使人们很难从问题的两面去思考问题、收集和衡量证据以及形成强论证。所以，必须清除这些偏见才能进行批判性思维。批判性思维是关于决定我们相信什么是合理的，包括对于其他观点的开放性、对相反立场的忍耐、关注手头的问题、公正地评价论证和证据。好的批判性思维不是愤世嫉俗。有的人担心运用批判性思维会使人变得冷漠和没有感情，实际上批判性思维和情感是相互补充的。批判性思维能够帮助我们的情感不会歪曲我们的判断；批判性思维也能帮助我们澄清我们的情感，并且有效处理我们的情感。我们的情感需要推理的指引，同时，我们的推理需要我们的情感，情感激励我们去行动，没有动机我们的推理将永远不会实现。

（二）教育因素

1. 学历

学历是影响学生批判性思维情感倾向的一个重要因素。对于不同学历的个人其批判性思维情感倾向有明显差异，学历越高其批判性思维倾向越强烈，中专生的倾向低于大专生和本科生。从中专生来看，由于年龄等方面因素的影响，大部分中专生的心智尚未成熟，他们在遇到问题时往往比较冲动，这也导致其处理问题的方式有失理性。从具体上来讲，中专生在与同伴讨论中，他们对持不同意见的人往往表现出敌意，对于一些事情的想法也较为狭隘。除此之外，高中阶段的学习对于学生批判性思维的培养也具有十分重要的影响，具体而言主要表现在两个方面：第一，高中课程设置有助于学生批判性思维的培养。虽然高中阶段分为文理学科，但是无论是哪一种学科，其课程设置的实质都是期望培养学生多角度分析问题、解决问题的能力。第二，在高中阶段繁重的学习任务也是学生批判性思维能力的一种锻炼。在高压环境下，学生需要自己对课程学习重点进行分析，并制订适合自己的学习计划。

2. 是否学习过批判性思维

学习过批判性思维相关理论或者专门参加过批判性思维课程训练与学习的学生在寻求真相、系统化能力、自信心等方面明显强于没有学习过的学生。从某种程度上来讲，学生批判性思维能力培养的前提是对批判性思维的了解，学生只有在了解什么是批判性思维的基础上，才能使其培养效果事半功倍。在实际教学中开设批判性思维课程是增加学生对批判性思维了解的主要途径之一。通过科学合理的设置课程内容，可以很好培养学生的批判性思维能力。美国是培养学生批判性思维的先驱，早在 20 世纪 90 年代初期，批判性思维就被纳入教育教学体系之中，反观我国批判性思维教育状况，仍然与西方国家有着差距，这也预示我国通过完善课程设置可以在一定程度上提升大学生批判性思维能力。

（三）个人的习惯爱好

1. 有无阅读习惯

大学生是否养成阅读的好习惯对其思维的发展有重要影响。有阅读习惯的学生在批判性思维的发展方面优于没有阅读习惯的学生。这是因为经常阅读书籍可以受文化意境的熏陶，思想较为开放，想象力较为丰富，善于寻求真理，系统化能力强，认知成熟度高，有利于培养和提高学生的批判性思维能力。从某种意义上来讲，阅读过程便是思维训练以及思维培养的过程，朱绍禹对阅读过程与思维能力培养进行了深入研究，在研究中将阅读过程进行了详细的划分，他认为阅读过程主要包含“认知性”“理解性”“评价性”以及“创造性”四个层面。首先，认知性。阅读过程中的认知性层面主要强调的是情感体现，在这个层面，学生的阅读体验逐渐由经验体验转变为情感体验，并在此基础上最终转变为思想体验。与此同时，学生的思维也会随着体验性质的转变而发生变化，逐渐由浅表思维转变为深层思维，并能够准确把握语言中的情感变化。第二，理解性。在此阶段，学生在基于现有知识、经验结构的基础上，将阅读过程中感知的信息关联起来，并通过联想、判断等行为透过文章表面看其本质，而此阶段的思维也发生了一定的变化，逐渐向抽象思维转变。第三，评价性。此阶段亦可称为批判性阅读阶段，在此阶段学生往往能摆脱文字资料的束缚，并对其内容进行分析、评价，最终提出自己的观点。此阶段学生思维训练主要以质疑、批判为主，这也是批判性思维培养的关键内容。通过长期的阅读，加之此种方式的思维训练，可以提升学生的思维的能力，并使其学会辩证地看待问题。第四，创造性。创造性阅读可谓是阅读过程的最高层次，在此阶段学生往往善思、喜思，并能够提出新的问题，同时也能找到新的答案。

由此可以看出阅读对学生的重要性，一个良好的阅读习惯不仅可以帮助拓展学生的知识面，也可以在最大程度上培养学生的思维能力，帮助学生养成良好的思维习惯。另外，良好的阅读习惯也有助于学生形成良好的知识体系，而这些整理、总结过程与批判性思维培养都有紧密联系，因此良好阅读习惯的养成也有助于学生批判性思维的培养。

2. 是否经常参加课外活动

学生经常参与课外活动对自身认识和批判性思维的发展有至关重要的影响作用。通常情况下，如果一个人对外界信息的关注程度较高，并积极将外界信息资源纳入自身知识体系之中，那么他们会下意识对潜在信息进行分析，并对这些信息进行加工、处理，当遇到难题时他们会调用这些有用的信息来应对难题，这一过程在某种程度上可以促进学生批判性思维能力的培养。这也在某种程度上给教育者一定教学启示，在实际教学中我们不仅要重视理论知识内容的传授，同时也要注重实践教学，积极引导、鼓励学生参与社会实践，让学生在实践中运用所学的知识内容。就当前的实践经验而言，学生通过参与讲座、研讨会等实践活动能够有效提升自身批判性思维能力。

3. 有无写日记习惯

善于积累知识的学生经常通过写日记的方式记录自己生活的点点滴滴、记录自己对某一事情的真实想法，这些往往都是自己的内心情感和心理活动的真实写照。养成写日记的好习惯，善于提取与实践相关的信息，并进行分析、综合，做出合理的判断。因此经常写日记会提高学生的分析能力、系统化能力以及综合评价和推理能力。写日记本身即是一个思维的训练过程，同时，写日记也是一个自我反思的过程，反思在事件中的认知和思维过程，审视自己所采用的思维技巧和价值取向，这些都有利于促进批判性思维的形成。因此，有些教师要求学生不但写日记而且还要写反思日志，这对学生的批判性思维能力的培养和提高有着积极的作用。

（四）是否具有批判性动机

动机支撑着人的行动，学生批判性思维的培养同样也不例外，然而在实际教学中学生往往处于被动地位，这样就使学习缺失了动机。对于学生而言，许多事情都没有到非做不可的地步，所以学生很难会形成“我要做”的心理，取而代之的往往是“要我做”，所以他们会对大部分的事情缺少兴趣。

无论是从理论还是现实上来讲，动机都可分为内部动机和外部动机两种类型。就学生批判性思维能力培养来讲，内部动机主要指的是学生自身，即他们对批判性思维学习的兴趣。就目前而言，大部分学生对批判性思维怀有抵触心理，他们对批判性思维没有形成正确的认识，认为批判性思维对自身发展没有什么好处，批判性思维不仅占据了他们的思维空间，而且训练批判性思维很累，这种思维远没有被动接受知识内容方便。在这种思想的影响下大学生的思想将会变得越来越窄，也不会体会到过程的重要性。学生批判性思维培养的外部动机主要指的是培养学生批判性思维的外部因素，如好奇心、教师的表扬等等。这些外部因素都会在一定程度上引导学生运用批判性的方式思考问题，进而对其批判性思维能力的提升产生影响。

（五）有无足够的知识积累

在培养大学生批判性思维能力时，务必要重视知识积累，与此同时也要认识到知识积累并非一朝一夕，它是一个漫长的过程。美国大学的课程选择与设置与我国大学有明显区别，美国大学生在大一、大二期间，可以自由选择课程，经过长达两年的知识积累之后，大学生再结合自己的知识积累以及兴趣爱好选择专业课程。学生只有具备了足够的知识积累之后才会逐渐形成批判性思维能力，如果一个学生没有足够的知识面，那么他在看待问题、分析问题时往往会存在片面性，无法真正找到问题的所在，也就不能得出正确的答案。除此之外，在没有足够知识积累的情况下，学生很难与其他同学共同讨论问题，因为他们所处的知识层次不同，在讨论中只能盲目跟从别人的观点，这样就无法达到批判性思维能力培养的目的。总而言之，知识积累对于大学生批判性思维能力培养具有十分重要的作用，且二者之间呈正相关关系，在日常教学中教师务必帮助学生做好知识积累工作。

（六）是否具备批判性人格特质

一个人从出生到成长，大部分是在社会上度过的，个体在家庭的培养、学校的教育和社会上的各种经历下会逐渐发展出自己的思想情感和行为模式，这种模式是个人特有的，每个人都不相同，并且这种模式很可能会伴随人的一生，稳定且统一，逐渐形成人格。人格有多种理解方式，这里举三个常见的说法来进行理解。第一，人格其实是一个人名誉、尊严、价值的总和，失去其中的任何一项都会让人产生不适，比如说当一个老师在课堂上受到了学生的质疑就会觉得没面子，失去了一个老师的权威和尊严。这时候爱面子的老师就会想办法掩饰过去，或者用老师的身份压制学生，反驳回去。再比如说一些学生怕得罪人而不敢质疑和反驳别人，怕伤害他人的尊严。第二，按照心理学说的观点，人格就是“个性”，专制的家长和老师只会在意自己的尊严不受挑战，就会压制孩子的个性，但是现代社会是一个开放的时代，一味地抹杀孩子的个性只会让孩子成长成为一个畏首畏尾、做事瞻前顾后、没有勇于探索精神和个人判断的人，不利于青少年的成长。第三，可以理解为道德品质。一个以自我为中心、没有同理心、只会站在自己角度考虑的人，也学不会尊重他人，不会反思，心胸狭窄，是养不成批判性思维的。

大学生的批判性思维能力越强，其性格越外向，好交际，遇事沉着冷静，性格温和，善于自我控制，同时也能够很好地适应环境，善于与人相处。从性别方面分析，女生比男生更易较好地适应新环境，态度温和，不粗暴，善解人意，情绪反应轻缓，很容易恢复平静，稳重、性情温和、善于自我控制。一个性格外向的大学生总是充满活力的，他们常常怀有饱满的热情，待人接物积极热情，喜欢和人交流，探讨自己的看法，喜欢运动和冒险，自信大方，往往是大部分人羡慕的对象。这种性格的人在分析复杂问题方面有一定的能力。一个性格内向的大学生，一般不爱和人交流，喜欢把事情藏在心里，长期下来就容易形成抑郁、焦虑、沉闷和愤怒的情绪，由于心思敏感多疑，因此接受刺激容易比别人更加强烈，不善于调控情绪，抗压能力也比较差，所以面对问题不善于分析，也不成熟，因此批判性思维能力也比较弱。因此，一个好的性格的人更加具有批判性思维倾向，而这种批判性思维倾向也利于批判性思维能力的养成，促进批判性思维的能力发展。

（七）个人经历对批判性思维的影响

学生个人经历的差异会影响批判性思维的发展。个体经历是一种接收信息，进而影响心理发展的主动方式，由于个人被动地受到环境因素的影响，具有不同个人经历和处于不同专业的学生往往表现出不同程度的批判性思维水平。一方面，具有实践及工作经历的学生，由于进一步接触社会，更了解社会现状，锻炼了他们的信息收集意识和主观能动性，经过信息积累和环境的熏染，必然会提高学生对事物全面、深入、客观的认识。另一方面，个人所学习的专业对其批判性思维能力有影响。诸多专家学者就文科大学生和理科大学生的批判性思维能力展开了调查和比较。北京外国语大学文秋芳教授曾做过关于“外语专业学生的批判性思维能力低于理科生吗？”的问卷调查研究，结果分析表明外语专业等文科生的批判性思维能力并不低于理科生，尤其在“开放思想”“系统化能力”方面。这是因为相比理工科学生，文科生的专业要求学生对外界社会环境保持敏感，具有人文情怀，包容性高。与此同时，理工科学生的分析能力显著高于文科生，他们长期对物质结构的钻研和对数据的分析促进其思维的发展，但他们对社会的真实认知相对较少。至今，文科生和理科生的批判性思维能力高低问题尚无定论。

（八）思维风格对批判性思维的影响

一个人对问题信息处理加工的偏好形成了一定的思维风格，在思维风格里批判性思维属于高级思维，拥有批判性思维是一个人心理成熟的标志，二者有着密切的关系。各类思维风格均不同程度地影响大学生批判性思维的发展。不同的个体有不一样的思维风格，同时，一个人不同时期的思维风格也在不断变化，因为个体是在不断成长变化的，因此个人的思维风格会随着个体变化从不成熟到成熟，从具体到抽象。思维的发展会受到经验、环境、知识的影响。由于批判性思维属于高级成熟的思维，因此发展较晚，同时每个个体的发展程度也不一样，所以即使是同一年龄段的个体批判性思维的发展也不相同，思维风格的偏好既能促进批判性思维的发展，同时也能阻碍其发展，下面分析一下思维风格的类型。

对大学生的批判性思维的形成与发展起到消极影响的思维风格类型包括整体性思维风格、内向型思维风格和感觉型思维风格。具有整体型思维风格的大学生偏向关注全局、抽象问题，进而忽略事物的细节，批判性思维的衡量标准是对细节的把握和分析，所以阻碍批判性思维能力的发展。内向型（又称保守型）思维风格的大学生有着自己的信息处理偏好，坚持既定的规则和程序，喜欢按照既定的而非主观思考后的准则来行事，处理问题时遵从客观性原则。这样一来他们不易根据当下的情况而做出灵活性的判断。感觉型思维风格的大学生经常受个人感情左右，主观情感因素强烈，行事受个人喜好的限制，显示出较低的认知水平，因此从情感参与角度来分析，此类型思维风格的学生批判性思维能力发展迟缓，往往是因为他们受感情影响出现“跟着感觉走”的状况，都是在做些非系统性的工作，而批判性思维的维度之一即是系统化能力。由此可见，由于他们思考的无系统性和无逻辑性，会阻碍以系统性和分析性为主的批判性思维的发展。

对大学生的批判性思维的形成与发展起到积极影响的思维风格类型包括：局部型思维风格、外向型思维风格和立法型思维风格。

局部型思维风格的大学生比较热忠于对细节的处理，在分析和系统性的整合能力上比较占据优势。多种研究也表明，一个外向性格的大学生更有可能养成批判性思维能力，对事情能够有条不紊、按其轻重缓急来处理的这种态度有利于开放思想的提升。外向型智力风格的大学生对新事物接受度更高，态度也更加包容，并且对事情能够有条不紊、按其轻重缓急来处理的这种态度有利于开放思想的提升，更能促进批判性思维的发展。立法型思维风格的大学生更加侧重于创造性和新的角度看待问题，这是因为他们具备的批判性思维能力中包含独立思考和专注结果的特点，这种对结果的好奇和热衷反过来也促进了批判性思维的发展。

第三节　大学生批判性思维能力培养的途径

培养批判性思维是个不断提升的过程，就如同打乒乓球，人们经过不断的练习就可以不断提高自己的水平。练习以批判性思维为基础的专业判断既需要技能，也需要批判性思维品格。总体上，批判性思维与我们的生活息息相关，成为批判性思维者需要意识、品格和技能三者的有机结合，在实践中提高批判性思维的能力。

学校教育是学生成长的主阵地，是一个人一生中所受教育最重要的组成部分。学校会指导个体学习文化知识、社会规范、道德准则和价值观念等，这种指导是系统性的，也是十分有效的。因此学校教育十分重要，可以决定一个人的社会化水平和性质，是学生迈向社会之前的个体社会化学习基地。学生的在校时间一般占据人生将近三分之一的时间，而且这个时间段也是人类个体塑造自己人生观、价值观的关键时期，所学到的一切知识和经验都为今后的人生打基础。这一过程中发生的一切，对学生将来是否具备批判性思维的能力，起到了至关重要的作用。因此学校需要全方位提高学生的批判性思维能力，为学生的未来人生发展奠定基础。

批判性思维不是与形象思维、抽象思维并列的另一类型的思维，而是一种思维品质。批判性思维不是一个人与生俱来的思维技能，它必须经过后天培养，不断教育，就像骑车、跳舞和游泳一样，没有有意识地投入和学习是不可能习得。

一、改进教学方法培养大学生的批判性思维能力

大学生批判性思维能力的培养不仅包括学生的学习，更主要的是教师如何教学，引导学生提高其批判性思维能力。以下探讨了如何通过改进教学法培养大学生的批判性思维能力，内容包括开放性教学、探究式教学、反思性教学、逻辑教学、信息素养教育、跨学科教学等教学法。

（一）实施开放性教学

开放性教学为批判性思维培养打下基础。开放性思维教学法最初是由日本的学者能田伸彦提出来的，1998 年，我国开展了一项《开放式课堂教学法研究》的课题并进行了立项，这是一项关于师范教育发展的课题研究。2000 年，我国关于开放性教学的第一本图书《开放式课堂教学法研究》出版，由张汉昌、赵菡主编。虽然这些年国内外对开放性教学的研究和著作并不少，但是迄今为止，开放教学并没有真正投入实践，仍处在理论阶段，是一种构思中的理念。但是这种理念也有利于推动我国新课改的发展。新课改要求教师摒弃传统的封闭式教学，运用开放式的思维培养学生独立思考和探索的能力，真正的开放式教学就是以学生为主体，鼓励学生进行发现、探索、思考，以培养学生的创新能力、独立意识，教师只是起到引导辅助的作用。这种教学方式解放了学生的思维，让学生对待学习更加主动且热情，也为学生的批判性思维的培养打下基础，是真正的“以学生为中心”。

开放性教学包含的内容多样，既包括内容的开放，也包括教学形式、学生的学习行为和思想的开放。其中，教学内容的开放是在老师准备新课题和内容的时候，提前给学生设计出开放性的问题和练习，让学生自主地针对问题和练习进行探索，发现问题，探索问题，并动手动脑解决问题，寻找答案，这种方式不仅锻炼了学生的自主能力，也会产生创新的观点，当然这些是在不脱离课本和教学目标的情况下进行。教学形式开放专门指老师的教学方式的开放，传统的教学方式往往是老师在课堂上讲，学生在讲台下听，教学效果往往因人而异，整体效果可能并不好，新的教学方式不拘泥于传统传授这一种方式，老师的课堂也可以开展游戏、娱乐、研讨、辩论、参观等多种方式，这种开放性的教学方式既提高了学生的积极性，也培养了独立意识。学生学习行为的开放包括两方面，一个是学习活动的开放，一个是学习方式的开放。学生在课堂上不局限在自己的座位上，可以离开座位自由结组进行学习课题的探讨和辩论，自愿参加各种学习活动，敢于提出问题，积极发言。学生思想的开放则是从思想上打破常规，学会从不同的角度思考问题，分析和解决问题，培养自己的独立意识。综上所述，开放性教学无

论是在内容和方式上，老师或者学生都以一种开放性的思想和行为进行教学与学习，最终形成的创新型的思维和独立的意识都有利于大学生批判性思维的培育。

（二）探究式教学

探究式教学是由美国教授兰本达女士于 1984 年传入我国的，但是这种教学方法的诞生更早，是由美国教育家杜威、萨奇曼和施瓦布等人提出并探究，并且在 1950—1960 年就已经推广开来。探究式教学顾名思义是对在教学过程中的问题进行探究，得出结论并解决问题的一种方法。这种教学方法由老师和学生共同参与，老师提出一定的教学内容或者课题，让学生围绕着这个课题进行探索，发现问题，提出问题，并经过一系列的资料收集和归纳分析，寻求答案，最终验证答案。这种教学方法的一系列操作都是由学生自主完成，真正实现了“以学生为中心，以教师为指导”的教学理念。探究式教学可以有效地促进学生的自主探究能力提升，最终促进学生批判性思维能力的获得，是一种培养批判性思维能力的有效方式。

探究式教学方式本身具有开放性，因此能够促进学生批判性思维的培养。由于探究式教学的问题是开放性的问题，因此更加适合进行探讨，老师在教学过程中只用提供问题，中间保证学生的讨论的方向是正确的，给学生最大的探究自由，放手让学生自己去体会感知，学生经过分析讨论，最终获得自己探究出来的成果。当然学生的探究成果不是唯一的，有多重的可能性，且只要有一定的理论和材料支持就属于一个成功的探究。这种方式十分有利于学生的创新思维的培养，最终可以推动学生批判性思维能力的获得。同时，探究过程中，使用何种方法也是开放性的，学生可以自主选择方式方法，只要能够列举出有力的证据和材料证明自己的结论就可以，在这过程中，各项程序的探究都可以锻炼学生的能力，帮助学生发现自己的擅长领域，比如收集证据的能力、创新的能力、沟通的能力等。

（三）反思性教学

反思性教学是进行批判性教学的必要过程，教学和学习只有经过反思，才能找到其中的积极因素和消极因素，对于积极因素进行保留，消极因素进行淘汰，这一过程其实就是批判的过程。批判本身就是通过反思消极的因素总结分析，最终找到正确的答案。如果在大学的英语课堂上多引导学生反思、评价，就会更加利于学生对课程的理解，培养学生的批判性思维。但是在现实的教学过程中，由于大部分学生都没有积极反思、自我评价的意识和能力，只会一味地跟着老师的思路走，因此需要老师多加引导。

要进行反思就要先进行自我判定，自我判定包括两方面的内容：自我评价和归因分析。自我评价的要求是学习的结果是否达到学习的目标，同时对这一学习课题的重要性进行一定的评价。归因分析是对已经完成的学习项目进行反思分析，对于结果的各项成绩，造成较差的原因是什么要进行反思。自我评价的主要依据为学习的质量、数量和速度等，这也是进行批判性思维的基础。虽然大多数研究者认为学生将反思结果落实到书面上比较有益，比如说写学习日记、写总结报告等，但是这些也是因人而异的，需要老师帮助学生才能更加客观地评价学习效果。英语自主学习就是学生在内外环境不断调整平衡最终达到协调统一的学习结果，这样做也能最大发挥英语学习的潜力。由于英语是一种语言学习的过程，这种语言的学习不是固定不变的，在每个时期都有不同的标准和要求，所以相应的学习的方法和策略也要进行转变。这种转变可以称为“调控”，调控学习的目标、节奏、方法等等，良好的“调控”是学习成功的关键。教师只要将“调控”这一环节加以指导，及时地提醒学生学习中的问题，调整学习的策略思路，并不断鼓励认可学生，做出客观的评价，最终推动学生批判性思维的养成。

（四）逻辑学教学

逻辑学是一门关于论辩、推理和论证的科学，在 1974 年的时候被联合国教科文组织列为七大基础学科之一。由于逻辑学可以培养学生的逻辑思维，提高逻辑思维能力，因此我国的一些高等院校大多开设了逻辑学的课程，目的就是培养学生的逻辑思维能力。逻辑学包含两个部分的内容，分别是形式逻辑和非形式逻辑。逻辑思维和批判性思维关系更加紧密，有研究者将两者结合起来进行研究，甚至在大学有一门教育类公共选修课将一本名叫《批判性思维——以论证逻辑为工具》的书作为教材，它将批判性思维和非形式逻辑和论辩理论相联系，学习吸收了国际上的一些最新的学术成果，可作为批判性教学的参考书目。有学者认为形式逻辑和非形式逻辑与批判性思维有一定的联系，这两者甚至可以构成批判性思维的基础，甚至还有学者认为批判性思维就是逻辑。

大部分情况下，学习的目的是能够应用，我国高校的逻辑学教学的开展就是为了让大学生在学习理论逻辑的同时应用到日常生活当中，因此在教学上经常将知识的学习和能力的训练进行结合。在新课改的影响下，一些高校重新设计了逻辑学的课程，不同的专业开设不同的内容，同时课程的目标都是培养学生的逻辑思维能力，教学的方法也都是利用案例或者采用组织演讲和辩论来进行。同时教学的过程中重论证，也是以生活中的具体应用为蓝本，尽量避免抽象难懂的理论，贴近生活，因此教师经常利用生活的典型案例进行辩论，培养学生的辩论能力。最后来说逻辑课的考查，既要包含演绎、归纳、评价的考查，也要包含批判性思维能力的考查。有学者指出，论证逻辑对于批判性思维技能的培养是一种十分有效的方法。大学生在进行逻辑课程的学习过程中自然而然地也就培养起批判性思维，为批判性思维奠定基础，这两者的目标都是一致的。

（五）信息素养教育

信息素养是由美国的保罗·泽考斯基在 1974 年提出的，这个概念也可以称为信息素质，在美国 20 世纪 80 年代末到 90 年代初成为热议的焦点问题，发展到后期，美国已经将这种概念延伸到教育界，并且成为学生素质教育的组成部分。信息素质教育的教学目标是培养学生的批判思维和创新能力，同时也要提高学生的信息意识和信息能力。我国 20 世纪 80 年代的中后期开始研究信息素质教育，进入 21 世纪迎来了研究热潮。信息意识的培养内容是道德意识、批判意识、评价意识和创新意识等的培养，这种培养是以信息手段为基础进行展开的。信息能力包含获取信息、加工信息、吸收信息和评判信息以及利用创造信息的能力。当今的社会是一个知识信息高速发展的社会，信息的获取和利用十分重要，因此大学生的信息素质能力的培养十分重要，具备这种能力才能使得大学生在信息化的社会更加适应和更好地发展。我国的信息素养教育已经十分普及，而信息素质的教育和批判性思维能力的培养密不可分，是批判性思维能力的必然要求。

第一，学生评价和分析信息的过程其实也是批判性思维运转的过程，由于信息素养的教育涉及学生评价信息和分析信息的学习，而在这个学习过程中就包含了批判思维和创新思维的运用。

第二，学生如何有效选择信息和利用信息有助于其批判性思维能力的提高。对信息进行准确的筛选和核查，通过合理的决策，正确地选择和获取信息，最终有效、合理地利用信息。这个过程离不开学生对纷繁复杂信息的批判和扬弃，从而有效地提高了学生的批判性思维能力。

第三，大学生批判性思维形成的决定性因素是创新的思维和创新的知识，而这两个决定性因素也是信息素养教育的培养要求，信息素养教育要求学生在信息获取的时候既能够分辨信息的有效与否，也能够创造出新的信息，这正体现了批判性思维的存在。

第四，信息素养教育的目标之一是让学生可以进行有效的信息交流和互动，在实施信息教学的课堂上，教师可以以小组讨论、演讲、辩论等方式让学生进行信息的交流和互动，同时老师也可以参与其中，可形成师生之间的信息互动，这样的教学形式提高学生学习积极性的同时也可以促进学生批判性思维能力的提高。

（六）跨学科教学

跨学科教学是指不同学科的老师从自己的专业性角度出发，根据同一个主题教授本学科的内容和知识，并带领学生进行讨论。这种教学方式最开始是由美国的社科心理学家 R.S. 伍德沃思在 20 世纪 20 年代提出来的，20 世纪 60 年代进一步发展，之后发展到 20 世纪 90 年代被广泛地讨论研究。跨学科教学并不只是表面上的为了获取不同学科的信息，更重要的是让大学生可以在不同学科学习的过程中学会批判性思维思考的能力。每个问题都有多面性，并不能从单一的视角进行讨论，无论是学习生活上的问题还是科研难题，都需要从多视野、多角度进行多层次的分析，这样才能获得更加全面和深刻的认识，最终产生的成果也更加全面真实。而这种多角度和广视野的问题看待是批判性思维的重要组成。在国内，有些高校的教师已经开展了这种跨学科式的教学，例如，某高校根据“全球变化”这一个主题分别从不同的角度和专业进行授课讲解，地理老师传授相关地理知识；英语老师从英语时事国际交流角度出发，用阅读和写作的方式加深学生对全球变化的认识；而政治老师则从全球的政治经济文化等方面分析全球的变化；新闻传媒的老师讲授媒体分析全球变化的课程等。这种跨学科的教学方式是从团队教学的角度出发，不同老师从不同角度分析“全球变化”，学生也能多角度深刻认识“全球变化”问题，从而批判性的分析和思考，加深理解。这是一种思维整合的过程，有利于学生批判性思维能力的再次提升。

二、运用科学的评价方法培养大学生的批判性思维

评价方式在教学过程中是不可或缺的一环，科学合理的评价方式也是培养学生批判性思维重要组成部分。评价的方式往往能够影响学生学习的积极性，科学合理的评价方式可以提高学生的积极性，促使学生在学习的过程中更加努力，取得好成绩的同时获得成就感，反过来刺激下一个内容更加积极的学习。但是如果教学评价方式不合理，不仅会降低学生的学习积极性，甚至会影响前期的教学成果。我国高校的教学评价方式目前仍然处于传统的以成绩定乾坤的阶段，如果学生的成绩不理想，很可能就会受到打击，失去学习的自信心。所以传统的成绩论

并不利于学生批判性思维的培养。培养学生的批判性思维能力还是要在教学评价上进行改革创新，创造出一种科学合理的教学评价方式。科学合理的教学评价方式要从教学的初始就开始纳入评价，同时评价也不能只落在学生的认知水平上，也要从学生情感方面进行评价，全面了解学生的信息，学生的兴趣和需求也要考虑，争取覆盖面更加全面，同时学生的评价也不能一次两次，在每一个学习的阶段和环节都要进行评价。大学教育就要采用多样性的测评方式，更好地培养学生的批判性思维能力。这种情况下，大学课堂的课题就不能采用只有固定答案的问题，要多涉及开放性和具有争议性的问题。同时，教师也要多给学生反馈、评价的机会，要多表扬学生，同时鼓励学生多问问题。另外，测评方式的多样化促进学生批判性的思考，因此，测评方式的选择要遵循以下这几种原则。

（一）终结性评价与过程性评价相结合

科学的评价机制应该是学习结果和学习过程都考虑的评价方式，学生的学习过程和学东西的方法与学习结果同样重要，这也是新课程改革的要求，所以这种评价机制的评价工具也很多：课堂参与、课堂讨论、课堂口头汇报、课堂写作、课堂小测、每周小测平均值等等。这种情况下，教师不仅要关注学生的考试成绩，也要关注学生的学习表现、学习方式的使用和自主能力的培养。这种评价方式的算法是将最终的考试成绩和平时的表现、每项学习环节的表现相加的总和，学生在这种评价的方式下不用过多的担心错误的出现，可以自由发言，提出问题，解决问题，最终促进批判性思维习惯的养成。

（二）口头表达与书面形式的测验相结合

口头表达的测评十分适合文科语言类课程。在大学英语课堂上我们可以进行口头汇报、小组讨论、演讲与辩论、听音辨音、听力理解等多种形式的测评方式。语言的学习不仅要落在纸面上，更重要的是要口头表达出来，我国传统的英语教学无论是中学还是大学都比较注重写作答题的能力的培养，但是在口语上的练习与评价就比较欠缺，往往学出来的是“哑巴英语”。进行口头和书面的共同训练，才能使学生更好地发挥自己的优势，培养思辨能力和表达能力。

（三）学生的“自评”与“他评”相结合

“自评”就是学生对自己的自我评价，这里不只要评价自己的表现，也要评价各种学习的活动和行为。这种自评更加注重学习的过程，比较符合建构主义的观点。自我评价具有十分明显的优势，学生在进行自我评价的过程中看到自己的不足，更加了解学习的情况，同时也能看到自己与他人之间的差距，运用批判性思维进行反思和总结，找到适合自己的学习节奏和学习方法，最终促进学习质量的提高。自我评价中，教师要成为学生的指引者，促进学生更快地掌握评价的方法，找到适合自己的学习策略，提高学习的积极性，养成自我监督、自我激励的好习惯，最终促进批判性思维能力的提升。“他评”是他人对自己的评价，包括老师的评价和同学的评价，“自评”和“他评”相结合可以调动学生的学习积极性，促进自我教育的实现。在这个过程中，学生会经历反思、辩证、批判与自我批判的过程。针对教师对学生的评价，可以使用书面测验、行为观察记录等方法。教师的评价要尽量是鼓励性的评价，客观公正地指出学生的不足和问题，善于发现学生的优点，培养学生的自信心。另外教师也可以通过交谈法、个案法、调查问卷等方式对学生的各个方面进行评价，比如信息素养、价值观念、判断能力等等。

（四）诊断性评价与指导性评价相结合

诊断性评价多在学期开始之前使用，诊断性评价主要针对学生的基础和学习的准备程度进行评判，教师可以根据评价的结果针对不同的学生采取不同的教学方案，同时也要考虑到学生的需求。指导性评价多是发生在授课的课堂过程中，教师要对学生回答思考的问题进行指导和评价，这种评价也大多数以鼓励为主，这样才能促进学生批判思维能力的培养。在学生的论文指导上，要善于找出学生的闪光点，客观公正地评价学生的成果，引导学生向正确的方向发展，激发学生的探索激情，提高学生的各种能力。

（五）学生要敢于评估教师和其他同学

不少学生都不习惯给老师和同学提意见，不敢表达自己的想法，怕引起冲突，惹他人不快，所以针对这种情况，老师要做好引导鼓励，解除学生的顾虑，鼓励学生向自己提意见，培养学生的批判性思维。在实际的课堂教学中，传统的教学形式有很多缺陷，老师只负责在课堂上将课本上的知识传授给学生，是一种没有情感的机械传输，学生和老师的互动很少。在当今时代的要求下，课堂教学更加注重以学生为中心，老师的工作更多的是承担辅助引导的职能，学生和学生之间，学生和老师之间多进行良性互动，才会让课堂更加富有活力。新时代学生和老师是一种相互学习、共同进步的新型师生关系，学生接受老师的指导，老师接受学生的建议，并且老师对学生做出公平客观的评价，鼓励引导学生。整个过程就是批判性思维的习惯养成的过程。

三、转变教师观念培养大学生的批判性思维能力

教师教育观念的变革应先于教育改革的具体措施。我国传统的教学思想是以知识技能为主体，着眼于传授系统的书本知识。以课堂为中心，强调教师的灌输与学生的接受。学生在教学过程中处于受灌输的被动地位，其主动性、积极性难以发挥，不利于学生创新能力的形成和创新型人才的成长。在教学的过程中，如果老师只注重知识的严谨和系统性，只是把知识机械性的讲授给学生，学生只能被动地接受。长此以往，学生只会养成不会思考的习惯，对问题没有自己的判断能力，尤其是针对大学生，这种被动型学习方法是不够的，因为大学生要学习的知识并不只是课本上的专业知识和技能，要知道，现今社会是一个信息爆炸的社会，知识的更新换代十分迅速，如果没有终身学习的习惯，那么终将被社会淘汰，大学生的学习一定是要有发展的眼光和拥有能动性自主学习的能力。大学生的年龄和性格特征决定了他们拥有好奇心，精力充沛，勇于探索，同时他们也有了一定的生活阅历和知识积累，所以也敢于发表自己的意见和看法，网络信息化十分发达的今天，如何接受复杂事物，拥有自己判断能力是值得思考的问题。

如何帮助学生形成批判性思维，鼓励学生善于用批判的眼光去分析问题、独立思考？归根结底就是教师如何转变教育观念的问题。下面将从几个方面来阐述这一问题。

（一）教师应该树立批判反思意识

世界上一些国家十分注重批判性思维的培养，并且被确定为高等教育的目标之一，由于批判性思维有着悠久的历史传统，所以很多地方的教育在这方面发展得很成熟。批判性思维对于一个国家的发展十分重要。拥有了批判性思维才能有创造性思维的形成，最终推动社会不断向前发展。如果想要发展创造性思维首先就要培养批判性思维，从教育者角度来看，要看到批判性思维是一个创新型人才的必须具备的品质，也是学生必须具备的核心素养，为了培养批判性思维的人才，必须在教育阶段抓紧批判性思维的培养，将这种思维的培育列为高等教育的重要目标，并且贯穿始终，重视批判性思维的发展。同时高校也应增加一定的配套措施，促进批判性思维的培养。

教师也是一个需要不断学习和发展的个体，即使是有着丰富经验的教师，也离不开学习，因为外部的教育环境是不断发展变化着的，如果不能适应新的变化，终将会被淘汰，所以教师也要不断改进自己的教学方法，接受新的知识和信息。如果一个教师没有批判的思维和精神，也不勇于进取，只在有安全感的区域内止

步不前，安于现状，教师这个职业终会变成一份麻木的工作。只有教师有一颗不断进取的心，有批判的反思的精神，才能在教学上发现新的问题，提出新的观点。一个合格的教师，应该虚心接受同事和学生的意见，并且不断反思，针对教学中遇到的问题和挑战，要正确看待，自己所授的课程要不断地构建和改进，用发展的眼光看待问题，自己既是教育者也是研究者，与学生的关系也更加平等。具有批判性思维的教师会不断尝试改进自己的教学方法，会积极地用更加合适和科学的理念来面对教学的问题，不断取得进步，找到教学的成就感和意义。

一个具有批判反思精神的教师可以获得不断的成长，这也是成长的内在要求和动力。教师要善于分析了解学生，因为学生是教师教学成果的最直接的影响因素，学生参与教学活动，所以如果学生对老师的评价客观并且善于表达，教师就能从中获得有用的信息，对于教师的批判反思思维的培养十分有利。教师可以根据学生的反馈检查自己的教学实践的目标是否实现，是否需要进行调整。同时也要听取同行的建议，可以让同事观看自己的教学现场，让他们提出意见，从专业教师的视角评判也能更加专业和全面，这样也可以与其他老师的教学进行比较，明白自己的差距所在。作为一个具有批判反思思维能力的专业教师，要养成记录自己教学情况的习惯，教学日志、教学录像等都是很好的反思工具，通过观看日志和录像，发现自己的问题和不足，加以改正和提高，理清自己的教学思路，推动教学的能力提升。

针对学生的批判思维的培养，教师要坚定支持和引导，提高学生的批判性思维的意识，使学生能够成为一个具有批判思维的人，通过思考的过程，寻找自己的优缺点，树立正确的思想观念，并将批判性思维应用到日常生活中，来不断发现问题，解决问题，成为一个不断反思不断进步的人。

（二）教师要改变教育观

教育观是教师在教学过程中逐渐形成的关于教育一系列思想和观念，包括对教学能力和学生的认识，教育观可以直接影响教师的判断，最终影响整个教育活动。

1 教育的本质是面向未来

大学阶段是学生很多重要行为形成的关键期，包括智能的发展、学业的进步、人际关系的建立、价值观的确立及社会规范习惯的养成等。大学也是学生人生的一个十字路口，正是在这个阶段，学生要在不断认识自己、认识社会的基础上逐渐完成人生一次次重大抉择。凡此种种，年轻人不仅需要自己去思考、探索和选择，更需要成年人的帮助和指导。回到育人原点，我们就会发现教育是人从现实的此岸走向理想的彼岸的桥梁，基础教育是每个人接受正规教育的起步，基础教育的每个学段都要为“未来”的进一步发展奠定基础。这既包括社会之未来，也包括每个人的未来人生。唯一不变的规律就是变化，在教学中，教师要树立以学生为中心的教学观，注意调动学生的主动性，给学生主动发展的空间，这样培养出来的学生，才能具有主动探索精神和独立运用知识解决问题的能力。而学生主动性发展的最高水平是能动、自觉地分析、判断自身所面临的环境和问题，通过科学的思考过程理智做出利于自身发展的选择和决定，成为自己发展的主人。

2. 教育成功的前提是看到每一个学生

大学时期是青少年独立人格形成的重要阶段，这个时期，学生追求个性，渴望自由独立，教师要能够看到每一个学生的独特性，承认他们每个人都是唯一的。不同的学生之间必然存在差异，每个人起点不同、成长速度不同，因而也不能沿着相同的跑道同时到达相同的终点。在教育中，教师要尊重差异，研究差异，实施个性化的教育，使每个学生成为最好的自己。只有被尊重、被有针对性地培养的学生才能做自己思维的主人，才能有信心、有能力地运用批判性思维，做出正确选择和决定。

20 世纪末在西班牙萨拉曼卡召开的世界特殊需要教育大会提出了一种新的教育理念，即全纳教育。全纳教育思想主张平等对待每一个学生，满足他们的不同需求，注重每一个学生的主动参与，努力发展每一个学生的人格和能力。

（三）提高教师批判性思维教学的能力

批判性思维是一种重要的思维能力，也是一种可贵的思想态度，培养学生的批判性思维，是各学科教学的重要目标，而要想实现这一目标，最有效的策略就是将批判性思维训练与学科教学进行有机结合。但是，这一教学方法的落实对教师有着较高的要求，首先需要教师深度学习批判性思维的相关理论，并且要能够找到批判性思维与学科教学的契合点。教师是学生的引路人，要想提高学生的素质，首先要加强对教师的培训。就从批判性思维来说，学校必须要通过科学有效的方式，引导教师掌握批判性思维方法，帮助教师将批判性思维训练融入到学科教学的过程中。并且，学校还要加强对教学条件的建设和优化，帮助教师探索、创新科学有效的教学模式，使学生在学习过程中能有效地训练自己的批判性思维能力。一个具备批判性思维的教师，即使不专门提这个概念，也会在教学设计中取材于现实生活，在现实问题的解决中向他的学生揭示批判性思维的不同模式，教学生正确使用分析、归纳、推理和论证的方法。

（四）教师应建立“主体间性交互”理念

所谓“主体间性”，也就是指“交互主体性”，它使得各主体之间不再处于孤立的状态之中，而是通过关系构建，使得不同主体之间存在交互关系。从主体间性这个层面来说，一个教学过程，也就是教师、学生以及教材这三个主体进行交流、讨论、研究以及共同进步的过程。从教育哲学的层面来说，主体间性这一教育理论实际上是要构建一种教育互动的理念及原则。有教育家指出，从实质上来说，教学就是一种交流与合作的活动，没有主体之间的交流互动，教学也就无从谈起。也有学者认为，“对话”是教学活动最重要的，也是最必不可少的特征。我国新课程理念对教学也有相关的界定，即“教学是师生之间的对话、沟通、合作与共建的交往活动”。所以说，在新时代背景下，教师必须注重新型师生关系的构建，在教学活动中，教师必须把学生放在主要地位，发挥学生的独立性和自主性，真正把学生当作能够主动完善自身思想的学习主体。此外，教师要和学生平等相处，促进师生互动以及生生互动，从而让教师和学生在平等交流的过程中共同发展，实现教学相长。

构建新型师生关系是教学创新的要点，在这种关系模式下，教师不能搞“一言堂”，不再是权威的代表，相反，教师要引导学生从不同的角度看待事物，从不同的层面来分析问题，并鼓励学生大胆质疑、大胆提问，让学生尝试对所接收信息的真实性和价值做出分析和评价。因此，在高校英语教学中，教师必须走出传统观念的束缚，不能采取以往单一的教学模式，不能单向地向学生灌输知识，而是要构建一种和谐平平等的师生交往模式，加强和学生的互动。并且，还要多多关注学生的学习动态，根据学生的实际水平和实际诉求，构建开放性较强的交流平台，引导学生批判地思考问题，能够对所学知识的真实性和可靠性进行深度分析和思考，能够提出自己的质疑。更重要的是，要带领学生发现英语学习的快乐，从中得到成就感，并且课堂内外营造有利于学生批判性思维养成的学习情境。

（五）教师应树立“合作学习”的教学理念

社会发展推动教育理念的改进，在此背景下，合作学习成为主要的课堂教学形式。20 世纪 70 年代，现代合作学习理论在美国兴起，到 20 世纪 80 年代中期，这一学习模式已经取得一定的进展。美国著名教育评论家埃里斯（Ellis）和福茨（Fouts）曾指出：“如果让我们举出一项真正符合‘改革’这个术语的教育改革，那就是合作学习。”并且一些社会学家也一致认为，对当今及未来世界而言，合作远远比竞争重要。每个大学生在兴趣、智力、认知能力、性格等方面都有相同之处，也有不同之处。作为高校英语教师，首先要加强和学生的沟通，了解学生之间的差异，并合理运用合作学习的模式，促进教师与学生之间的互相了解，产生情感共鸣，这样才能有效调动学生的情绪，挖掘学生的潜能，并促使学生之间取长补短、互帮互助，最终优化教学效果。

为了让合作学习这一模式在培养学生批判性思维的过程中发挥更好的效果，教师在组织学生合作学习时应注意以下问题：小组成员目标一致，能够共同承担学习任务和相应责任；每组都有一名组长，能够承担起组织和监督组员的责任；教师要注意任务的分解，也就是将共同学习目标分解成子目标或子任务，然后合理分配给各小组，各小组组长再合理分配给组员；教师需要制订并完善计划，规定学习任务完成的时间；各小组成员之间必须保持良性有效的沟通；在完成学习任务之后，各小组内部需要进行讨论，反思学习过程中存在的问题和不足，分析其原因，并提出解决策略；教师需要根据各小组的整体表现以及学生的单独表现来进行评价；小组之间也要进行互评，提出各自的意见和建议；在小组合作探究的过程中，教师也要参与其中，要同时扮演好监督者、咨询者和指导者的角色，关注学生的学习动态，根据学生面临的困境对学生进行启发和引导，帮助学生拓展思维、发现问题并解决问题。

现代心理学研究表明，对学生发展起到主要作用的不是外在客体，也不是学生自身的先天潜能，而是学生在对话与交往中的不断批判和创新。学生受教育的主要目的不是“知”，而是“智”，也就是说，教育的目的不单单是让学生习到一些知识和技能，更重要的培养学生的智慧，培养学生的能力和素质。与传统的课堂教学相比，合作学习对培养学生的批判性思维显然作用更大，这不仅是因为它注重学生之间的合作共赢，更重要的是，这种课堂学习模式给师生搭建了平等交流的平台，使得师生之间可以互相讨论、交流，可以互相启发和帮助，从而使师生关系变得更加融洽，有效拓展了学生的思维空间，同时使学生在课堂上的学习自主权更加稳固，学生各方面的能力素质也就得到了提升。此外，由于小组成员共同努力的结果决定着小组最终的成绩，并且每个组员的分工是明确的，所以，学生的学习积极性更容易被调动起来，在整个学习过程中，学生能够充分发挥自身潜能，发挥自己的独特优势，进而形成坚定的学习信念，并提升自信。在互相合作和取长补短的过程中，学生能够突破自己的思维局限，尝试从不同的角度思考问题，并从不同的途径，运用不同的方法来解决问题。

（六）教师要加强“人文关怀”理念

人文主义教育思想重视教学过程中的情感作用，认为人的心理过程是一个有机整体，人的情感活动是人精神世界的主宰。因此，人文主义教育思想强调，在教学过程中，将认知学习与情感体验学习结合起来。心理学认为，所谓情感，就是客观事物能否满足人的需要和愿望而产生的心理体验，它反映的并非是客观事物，而是具有需求和愿望的主体与客体之间的关系。一般来说，如果一个人的愿望得到满足，他就会产生愉悦的情感体验；如果一个人的需求没有得到满足，就会产生消极的情感体验。美国语言学家克拉申（S.D.Krashen）认为，个体在外语学习中存在较大差异的主要原因就是情感过滤，态度、动机和自信心这几个非智力因素，影响着外语学习的速度和效果。所以在英语教学中，如果忽视了学生的情感体验，那么就很难取得满意的教学成果。

美国心理学家马斯洛（Maslow）是人本主义心理学的创始人之一，在他著名的需要层次理论中将人类的需要由低到高划分为五类，即生理需求、安全需求、归属与爱的需求、尊重需求和自我实现需求。一般来说，当个体某个层次的需求得到满足时，就会产生追求更高层次需求的动力。因此，当一个人归属与爱以及尊重这两类需求得到满足时，就会产生强烈的自我实现的需求。所以，作为大学英语教师，在日常教学工作中，要密切关注学生的兴趣、学习动机、学习态度以及自信心等情感因素的变化，并及时与学生取得沟通，优化师生关系，建立深厚的师生情感，从而有效引导学生树立坚定的学习信念，让学生全身心地参与到大学英语的学习过程中。但从现实来看，目前我国高校英语教育受《课程标准》的影响，忽略了对学生的人文关怀，体现出工具性特征。相对应的，大部分学生对英语的学习动机主要来自于外部因素，比如通过四、六级考试，为求职加分等等，内心对英语并没有多少兴趣，功利化心理比较明显，缺乏脚踏实地、刻苦钻研的精神。

（七）教师要树立关注学生的个性化发展的理念

在传统的教学观念下，课堂教学中必须使用统一的教学内容，采用统一的评价标准，在一段时间内，这种模式对班级授课制下整体教学的质量而言是有一定好处的。但是，时代在发展，学生的需求在变化，教育也要做出相应的改变，这样才能更好地实现为社会培育高端人才的目标。所以，在现代教育背景下，如果从学生个性化发展的角度来考虑，那么传统的教学方式就存在很多弊端，存在很大的局限性，并不利于学生的发展。可以发现，一些公共必修课程，学生人数多，课时有限，教师的工作任务重，授课量大，所以很多高校只能采取大班教学制，每个班级一般都是超过一百人，在这种情况下，让教师针对不同学生的特点进行个性化教学面临很大的困难。但是，挑战往往和机遇并存，作者认为，重视学生的个性化发展，对于大学教师来说固然有难度，但也是进行教学改革与创新的良好契机，需要教师投入更多的精力。

作为大学教师，必须加强对学生个性化发展的重视，这是因为个性化发展决定着学生批判性思维和创造性思维的形成，也在很大程度上影响着学生批判性思维品质的提升。毕竟，一个毫无个性、固守成规的人很难对旧的思想提出质疑，很难对权威提出挑战，而这两点，正是人类不断发展进步的重要因素。在当前高校英语教学的环境下，我们可以通过完善评价价值来促进学生的个性化发展。比如，不单单以学生的成绩作为评价学生的标准，还要观察学生在课上课下的表现，对好奇心强、勇于质疑、善于提问、乐于探究且对问题有自己独到见解的学生提出表扬和鼓励，并将学生这些方面的表现情况作为学生综合成绩的参考要素。通过这种评价方式，可以唤起学生的积极性和主动性，提升学生对抗挫折的能力，让学生在学习实践的过程中形成勤于思考、勇于质疑的品质，形成刻苦钻研的精神。作为高校英语教师，只要能够将关注学生个性发展这一重要理念深度融入英语教学过程，并积极探索行之有效的教学策略，在课堂上注意对学生个性的保护和引导，那么大学英语课程实现培养学生的批判性思维品质的目标将为期不远。

四、构建利于大学生批判性思维培养的环境

学习环境是指提供学生学习的内、外部条件的总和。主要包括学校学习环境、家庭学习环境和社会学习环境。学校环境包括校舍、校风、学风、师资和教学条件等。家庭学习环境包括家庭提供的物质条件以及家庭和睦、开明促学的软性条件。社会学习环境是指影响学生树立价值观、人生观、世界观和学习目的的社会氛围。中国古语道：“近朱者赤，近墨者黑。”很形象地描述了环境对学生学习的重要影响。因此，下文将探讨如何构建有利于大学生批判性思维培养的学习环境。

（一）营造宽松、民主、和谐的课堂教学氛围

个体某一种思维的形成与其成长环境有很大的关系。要想有效培养并提升学生的批判性思维，教师需要根据学生的特点，构建民主、自由、和谐、轻松，且鼓励冒险的学习环境。和谐的课堂氛围能够让学生感到放松，消除学生的紧张情绪，只有这样，才能激发学生的活力，唤醒学生的内在的潜能。在传统的课堂上，

教师习惯以威严的姿态面对学生，容易让学生感到压迫和紧张，使课堂氛围异常沉闷，在这种情况下，学生有问题也不敢提出，发现错误也不敢质疑，久而久之，学生懒于思考，其思维品质逐渐下降。所以说，要想培养学生的批判性思维，不仅要给学生提供自主探究、合作交流的学习空间，作为学生的引导者，教师还要放低姿态，和学生平等相处，积极融入学生群体，这样学生才能尽情地表达想法、施展才能，并以批判的眼光面对学习。

"授之以鱼不如授之以渔"，这是我们一直遵守的教学理念和原则。所以，作为高校英语教师，要明确自身所扮演的角色，不能霸占课堂，要把课堂还给学生，树立学生的课堂主体地位，并且加强课堂教学方式的创新和改进，争取做到教师少讲、学生多说多学多思考。在多年的教育实践中我们发现，教师不应该是学生学习的主宰者，如果在课堂上，教师只是一味地讲，单向地向学生灌输知识，就会使学生早早失去独立思考的意识和能力，他们不假思索地获取信息，强行记忆知识，这一方面阻碍了学生能力和素质的提升，另一方面也消耗了学生的学习兴趣和热情。所以，在课堂上，教师要加强对学生的启发和引导，充分调动学生的积极性，鼓励学生各抒己见，并让学生互相讨论或者辩论，从而形成批判性思维。

新课改强调，学生是课堂的主体，他们必须深度参与课堂，在学习过程中必须积极思考，这样才能发散学生的思维，促进学生批判性思维的形成。传统的封闭式课堂以教师为中心，教师是权威的代表，长此以往，使学生产生消极、被动、盲从的心理。叶澜教授指出："我们的课堂教学存在一个突出的问题，就是缺乏对学生生命价值的尊重。"所以说，在大学课堂中要想培养学生的批判性思维，要注意以下问题：

（1）构建新型师生关系，让学生感受到平等、自由、尊重、信任和理解，并鼓励学生对书本、教师以及其他同学的观点提出质疑，在课堂上能够大胆表达自己的看法，还要鼓励学生不局限于现有的结论，能够大胆思考，勇于创新。教师要通过各种鼓励手段给学生营造一个心理自由、安全的课堂情境，只有这样，学生才能各抒己见，并勇于判断、大胆质疑。

（2）教师要尝试以问代讲，也就是多提问题，给学生更多表达的机会。并在这一过程中，鼓励学生表达不同的想法，从更多的角度分析问题。另外，教师要及时采纳学生的正确意见，并引导学生补充和完善他人的观点，从而培养学生的批判性思维。

（3）教师和学生互相作用。要想实现活力课堂的构建，就必须让教师和学生互相影响，这样双方会在互动中产生喜悦的情绪，进而产生新的发现。在这一过程中，教师不仅要放低姿态，还要想方法消除学生心中的各种顾虑。比如，有的学生性格内向、不善言辞，害怕回答问题，更害怕提出自己的想法，这时，教师就要在鼓励他们发言的同时多关注他们的优点，并加以表扬。另外，作为教师，不要对学生有过高的期望，不能指望学生在短时间内消化吸收所有的知识，教师要注意循序渐进，重视学生的学习过程，善于发现学生在学习中存在的问题和不足，并帮助学生解决问题。

（二）创造良好的家庭环境

1. 提醒家长采取正确的教养行为

（1）关爱子女，适时沟通

大学生任务重，在校时间长，并且自我意识觉醒，所以他们容易和父母产生距离感，认为父母不了解自己，不愿意和父母进行沟通。在这种时候，父母要主动亲近孩子，了解孩子的生活和学习现状，了解孩子的需求，更重要的是，不能固执己见，要学会站在孩子的角度思考问题，促进和深化父母与孩子之间的理解，确保孩子能够养成自信、独立、乐观的品质，而这些品质都是批判性思维发展的重要前提。

（2）赏识孩子，及时鼓励

父母应该学会赏识孩子，充分尊重孩子的个性，对孩子的行为作出正确评价，以增强其自信心。引导孩子树立适当的目标，把目标具体化，让孩子在日复一日的坚持中形成不断进取的心理品质。只有在赏识和鼓励中成长起来的孩子才能在内心深处有着强大的安全感，从而更好地发展独立性、主动性和理性思维。

（3）提供机会，锻炼能力

能力是在实践中锻炼出来的，只有给孩子提供独立面对问题、解决问题的机会，孩子才能真正学以致用，学会正确的批判性思维方法，提高批判性思维能力。这就要求父母一方面要能够给孩子足够的独立空间，允许孩子参加各种社会实践活动和校园活动；另一方面在家庭中也要创设条件，或者选择一些问题，由孩子去解决，给孩子提供锻炼和独立思考的机会。爱不应过度约束，也不能包办代替，应根据孩子的年龄、心理特征，适当放手，鼓励其独立解决问题，才是为孩子的长远发展考虑。

2. 帮助家长养成正确的教养习惯

认识到不代表能做到。在现实的家庭教育中，有一些家长是不知道所以做不到，还有一些家长是知道，但难以做到，后一类家长属于大多数。因此，要想真正改变家长的教养方式，就必须采用科学便利的方法，帮助家长逐渐克服长期形成的不良习惯，进而慢慢形成正确的教养习惯。当下可借助互联网优势，提高教育效果。家长教育可以有效利用互联网资源，如发展基于移动终端的社区家长教育，开发更多的线上家庭教育课程，采取线上打卡形式，从日常家庭教育小事做起，督促家长形成正确的教养行为，逐渐养成正确的教养习惯。

（三）构建新型的大学课堂教学文化和教学环境

传统的“记忆型课堂教学文化”有一项最明显的特征，那就是强调教师灌输知识、学生被动接受知识，这对培养学生的批判性思维毫无益处。所以，在新时代背景下，教师必须打造新型的课堂教学文化和教学环境，要以培养学生学习的主动性、思想的开放性和独立性、乐于探究并善于质疑的批判意识作为出发点，使师生之间不再局限于传统的“授”“受”关系，还要通过有效的手段，增加课堂的趣味性，从而让师生在交流和碰撞过程中得到知识、掌握技能，并通过崇尚思辨这一教学文化的合理融入来促进大学生批判性思维的形成与发展。本书认为，在新型大学课堂教学文化与教学环境下，教师在教学行为上最应该突出的特点就是：鼓励学生大胆质疑，引导学生提问并深度分析、合理解决问题，并为学生输入新的语言学习观念。

清代学者陈宪章说：“学贵有疑，小疑则小进，大疑则大进。疑者，觉悟之机也，一番觉悟一番长进。”叶澜教授曾经在《让课堂焕发生命活力》一文中提出：“提问是课堂教学中蕴含生命力的重要心理因素之一。提问应该具有双向性，既有教师向学生的提问，也有学生对教师的质疑。”而在传统课堂上，基本都是由教师提出问题，很少由学生提出问题。爱因斯坦也曾说过：“提出一个问题比解决一个问题更重要。因为解决问题也许只是数学上或实验上的技巧而已，而提出新问题，新的可能性，从新的角度去看问题，却需要创造性的想象力，并且标志着科学的真正进步。”瑞士著名民主主义教育家裴斯泰洛齐指出：“智育不仅是教给学生知识，还要着力帮助促进他们的思考能力、调查研究能力和判断能力的自然发展，以便有意识地占有人类几千年获得的东西。”通过以上言论可以发现，古今中外不同领域的杰出学者都对质疑精神有着极高的重视，由此可见质疑精神对个体发展和社会发展的重要性。所以，作为教师，在课堂教学中要通过有效的手段引导学生学会质疑、善于质疑，并且要唤起学生的探究意识，让学生产生较高的学习热情，这不但能够激发学生自主学习的主观能动性，还可以帮助学生不断提高自身的认知成熟度，为学生批判性思维的形成奠定基础。

除此之外，为大学生输入新颖的语言学习观念，有利于构建自由轻松的学习环境，从而有利于学生批判性思维的形成。作为大学教师，在日常教学活动中积极和学生沟通，了解学生的学习观念，对其中的错误进行纠正，帮助学生对语言学习形成正确的认识以及正确的方法。从批判性思维培养这个角度来说，教师要通过有效的手段，让学生认识到批判性思维的重要性，使学生明白，语言学习不仅仅是要掌握语言技能，更重要的是要借助语言学习形成批判性思维品质，只有这样，才能在信息社会中快速掌握信息、把握机遇，并赢得挑战。因此，在日常教学中，教师要多和学生交流互动，及时了解学生的思想动态和情绪变化，了解学生面临的困难。一方面，根据学生的实际情况调整教学策略，以提升学生学习英语的信心，让学生对英语学习始终保持积极的情绪；另一方面，改善学生的学习方法，提高其学习效率，让学生获得成就感，进而提升学生的学习自信心，并与学生建立深厚的情谊，从而给学生带来更大的影响，让学生在潜移默化之中形成批判性思维等重要能力和品质，更好地实现大学英语教学的育人目标。

（四）开展反思型教学，营造良好学习氛围

所谓“反思型教学”，就是指教师对自己的教学行为和教学过程进行分析和反思，从而明确自身在教学中存在的问题和不足。反思型教学对教师有一定的要求，首先要求教师心态开放，能够根据专业的判断，通过教师之间的合作与交流，对日常教学过程进行批判性的分析与认识，同时要求教师不断反思自身的认知过程，所以说，反思型教学对提升教师的批判性思维品质具有很好的作用。但在现实中，却很少有教师能够经常反思自身的教学，因而反思型教学的开展很有难度，但也很有必要。

在高校英语教学中，“反思型教学”对培养大学生的批判性思维具有促进作用。反思型教学的主要特征就是积极关注教学目标、结果、方法以及效果，其过程是循环往复、螺旋上升的，它建立在教师的专业判断基础之上，关注教师间的合作与对话，需要教师有开放的心态，探究的能力，以及强烈的责任心。有学者认为：善于应用反思型教学策略的教师能够以开放的眼光和心态来看待事物和分析问题，善于接受新的思想。这样的教师不仅是教学的实践者，更是新教育理论的探索者和构建者。作为高校教师，要引导学生监督自己的学习行为，并进行自我评价和自我强化，在此过程中形成批判性思维。

总而言之，在日常教学中，教师要正确认识批判性思维品质培育过程中存在的困难，同时要树立克服困难的信念，同时也要将这种认识和信念传递给学生。教师要给学生足够的思考和探索的空间，让学生明白，不经过大脑思考，对事物做出草率的判断，是无法形成批判思维的，从而让学生掌握正确的提升自身批判性思维的方法，并能加以践行。

（五）创造良好的校园环境

1. 教材编制上增加对批判性思维的要求

教材是教学的载体，是学生可以直接接触的学习资料，通过对教材的修订增加中增加批判性思维的训练是一种提升批判性思维能力比较有效的方式。

（1）整体设计中增加批判性思维技能要求

在教材总体设计理念中，将批判性思维能力的培养设计为核心的目标之一，然后分解目标：一是让学生初步了解批判性思维的具体技能；二是指导学生运用批判性思维技能解决简单问题；三是设计问题情境引导学生综合运用批判性思维技能。

在设计单元或章节教学目标时使用“批判性思维”的目标动词，如识别、阐释、分析、比较、辨认、叙述、解释、总结、区分、评价、概述等，借助知识的载体使批判性思维技能训练得到落实。

在教材内容呈现过程和学生活动设计中，充分利用各种载体，介绍批判性思维技能，训练批判性思维技能，培养批判性思维能力。如人文学科教材中提供对立的观点让学生辨析、发表意见，提供各种实际案例让学生分析；在自然学科教材中提供大量的问题让学生解决等。在每节的练习和每章的复习中单独设置“批判性思维”栏目，进行批判性思维活动，以训练学生的批判性思维的基本技能与综合运用能力。

（2）教学内容中增加批判性思维技能训练

在组织教学内容时，可以通过各种方式，利用知识载体，训练学生的批判性思维技能，培养学生的批判性思维能力。如在常规的学习，如预习、复习、作业、实验、讨论和思考等环节中，进行两部分设计，一部分内容为概念理解，另一部分内容为批判性思维技能训练。也可以设计批判性思维专栏，训练学生的批判性思维技能。如以批判性思维技能为核心，整理出若干专题，分散在每个章节，每个专题讲一种“批判性思维”技能，提出核心要点，通过具体案例分步进行训练。如辨析原因与结果，要求学生确定因果关系的两部分，注意一个事件可以有多个原因和结果，理解一个事件可能既是原因也是结果等等。在教材中提供运用批判性思维技能的具体方法，如信息概括的方式有射线图、组织结构图和表格等等。

2. 考试评价中增加对批判性思维的考查

"为考试而教"是基础教育的明显导向，利用考试评价制度来调整教育方向和教师教学是一个有效的手段。将批判性思维能力的考查纳入考试的组成部分，是推动批判性思维培养进入课堂的良好途径。北美的 GRE、GMAT、SAT 和 MTC 的 ANEWMODEL 等能力型考试，都设有批判性推理（Critical Reasoning）和分析写作（Analytical Writing），来测试学生的分析论证和表达的能力。近年来，我国的高校也加强了对学生理性思维能力、分析论证能力的考查。强调学生对自我思维的深度批判及同生活现实的联系，展现了思维发展与提升学科素养的要求。

3. 提供丰富的批判性思维教育资源

各级教育行政部门可以充分运用公共资源，搭建平台，组织专家、教研人员、不同层次学校的管理者和教师，就学生批判性思维能力的提升策略和途径进行专题研讨和交流；鼓励不同层次学校开展校际观摩、学习交流活动，共同提升；精心选择典型案例，提取经验，在不同层次学校积极推广，组织开发公共教育资源库；等等。政府层面通过提供丰富的批判性思维教育资源，为学校开展批判性思维教学提供保障。

（六）创造良好的社会环境

批判性思维是创新人才不可或缺的基本素质。早在 20 世纪 80 年代，批判性思维运动就是美国教育改革运动的重要组成部分，美国前总统里根曾在 1988 年的全国图书周上直接谈及批判性思维的重要性，认为在每一个社会，教育的目标必定包括使理智独立和批判性思维变成每个公民的自然资产。

进入 21 世纪后，各国政府对批判性思维的重视程度与日俱增，各个国际组织针对中学生提出的"21 世纪技能要素"虽各有侧重，但均包含了对批判性思维的要求。我国也在很多文件中提出了对批判性思维的要求。2017 年 9 月，中共中央办公厅、国务院办公厅印发的《关于深化教育体制机制改革的意见》中指出："要注重培养支撑终身发展、适应时代要求的关键能力……培养认知能力，引导学生具备独立思考、逻辑推理、信息加工、学会学习、语言表达和文字写作的素养，养成终身学习的意识和能力。"通过教育政策的顶层设计，将 21 世纪技能新理念融入学校教育改革、学科课程内容设计、教师教学实践环节等学生学习生活的各个方面，才能为学生批判性思维能力的有效提升创造一个积极友好、良性互动的学校教育环境。

五、在跨文化对比教学中培养大学生的批判性思维能力

在我国高等教育走向国际化的今天，国际化人才培养已成为时代赋予各所大学的历史使命。培养批判性思维能力和跨文化交际能力是目前高等院校英语教学改革的重要议题。因此，教育部在大学英语课程设置中把培养大学生的三大能力作为重点，即批判性思维能力，质疑能力和跨文化交际能力。以下将根据大学生跨文化交际能力和思辨能力的现状及特点，探索全球化背景下适应时代发展和社会需要的大学英语教学策略和方法。

（一）跨文化交际的内涵

21 世纪初，培养学生的跨文化交际能力引起了我国外语学界的关注。关于其定义，国内外学者多有论述。我国有学者提出应对跨文化交际能力做“道”与“器”的区分：跨文化交际能力之“道”，是交际主体的基本取向；“器”是对信息和技巧的掌握，以及交际的结果或功效。也有相关研究者把跨文化交际能力总结为四类交际能力系统：基本交际能力系统、情感与关系能力系统、情节能力系统和策略能力系统。英国学者迈克尔·拜拉姆在其著作中对跨文化交际作出如下阐释：跨文化交际能力分为语言能力、社会语言能力、语篇能力和跨文化能力四大班子能力。其中，跨文化能力包括态度与知识、解释与关联技能、发现与互动技能和批判性文化意识。具体而言，他认为跨文化交际能力是指人们在跨文化交际过程中必须具备的本民族和他民族的基本知识与文化；具备对异文化中的文本和事件的解释能力；在跨文化交流中，能够从其他国家或民族的文化中获取知识，并且能够加以利用。

本书认为，跨文化交际是指来自不同文化背景的人们之间进行的一种特殊的交际，因为交际双方文化背景的差异导致他们拥有不同的价值观、世界观、逻辑思维方式等，这种交际还会影响到双方的交际过程和批判性思维过程。由此可见，批判性思维和跨文化交际都受个人文化背景的影响。另外，在文化教学中，通过本民族文化与其他民族文化的对比，能够帮助学生突破文化和思维的局限，使学生能够从更多的角度，对不同文化各自的特点产生更深的认识。对于成长在中国文化环境中的学生来说，在中西方文化的对照过程中，他们能够获得一种新的视角以及一种新的思维方式，这使得他们能够反思自己的文化，并以更加客观和开放的视角认识中西文化。所以说，在跨文化比较教学中，不仅可以提升学生的批判思维能力，而且能够对学生进行思想启蒙，使学生思维更加多元化、更具包容性和反思性。

（二）中国大学英语跨文化交际教学现状

大学英语跨文化教学要想起到更好的效果，必须以文化知识为开端，以文化意识作为桥梁，并且以文化理解作为最终的教育目的。所以，对于英语文化教学来说，第一要做的是向学生传授英语文化知识，但最重要的是通过有效的教育和熏陶，让学生形成文化意识，最终帮助学生能够充分利用文化知识和其他民族成员进行有效的交流。文化是动态的，是发展的，所以文化教学不能局限于历史、宗教、风俗等内容，还要将不同国家和民族的文化进行对比，引导学生分析和反思，从而帮助学生从多个角度认识文化的普遍性，理解文化的特殊性，只有这样，学生在和其他民族进行交流时，其表达方式才能与其他民族特性更加接近。在我国传统的高校英语课堂上，教师和学生更加注重对语言和技能的学习，尽管一些教师能够认识到语言教学与文化教学相结合的重要性和迫切性，并且在英语教学过程中也尝试文化的渗透，但他们在教学方式上仍然存在一些问题，在很大程度上影响了学生的思维方式和对知识的探索。下面做一些具体阐述和分析。

1.“填鸭式”的跨文化教学方式

在大学公共英语课堂，由于是大班教学，学生习惯于关注教师讲授的语言知识点，在国外文化知识方面了解得甚少，而且了解渠道基本上是通过对国外影视欣赏时的收获。从本书作者收集的学生对教学的反馈意见得知，许多学生非常渴望了解国外的习俗文化，并且希望教师在每一课精读课上详细讲解国外的文化背景知识。这也是他们上课时最感兴趣的授课部分，他们听课时精力集中，细心聆听教师的每一句解释，认真注视教师选取的每一幅相关图画。由此导致教师在教授相关国家宗教、历史、风俗、文学等涉及面广、信息量大的相关文化知识时，掌握了绝对的话语权，教师通常采用“填鸭式”的教学方式，只是一味地向学生灌输国外文化知识，而没有留给学生思考问题的空间，更没有启发学生进行中外文化对照，学生只是被动地接受知识，缺乏对所学知识的反思和进一步的探究，更缺乏对文化差异的批判。

2. 跨文化教学停留在文化知识层面

跨文化教学对教师各方面的素质有着较高的要求，但是，高校的一些英语教师长时间一直关注本学科教学，并没有丰富的文化底蕴，再加上自身眼界和教学观念的限制，对英语国家文化背景也没有进行深入的了解。所以，在高校英语文化教学中，教师只能根据自己的认知能力，给学生介绍一些相关国家的历史和风俗，这种文化教育明显是狭隘的。在这种情况下，师生只能站在我国文化的角度去观察和评价他国文化，并没有条件对两种不同的文化进行对比和分析，自然谈不上对文化现象的反思。因此，教师所谓的文化教学仅仅是给学生引入一些简单的文化知识，实际上并没有文化意识的融入，这使得课堂变得僵化，缺乏活力。

对于很多学生而言，学习英语就是为了考试，为了得到四六级以及其他英语相关证书，从而保证自己顺利毕业以及就业。显而易见，这种观念是错误的，大学英语课程的开设绝不是为了让学生拿各种证书，而是为了真正提高学生英语相关的核心素养。所以，教师必须纠正学生的错误观念，要通过自身的努力以及对教学策略的调整，使英语课堂具有文化性、知识性和趣味性。为了实现这一目的，英语教师必须充分利用时间，积极学习本国文化知识，并且充分了解中西方文化的内涵，要提高对本族文化的评价能力，并且能够客观地评价他国文化。作为英语教师，必须清楚，文化是一个国家和民族世代积累的宝贵财富，是一个国家和民族生存和发展的基石。因此在教学中，教师必须承担起传承及发扬我国优秀文化的责任，带领学生在文化对比中形成文化理解能力，有效提升学生的批判性思维品质。

3. 大学英语教师缺乏跨文化交际意识

在世界经济快速发展的背景下，全球化人才紧缺是我国面临的一大问题。要想成为全球化人才，不仅要具有广阔的视野、全球化的管理理念和能力，还要充分掌握国际通用语言，具备国际交流能力。但一直以来，很多英语教师墨守成规，应试观念十分严重，在教学过程中仅仅重视对语言知识和语言能力的教学，忽视了对学生语言应用能力的提升，更忽视了跨文化交际意识的重要性。在英语课堂教学设计上的具体表现：英语课的教学过程基本遵循固定的模式（领读单词—文章结构介绍—篇章分析—词句解读—写作方法讲解），教学过程中缺乏详细地和课文相关的文化背景介绍，这给学生理解课文造成一定困难，因为有些故事是在一定文化背景下发生的，学生必须结合国外的文化背景知识才能更好理解课文内容。近几年由于教育教学改革，倡导革新教学方法，不少教师在导入课文内容的讲解时加入了文化背景介绍，但是仅限于 2~3 分钟的快速课件浏览，没有把文化背景和中国的相关文化作对比介绍，没有组织学生进行文化差异的探究和评判。这一授课环节的缺失在文化教学中使学生的批判性思维能力没有得到训练。

（三）大学英语跨文化教学中批判性思维的培养策略

要想培养学生的跨文化交际能力，就必须对其展开文化知识和概念的传授，但是，一些文化差异概念已经十分僵化，这会给学生的跨文化交流造成十分大的阻碍。从这一点来说，跨文化交际能力和批判性思维品质有着密切的联系，进而说明，在培养学生跨文化交际能力的同时，还要强化他们的文化批判意识。对于大学生来说，他们的跨文化交际要求拥有较强的批判性思维能力，如果说一个人的跨文化交际能力很强，证明他的批判性思维能力也很强。在高校英语跨文化教学的过程中，作为教师，不仅要向学生传授相关的基本知识，还要引导学生以批判的思维来看待知识，从而实现跨文化教学与批判性思维培养的有效结合，在此过程中培养学生开放、敏锐、灵活和多元的文化视野，提升学生的交流能力。英语跨文化教学中，包含了历史、文化、社会风俗等各种各样的信息，这些信息一方面可以作为学生展开批判性技能训练的素材；另一方面，这些信息体现了文化的多元性，有效拓展了学生进行批判性思维的空间。通过批判性地思考问题，可以促使学生形成良好的文化意识，对文化的普遍性和特殊性产生客观且深刻的认识，从而达到有效、得体交际的目标。下面将从教学内容、课程设置、教学方法和测评方式四个方面探讨跨文化交际教学中批判性思维能力的培养。

1. 教学内容

在高校英语跨文化教育教学中，其教学内容可以立足于教材，合理引入《二十一世纪报》《中国日报》等英文报纸以及英文版的“中国文化网”等作为资料来源，借此进行文化之间的对比。另外，教师可以提前筛选一些与课文内容有关联的国外文化资料，其形式可以是文本资料，也可以是音频资料或者视频资料，这一方面可以帮助学生了解风俗民情、文化动态，另一方面可以对教材中对中国文化英语表达的不足进行弥补。同时，教师也可以根据学生的兴趣和认知水平，将一些热点话题带到课堂上来，借此激发学生的思维活跃性，提高学生参与课堂探究的积极性。这一过程，使学生扩大了词汇量、拓宽了知识面、了解了他国的文化知识、提高了思维技能。需要提醒的是教师在讲授文化之后，要适当地留有问题，尤其要设计一些具有开放性答案的问题，引发学生思考。

例如：在大学英语教材中有一课的文化导入是关于美国婚礼风俗的，教师通过视频或必要的文本介绍之后，设计问题：

（1）在美国婚礼中，有哪四个是必须具备的东西？

（2）为什么要有这四样东西？这其中有什么道理？

（3）中美婚礼中的必要元素有哪些异同？

（4）怎样看待许多中国婚礼走向西化的现象？

问题（1）（2）是文化知识的介绍，问题（3）（4）为更深一层次的提问，迫使学生独立思考，引发反思，将中美婚礼的文化差异作对比，把课堂上刚刚获得的相关知识“收拢”在心，然后再结合大学生熟悉的中国的婚礼习俗进行合理评判，在这个过程中，可以有效锤炼学生的批判性思维能力。另一方面，在教学过程中，教师要有开放和包容的胸怀，要对学生多加鼓励，让他们勇于表达自己的观点和看法，并且教师要对学生在课堂上的表现予以及时的评价，这样才能让学生保持参与课堂活动的热情，才能从中得到成就感。此外，在对一些文化现象进行质疑和辨析的过程中，通过发表自己的独立见解，学生能够养成独立思考、不盲从的习惯，进而有效拓展学生的思维空间。

2. 课程设置

首先，由于大学公共英语的授课特点，在大班教学中课程设置需要增加诸如：“西方文化导读”“英美文化习俗简介”“西方思想经典导读”等选修课程，比如河北师范大学近年实行教学改革，从今年开始增添拓展课程，鼓励教师根据自己的专业和研究方向申报拓展课程类型，经学校审批后在 2017 年下学期执行。这一教学改革调动了英语教师的积极性，很多年轻教师申报了以自己的研究专长为内容的拓展课程，其中包括以跨文化交际为内容的拓展课程。大学生通过选修拓展课程了解西方的文化和思想史，在教师对讲授内容、课外阅读、测试形式、现代技术等方面的精心设计和有效掌控下，使自己的跨文化交际能力和批判性思维能力得以提高。其次，课程设置应该实现英语与人文社科等学科的结合。当今，英语已经是世界性语言，英语国家的文化将成为世界的主流文化。英语可以推动和改变全球化的生活方式。在这种意义下，英语已经不是单纯的语言学科，它代表一种生活状态、文化空间和哲学意义，因此，英语与人文社科等都有着极为深刻的联系。对课程设置的建议是开设英语与人文社科相结合的选修课程或拓展课程，诸如“英语媒体新闻”“区域与国别研究”等都是跨学科课程。前者是英语专业和新闻专业的结合，后者是英语与国际政治的结合。这样就使得英语在教英语的同时，适时地与其他课程相结合，注重培养学生的跨学科思维能力，久而久之，学生的批判性思维能力必然会得到很大提高。

3. 教学方法

新时代背景下我国对人才培养体制改革提出一些建议：对于人才教育和培养的方法和模式，必须加以创新；要改进教学理念，积极落实学思结合；要尊重学生的主体地位，积极采取启发式、探究式、讨论式、参与式教学，帮助学生掌握学习的方法。通过对英语教学中跨文化交际能力和批判性思维能力培养的特点进行分析，在大学英语跨文化教学中采用任务型教学法和案例教学法能够有效地培养学生的批判性思维能力。

（1）加强任务驱动，促进学生自主学习能力和批判思维能力的形成

任务型教学就是给学生设置一些学习任务，用任务来激发学生的活力，促使学生深度参与学习活动。学者菲兹认为，学生是在参与活动以及在完成任务的过程中，通过有目的的交互活动来掌握语言和相关技能的。任务型教学能够调动广大学生的积极性和主动性。学生通过参与活动，带着被分配的任务，借助图书馆、网络等学习资源搜集各种资料，并且对资料信息加以甄别和判断，确定其可信度后形成各自的观点。这一过程中，学生既重新审视了自己已学的知识又探索了新的知识，还锻炼了自己的批判性思维能力。正是因为这种原因，鼓励教师在大学英语文化教学中实施任务型教学。任务型教学首先由教师将学生分为若干个小组，分组要做到英语水平高低兼顾，分配合理，以优带差。然后，小组内要合理分工，让各小组成员都能明确自己的任务，让他们根据自己的任务来搜集资料，最后在组长的组织下，对资料进行集中处理，并共同商讨出任务的解决方案。在搜集资料和讨论的过程，小组成员要对所搜集的信息进行分类和选择，遇到组内成员观点不同时，组内可以展开辩论，这对学生批判性思维的锻炼十分有益。另外，作为教师，也要积极参与活动，要时刻与学生交流互动，了解学生的动态，还要做文化的媒介，根据学生当前面临的问题给予学生合理的指导。比如，在以美国电影文化为课题的教学中，教师可以围绕“美国好莱坞大片”来设置任务，让学生根据自己的兴趣、能力和观影经历来选择所要分析的电影，并鼓励学生自己拟定标题，独立完成学习报告。之后，各组学生可以推出一名代表，来呈现本组的研究成果，其他小组的学生可以提出自己的问题或者意见。在这整个过程中，学生不再像以往一样不假思索地接受老师的灌输，而是独立自主的搜索知识，独立地思考问题，并积极和他人交流互动，这有效提高了学生自主学习的能力，也促进了学生独立思考和批判思维能力的形成与提升。

（2）通过案例教学提高学生的批判性思维能力

在语言教学中，有一个问题需要教师进行深度思考，那就是：如何以跨文化比较为媒介或者基本方法，培养学生跨文化交流的能力，并有效培养学生的批判性思维品质。跨文化交流和批判性思考这两种能力是存在密切关联的，并且二者有相互促进的作用。教师可以在课堂教学中通过案例教学的方式帮助学生实现两种能力的同步发展。同任务型教学一样，教师需要将学生分为若干小组，小组内首先对既定的某一文化现象阐述个人观点，然后组内成员之间互评，遇到分歧大家一起用英语讨论，小组讨论结束后每个小组委派一位同学上台阐述观点。如果小组之间的观点存在不一致，甚至有冲突，那么汇报就会演变成辩论。案例教学

法的特点是教师不告诉学生怎么做，他们需要查阅各种自己认为必要的理论知识，捕捉这些理论知识后，还要经过缜密的思考、创造、分析和评估，提出解决问题的方案。这极大地激发了学生的潜能，调动了学生的积极性和主动性。而教师的角色只是忠实的倾听者和组织者，在学生汇报自己的方案之后，尽量让每位学生就他人的方案发表见解。由于教师不断采用案例教学法，不断地组织学生进行实践训练，学生学会了从多个角度思考问题，学会了如何分析、综合及评价复杂问题，并且学会倾听他人意见，促进了他们人际交流能力的提高，同时，批判性思维能力也相应得到了提高。

4. 测评方式

根据以往各种实践表明，大学教学的评价测评方式能促进优秀教学效果的产生，但值得注意的是，大学教学的评价测评方式包括考查和评估学生跨文化交际能力和批判性思维能力。我们都知道，不管是什么类型的考试，从导向作用的角度来说，对学生的学习都有一定的帮助。而且，在一定程度上也能检测出学生最近一段时间的学习效果。目前，我国英语教育方面的测评方式已经不再纯粹是只看重成绩的应试测试，而是转向更加注重英语综合运用的能力测试。基于此，英语测试也应随着测评方式的转变而发生变化，特别是要对跨文化交际能力和批判性思维能力等综合素质和应用能力进行整体监控和评价。在当前大学英语教学中，教师普遍会借助资源库对学生的学习进行测评，已经由之前烦琐、耗时长的人工评价转变为借助操作性强、用时短的网络测评系统评估学生学习，有的高校还可以借助相关资源，让学生进行自我测试，对学习效果进行自我评价。

（四）结语

由于当前大学生的跨文化交际能力和批判性思维能力还普遍较差，要在英语教学中培养学生的跨文化交际能力和批判性思维能力并使两种能力得到切实提高还是一个长期的任务，教师要从思想上给予重视。如此一来，学生才能真正地明白正确使用语言的重要性，也会明白语言存在的局限性；才能使学生熟练掌握所学知识，不再“一股脑”地全盘接受所学知识，而是带有选择性的、批判性的意识面对所学知识；才能使学生意识到自我潜能，尽最大努力挖掘自身潜力，进行自我教育，促使自我综合能力的提升，最终朝着当前时代所缺少的复合型、创新型、具有国际竞争力的人才方向努力。

六、培养学生健全的人格，促进批判性思维的形成

接下来主要分析大学生的人格培养对大学生批判性思维形成的重要作用。内容分三部分，包括培养大学生的核心素养；维护大学生的自尊心，肯定其价值；维护学生的个性。

（一）培养大学生的核心素养

核心素养是一种综合性和涵盖性很强的素养，是学生的创新能力、批判性思维能力、合作与交流能力，以及终身学习与自主发展的综合体现。创新发展和批判性思维能力的培养是核心素养培育的关键因素。创新发展主要体现在学生在实践过程中勇于探究和创新，善于提出问题、分析问题和创造性地解决问题。批判性思维主要体现在个人勤于反思、敢于质疑和批判并且能够正确地甄别信息的真伪，从而达到具有理性思维和创造性思维的目的。交流与合作能力是核心素养所包含的基本能力，它是合作精神的外在行为表现，主要体现在：能够与他人建立良好关系；能够尊重和包容他人的思想和观点；能够有效化解冲突和矛盾；能够识别分歧并协商解决；善于与个人和团队合作并能够在合作中通过创新性想法和行为发挥引领作用。终身学习与自主发展是核心素养的主要内容，是学生主体性的外在行为表现。主要体现在：能够自主学习、终身学习并不断改进学习方式，创造性地解决人生中的各种疑难问题；能够正确认识和评价自己，了解自己的优势和不足；具有较强的适应性、灵活性和主动性，能够积极应对压力和挫折，有自制力和意志力。

通过以上对核心素养内涵的分析得知，培育大学生核心素养的过程即是他们批判性思维品质和批判性思维能力的形成过程。因此，教师通过独立的思维技能教学或常规课程中的思维教学培养学生的创新和思维能力，通过课堂和课外活动培养学生的交流与合作能力，使他们具备化解矛盾和冲突、识别分歧，并且在团队合作中具有创新性想法的能力，使他们学会学习、学会适应环境、学会创造性地解决问题，最终培养和提高他们的批判性思维能力。

（二）维护学生自尊心，肯定其价值

对学生自尊心的维护，是一个教师“师德”的体现。不论人处于什么年纪，自尊心都是会存在的，不会随着年龄的增长而消失。对于大学阶段的学生来说，他们虽然已经成年，但正是血气方刚的年纪，他们的自尊心比其他任何时候都更强也更敏感，教师无心的一句话、随意的一个玩笑都有可能触及学生自尊心，使

学生感觉到被冒犯和被伤害。再加上这个阶段的学生正是人生观、价值观、世界观形成的关键时期，所以教师在与学生相处的过程中，务必将维护学生自尊心放在第一位，循循善诱，谆谆教诲，重点监控，一旦发现问题要及时解决。对学生表现出来的好的一面，教师要给予认可，肯定其价值。对于学生不好的一面，教师除了要指出并纠正之外，不能一味地批评与指责，甚至上升到对学生人格的贬低。比如学生回答问题，当学生回答问题时，思维敏捷，准确且表达了不同观点，教师首先要肯定学生的能力，其次要告知学生不要骄傲自满，所谓“人外有人，天外有天”，要继续努力。相反地，若学生回答问题支支吾吾，牛头不对马嘴，教师首先不要马上反问或者责骂学生，要在学生回答完之后，对其思考问题的角度与思维方式表示肯定，并指出其关键点，以及造成回答偏差的原因，鼓励学生再次积极思考，表现出对学生的信任与认可，期待学生下一次回答问题。总之，无论学生表现如何，教师都要肯定其价值，尤其是在教育学生的时候，教师应与学生处于平等地位，是朋友的身份，而不是居高临下，口无遮拦的指责与批评，要考虑到如何表达，才能使学生没有感觉到被冒犯和伤害。

（三）维护学生的个性

当前是个充满多元性的时代，存在着各种极具个人特色的事物，更何况学生这一群体，更是一个充满张扬与个性的群体。教师对学生表现出来的个性要表现出尊重与认可，让学生明白，一个人有个性是好的，并不是与世界格格不入，相反地，个性更加代表了自己，彰显着自己的特点、性格，不与他人“同流合污”，标志着自己的存在与别人不同，也是获得伟大成就的条件之一。例如有的学生会对老师或某位学生的想法与观点表示怀疑，且自己提出的观点独树一帜还有理有据。教师面对这类学生，要冷静客观地对待，不要认为学生是在故意找茬，无理取闹，用教师自身带有的权威性进行指责、禁止这种行为更是不可取的。相反的，教师要用广阔的胸怀接纳学生提出的质疑，并对提出质疑的学生表示肯定。一个人敢于不畏权威，发出质疑，代表着今后获得伟大成功的可能性大。所以，学生的质疑就是批判性思维养成的第一步。首先当别人提出质疑时，我们要尊重别人，认真听取并分析质疑，允许一个事物存有两面性或者多面性。关于他人对自己的质疑，更是要抱有一个海纳百川的心态，感谢提出质疑的人，并对此进行反思与分析，每日坚持自我反思，相信这些都会有助于形成批判性思维。

七、开设批判性思维的相关课程

时间追溯到20世纪60年代，西方教育界开始致力于研究批判性思维，提出针对所有阶段的所有学生设置与批判性思维相关的课程。在西方大力开展批判性思维教育的时候，最具代表性的便是美国，可以说是其中的佼佼者。美国主要是通过三种方法开展批判性思维教育：（1）构建批判性思维课堂，对学生专门进行批判性思维的训练；（2）将批判性思维融入各个学科中，在各个学科展开教学的同时，对学生进行批判性思维教育的渗透，训练学生批判性思维的养成；（3）在学校中设置隐性课程，通过隐性课程发展学生批判性思维。开设“论大学生批判性思维的培养”这一独立课程，可以系统地训练学生的批判性思维。纵观国外的许多学校以及批判性思维训练中心，通常都是依据这种方式方法来发展学生的批判性思维。设置的批判性思维课程内容，一般包括逻辑推理、论证演绎等内容，还包括用以解决复杂问题的技巧（不是那种可以直接拿来具体实施的方法）。其中用来培养学生批判性思维的逻辑课程一般包括形式逻辑和非形式逻辑两个模块。我们知道，逻辑是研究思维的不可或缺的一门学科，因此也渐渐成为培养学生批判性思维的重要渠道之一。

至于我国对学生培养批判性思维的方式，教育界内一直都存在争议，其实不外乎两种方式：一是通过具体学科培养学生批判性思维，二是通过开设相关课程教授学生批判性思维的养成。有研究学者认为，像数学、科学或历史这种特殊知识领域之外，人们不能从事批判性思维。换句话说，学生培养批判性思维是需要经历一种过程：学生针对某一具体学科做出论证，该学科可以是数学，可以是科学，也可以是历史；从学科中得出的论证必须是可以应用于日常生活，解决问题的；对某一特定领域的观点或主张，保持怀疑的态度，并学会反思；对某一特定领域的相关技术语言，在今后遇见该领域的论辩时，可以熟练使用该领域的技术语言并能理解。不过大多数批判性思维的研究学者都认为开设专门的批判性思维课程很重要，同时将批判性思维融入各个具体学科中，以此培养学生批判性思维的能力、人格以及品质。历经多年的研究与探索，大学课堂除了改革课堂教学法以及与学科教学的融合来培养学生的批判性思维之外，也开始效仿一些国外大学，开设专门的批判性思维课程来培养学生批判性思维。该课程的主要教学目的是给学生讲授批判性思维的原理和方法，具体的学科内容涉及较少，重点是掌握批判性思维技巧，面对不同环境都可以拿来运用。但这一方式也存在不足，从教师方面来说，开设批判性思维课程需要额外的教育资源，比如符合我国学生的教材、专门从事批判性思维教学的教师等等。从学生方面来说，这一课程的开设实际上是学生又多了一门课程要学习，增加了学生的学习负担，容易导致学习压力过大。从课程方面来说，有的学校虽然没有开设专门的批判性思维教育课程，但是已经开设了逻辑相关的教学课程，这一课程的目的也是培养学生批判性思维。

开设批判性思维课程，教授学生批判性思维，基本目的是让学生了解相关定义以及组成要素，除此之外，更是帮助学生掌握评判性思维的辩证的思维过程。这一过程不是轻易完成的，需要学生在对批判性思维了解的基础上，结合多种具体学科知识，经过实践之后才能得来。因此，学校除了要开展批判性思维课程，给学生讲授基础知识，还要开展与批判性思维有关的课程，使学生在有关课程中锻炼自己的思维。影响学生批判性思维形成的两个因素分别是认知技能和情感倾向，学校就可以针对这两个因素开设哲学课程，讲授辩证法，让学生学会辩证地、一分为二地看待事物、感知事物，具备科学的思维方法；还可以开设心理类课程，让学生在学习过程中，时刻了解自己的内心的状态，把握自己的情感倾向。基于此，许多研究学者认为学校在开设批判性思维课程的同时，也要与具体学科融合，培养学生的批判性思维能力，发展学生批判性思维。

八、注重批判性思维品格的养成

批判性思维的核心精神主要体现在求真、开放、反思与公正四个方面。批判性思维者要敢于质疑自己的信念，坚持运用理性的标准进行独立思考，并且能够认清自身知道什么和不知道什么，同时也要相信推理，坚信自己能够克服困难最终解决复杂问题，也能够运用相同的标准站在别人的立场来理解、包容与自己相反的观点，力争做到思维的公正。思维方式决定行为方式，在批判性思维品格养成过程中，高校必须培养大学生具备大胆质疑、小心求证、思想开放、公正理性、审慎反思的理性批判精神，在遇到问题时具有缜密思考的态度。在培养批判性思维品格过程中，教师自身要充分表现批判性思维的精神，起到榜样和引领的作用；学生则可尝试换位思考，站在与之对立的立场上进行理性思考，从中理解批判性思维的精髓与要义，体会批判性思维的乐趣与神奇，最终成为一个愿意并且善于进行批判性思维的人。

九、强化批判性思维技能训练

批判性思维本质上是一个探索的工具，也是一个复杂的思考过程，涉及很多技巧。批判性思维的发展是逐渐提升的演进过程，要想成为优秀的批判性思维者，在具备批判性思维品格的同时，还必须具有相应的批判性思维技能，这就需要按照清晰性、准确性、精确性、相关性、深度、广度、逻辑性、重要性和公正性标准进行训练。训练批判性思维技能可把批判性阅读作为切入点，引导学生对信息进行阐释和分析，并能理解和表达各种类型陈述的意义，识别论证的结构及推理关系，评估推理关系的逻辑强度。学生在考虑相关信息识别的同时要保证能够得出合理的结论，而且能够提出有说服力的论证，并对决策进行自我调控和自我更正。培养批判性地阅读、观察和写作的能力，可以使学生在未来能够更加从容地应对社会的各种严峻挑战。此外，还可以把批判性思维运用到其他课程的学习中，结合所学专业及课程的具体情况有意识地训练批判性思维技能，如结合到法学、医学、哲学等学科领域。值得注意的是，批判性思维教育并不局限于学校范畴，在训练学生批判性思维技能的过程中最有效的方式就是要运用到现实生活场景，训练者要关注各种类型的媒体，结合学生现实生活各个领域的实例，以发生在身边的真实事件为切入点，练习运用批判性思维技能来有效解决现实中遇到的实际问题并做出合理的决策，如运用批判性思维技能分析一些引起广泛关注的重大事件。最终通过反复实践，使学生能够理性地反思自己的行为和信念，并在此基础上做出最佳的判断，从而有效掌握批判性思维技能，这对于学生个人、国家乃至整个社会的发展都具有重要意义。

总之，培养批判性思维的习惯和提高批判性思维的技能会让人总体上变得更明智。提升批判性思维能力，关键是要形成批判性思维的意识，拥有批判性思维的品格，同时掌握批判性思维的技能，体悟到自己是如何思维的，并自觉地按照批判性思维的模式改善自己的思维。通常具有良好批判性思维能力的人往往更能很好地处理日常生活和科学研究中的困境，更能找到解决问题的最佳方案，因此，也能更好地掌控自己的生活。思想的进步要依靠坚持不懈的努力与实践练习，不断克服成长过程中的挫折感，最终把理性的标准内化为思想的一部分。

因此，那些熟练掌握批判性思维技能但没有适当使用这些技能的人不是优秀的批判性思维者。也就是说，优秀的批判性思维者，既要掌握批判性思维技能，又要在实践中具体运用批判性思维。总而言之，要成为批判性思维者就必须愿意进行批判性思维，能够进行批判性思维，并且实践批判性思维。

十、建立更系统的思维训练体系

学生批判性思维的形成不是仅靠批判性思维课程就可以做到的。从教育时间的角度出发，必须综合考虑批判性思维与其他思维之间的关系，特别是与创造性思维的关系。批判性思维可以说是整个教育体系和周围环境交互融合的产物，单靠一门课程是不可能就具备批判性思维的。教育体系中各个方面的联合，让批判性思维的教学和训练更加系统化，学校的办学目标、教师、教学各个环节无一不体现着批判性思维的存在。学校可在试验基地开设培养学生批判性思维的校本课程和学科课程，以培养学生批判性思维为中心，运用案例教学法，通过分析不同案例开展教学，并为培养学生批判性思维提供实践经验。

第四章　批判性思维培养与教学模式

鉴于批判性思维对于创新能力、未来发展、素质教育的重要意义，通过创新驱动的教育方式来培养大学生尤其是英语专业学生批判性思维能力已经是刻不容缓的任务。改革传统的英语专业学生教育教学模式，建立新时期创新人才培养教学的新模式，使英语专业学生批判性思维能力得到长足的进步。对提高我国英语专业学生创新能力与水平，实施创新驱动的国家重大战略决策具有重要意义。

本章节内容为批判性思维培养与教学模式，主要从教学模式的本质、教学模式与批判性思维能力培养的关系、新时期高校英语教学模式、批判性思维视域下高校英语教学模式的改革这四方面展开。

第一节　教学模式的本质

一、教学模式究竟是什么

（一）教学模式就是学习模式

“模式”一词来源于英文 model 的汉译名。在《牛津高阶英汉双解词典》中，model 一词的释义为：a simple description of a system，used for explaining how something works or calculating what might happen，etc，翻译成中文就是“用于示范运作方法等的模型”。因此，model 还可以译成“范式”“典型”“原型”等。通常情况下指被研究的对象在理论上的逻辑框架，介于经验和理论两者间的知识系统，具有可操作性，也是再现现实的简化结构，具有理论性。

最早将“模式”该词与教学领域结合的是美国教育家乔伊斯和韦尔，在两人于 1972 年完成的著作《教学模式》中，进行了系统的研究与阐述。他们对教学模式的理解为建设课程、选择教材、在教室或其他环境下开展教学活动的一种计划或范型。将“模式”一词与教学领域结合，主要目的是证明在一定的教学思想或教学理论指导下，组建不同类型的教学活动的教学结构或框架，以此形成与教学活动有关的教学程序与教学策略，使教学活动有序开展。

到了1990年，美国的另一位学者施瓦布在他的著作《教学：一种模式观》一书中对教学与教学模式进行了解释。他认为教学塑造适合学习的环境氛围，将能力、兴趣、性格、需求虽然都不相同的学生聚集起来，对他们进行有效组织和引导的过程。教学模式就是在适合学习的环境中，为了达到预定的教学目的而设置的一个个步骤或程序。不同的课堂、不同需求的学生、不同的教学环境，都会影响教学。因此教师所具备的教学模式应该是多种的、一系列的，可以适用于不同教学目标、不同教学内容以及不同教学对象。最重要的是教师要学会依据实际教学选择合适的教学模式并运用，这样最后的教学效果才会令人满意。

自20世纪80年代以来，我国教育界对教学模式的研究也越来越重视，历经多年的研究与摸索，研究成果可谓是丰硕。当前我国对教学模式的定义有许多，虽然定义较多且存在不同，但不可否认的是他们之间既有区别又有联系。在教学中，经常用到的一个名词——教学“大方法”，其实这指的就是教学模式。这种所谓的大方法不能单纯地理解成动态的教学方法或教学手段，更是理论化的教学原理、教学内容、教学目的和任务、教学过程，甚至是教学组织形式的整体、系统的操作样式。也有学者对教学模式的定义解释为：基于某种教育理念，在教育实践过程中逐步形成具有稳定性、系统性、典型性的有意义的教育体验，并对此进行抽象化、结构化的整理而形成的特殊理论模式。

教学模式是基于教育思想、教学理论和学习理论的指导，在教学环境中，开展教学活动的一种稳定性结构形式，体现着教学系统中组成要素的相互联系与互相作用。简单来说，教学模式就是根据某种教育思想以及教学理论知识组织教学活动。因此教学模式不容小觑，体现着教学中的教育思想与教学理论知识。

教学模式、教学法、教学方法三者的概念不处于同一个层次，可以理解为，教学法和教学方法的升华就是教学模式。若将三者按照一定顺序排序，涉及范围最大的是教学法，其次是教学模式，最后是教学方法，三者的概念内涵也是由宏观到微观。国内外的教育界的不同学者依据不同的教学问题，对教学模式下的定义也是各种各样。通过查阅文献资料，下面介绍几点与教学模式定义有关的内容：

（1）教学模式注重强调教育理论、教育思想所处的地位及其作用，其中包含许多不是纯理论的内容，例如教学结构、教学方法、教学策略等。因此需要注意的是，教学模式不是开展教学活动的相关理论，属于理论的下位概念，所以教学模式并不能用来指导、设计、组织教学活动。

（2）教学模式与教学计划不同属于一个层次，属于包含与被包含的关系，教学模式包含教学计划，是在一定的教学条件下，协助教学顺利开展的模式。教学计划可以说是教学模式操作过程的外在表现形式，不是一时的，具有长期性与长远性。

教学模式不是一朝一夕形成的，它包括教学实践经验，也包括一定的理论假设，需要通过实践逐步验证并完善的。总之，教学模式的核心内涵可以解释为：根据相关的教学理论，形成具有稳定性的教学活动程度和牢固的教学组织框架。

（二）教学模式的特征

1. 以教师为中心的教学模式的特点

以教师为中心的教学模式具有显著的特点。从教学四要素：教师、学生、教学媒体、教材展开论述，在这一教学模式中，教师作为知识的传授者，要做到主动施教，时刻把握并监控整个教学活动的进行与过程；学生是教师进行传授知识的对象，是知识的接受者，具有一定的被动性；教学媒体是辅助教师开展教学活动的工具，是连接教师教和学生学的重要工具；教材是学生学习知识的依据，也是学习内容的呈现，是学生获取知识的主要来源。

以教师为中心的教学模式有利有弊。优势就是该模式以教师为中心，有利于教师发挥主导作用，有效组织教学活动，监控教学进程，促进师生之间的情感交流，系统的将知识传授给学生，充分将情感因素利用到教学活动中，提升教学效果。该模式的劣势是课堂呈现沉闷状态，课堂完全由教师主导，忽略了学生的主体性，忽略了学生的独立性，忽略了学生能动地学习知识，阻碍了学生创新思维的形成与创新能力的提升，进而影响培养具有创新思维和创新能力的人才。换句话说，以教师为中心的教学模式，培养出来的人才大多是知识应用型人才，而创造型人才则较少。

到目前为止，我国部分学校依然存在教师讲授知识，学生以消化、理解老师讲授内容为主的情况。处于这种情况的教学，可以说是把学生当成了一个知识存储器，将前人积累下来的知识和经验一股脑的“倒”给学生，不考虑学生是否可以消化、理解，完全忽视了学生是一个人，一个具有主观能动性、创造性思维的人。以教师为中心的教学模式在我国教育界已久，至今依然存在，在这种模式的潜移默化下，我国大多数的学生对书本上的知识和教师的权威有一种盲目崇拜的惯性思维，认为书本上的知识全是对的，教师的权威是不可以挑战的，长此以往，越来越多的学生不再主动思考也不再爱问“为什么”。这种惯性思维和行为模式经过时间的强化，极易导致学生的发散思维、创造思维、逆向思维、批判思维被捆绑，新思想、新理念、新观点夭折在摇篮中，本来蕴含丰富想象力的头脑被封印，丧失学习主动性、积极性。

2. 以学生为中心的教学模式的特点

以学生为中心的教学模式是基于建构主义理念为基础形成的。到 20 世纪 90 年代，计算机、多媒体和网络技术迅猛发展，影响着人们的日常生活，该模式随着这波浪潮也得以迅猛发展。从教学四要素学生、教师、教学媒体、教材来说，以学生为中心的教学模式的特点可以归纳为以下几点：学生是学习知识的主体，是知识的主动建构者；教师扮演的角色是课堂教学的组织者、引导者，是学生构建知识的帮助者、促进者；教学媒体是促进学生理解知识、运用知识的辅助工具；教材不再是学生获取知识的主要来源，学生可以通过多种渠道，例如图书馆、网络等获取到知识，甚至书本上没有的知识也是可以获取到的，极大地提高了学习效果。

建构主义理念下的学习，是以学生为中心的学习。学生学习的目的是满足自身对知识的渴望与需求，学生多是采用发现法、探索法等体现学生主体性的方法去学习。学生在学习过程中扮演的角色处于主体地位，具有重要性，而教师则处于从属地位，最大的作用就是引导学生、帮助学生、支撑学生、鼓励学生。与此同时，建构主义的学习观不再把学习局限于围墙之中、课堂之内，而是进行具有社会性、真实性的学习。当学生遇到疑难问题或复杂问题，不仅可以与其他学生积极展开讨论，提出解决方案，还可以请教老师，获得老师帮助从而解决问题。可以说，在建构主义理念下的学习过程，学生是独立进行学习的，但又与他人保持着亲密的联系。除此之外，建构主义理念下的学习注重建构和引导学习目标，支持积累性的学习。学生在学习前预定学习目标，在学习目标的引导下，在当前所学知识和先前学过的知识之间架起一座桥梁，利于新知识的学习。对新信息加工来说，通常会联系上其他信息，在获取简单信息的基础上理解更加复杂的信息。当预定的学习目标实现时，学生的学习过程才是有效的，学习结果才是成功的。

二、教学模式的内在构成

虽然可以从教与学的关系出发，将教学模式的本质理解为学生学习的模式，但是如果抛开了教学模式的内在构成，我们依然无法解释教学模式究竟是借助什么来服务于学生学习的。目前来看，教学模式的研究者们已经从许多方面对其内在构成进行了多样的探索。

我国学者从教育模式整体运行的角度对其内在构成进行了较为详细的描述，比如黄济、王策三认为教学模式主要包括三大结构，即师生关系结构、教学内容结构和教学过程结构。师生关系结构是指教学活动中，教师和学生较为稳定的合作形式；教学内容结构指教学内容的构成要素，以及教学内容的呈现方式；教学过程结构是指教学过程的设计，采用何种教学方法或手段完成教学活动[①]。冯克诚、西尔枭认为教学模式包括四大模块，即教学的主题、目标、条件和程序。教学的主题是指教学模式的形成是基于哪种教学思想或学习理论；目标是教学模式结构的核心，是指教学模式下要达到的教学目标；条件是指辅助教学模式下教学活动顺利开展的各种各样的条件；程序也叫操作程序，指的是存在于教学过程中的某一教学步骤，主要是为了完成教学活动；评价是指依照评价标准，采用某种评价方法，对教学模式下的教学目标是否完成而进行的评价[②]。杜祥培认为教学模式可以分为步骤安排（指对教育活动顺序和教学阶段的安排）、师生交往系统（指教师在教学活动中扮演的角色、所应遵循的规则及师生之间的相互关系）、反馈方式（指教师如何看待学生，如何对学生的表现进行反应）、支持系统（指教师在教学过程和教学情境中营造宽松的心理环境）[③]。钟志贤认为，教学模式包括理论基础、目标倾向、实现条件、操作程序、效果评价五个基本的部分，其中理论基础是教学模式的大前提，而教学结构（空间关系，亦即各种学习环境要素之间的稳定关系）和教学程序（时间关系，活动步骤的先后次序）是教学模式的两大要素[④]。

作者认为，教学模式是由教师设计或组织的促进学生学习的模式，从完整的意义上来看其内在构成，应该包括从高到低四个层次。第一个层次，任何一种教学模式都内在地体现了教师的教育教学观。教师的教育教学观实质上就是教师所拥有的教育教学理念，它不仅是教师选择何种教学模式的基础，也是其借助不同教学模式达到不同教学目标的基础。比如，拥有实质教育观和形式教育观的教师在处理教学中的知识和能力的问题时就会有不同的表现，希望达到的教学目标也是不同的；信奉杜威的教育即生活、教育即生长、教育即经验的理论的教师在处

① 黄济，王策三．现代教育论 [M]. 北京：人民教育出版社，1996.
② 冯克诚，西尔枭．实用课堂教学模式与方法改革全书 [M]. 北京：中央编译出版社，1994.
③ 杜祥培．教育与人的发展 [M]. 北京：民族出版社，2005.
④ 钟志贤．信息化教学模式 [M]. 北京：北京师范大学出版社，2006.

理教学内容和教学方法方面及在教育目标的达成方面肯定也是有别于信奉赫尔巴特教育理论的教师的。

第二个层次，应该是我们的感官所能感受到的教学中所体现出来的三大方面的差异，即教师教学内容的选择及其构成、教学过程的选择及其构成、师生角色的定位（或称为师生之间的相互关系）。教师对以上三大方面要素不同的选择以及不同的顺序安排（或称为表现形式），构成了教学模式丰富多彩的外在形态。比如，在教学内容的选择方面，根据不同的知识观，教师可以选择完全按照书本内容照本宣科，也可以根据学生的真实情况，选择知识之间的内在联系重点进行讲授；在教学的过程方面，教师根据具体的教学情境，可以确定先由自己讲授，也可以先组织学生进行讨论等；在师生角色和师生关系方面，不同的教学模式有着不同的表现：如以教师讲授为代表的直接教学模式主要以教师讲学生听为主，教师一般处于教学信息和教学情境主宰的位置，而探究教学模式更多的是以学生为中心，学生的主体地位非常突出，而教师一般是在旁边辅助和指点。

第三个层次，应该是教学的反馈系统。也就是指教师如何对待学生，如何对学生的学习做出反应。比如，有的教师为了调动学生的学习积极性，往往对学生及其活动给予及时和积极的反馈；而有的教师对待学生及其活动往往采取非评价的态度，旨在使学生逐步养成自我指导的习惯。师生之间的反馈方式虽然建立在师生角色和师生交往系统的基础之上，但是两者之间并没有完全的制约与非制约的关系。在不同的师生角色和交往系统中，教师同样可以采取相同的反馈方式；而在相同的师生角色和交往系统中，教师也可以采取不同的反馈方式，教师对于学生及学生学习的反馈方式与教师的学生观、学习观以及对教学情境的把握有直接的关系。

第四个层次，可以理解为教学的支持系统或支撑系统。主要可以从教学硬件和教学软件两方面来分析。比如，我们可以把教师教学中所使用的多媒体设施、实验器材、阅读材料等归结为教学的硬件支持系统，而将教师在教学中所使用的计算机程序、师生所进行的课前准备等作为教学的软件支持系统。

一般来说，任何一种教学模式都包含着以上这些构成，在对教学模式研究的过程中，将诸要素联系起来考查和研究是最理想的做法。为了更清楚地把握教学模式的内在构成，我们可以用“教学模式的内在构成图”来表示（见图 4–1–1）。

教师的教育教学观

教学活动的选择和构成
教学过程的选择和构成
师生角色定位或师生之间的关系

教学的反馈系统

教学的支持系统

图 4-1-1 教学模式的内在构成图

三、教学模式的作用

（一）强化不同内容的学习

立足于不同的理论基础，不同的教学模式将强化学生不同内容的学习。比如，对于直接教学模式来说，由于其更多地将学习行为看作一种可以通过教师来向学生讲解，而学生通过听讲就能获得知识和技能的过程，因此，该模式所强调或强化的新概念或新技能更倾向于学生必须掌握的、有良好结构的信息或技能。当教学的主要目标定位在深层次的概念转换或探究、发现活动，或者是开放的教学目标时，直接教学就不太适用了。对于接受学习教学模式来说，对于学习行为的强调更加侧重于意义的理解方面，因此，所强调或强化的学习内容更多的是那些能够与先前的知识或经验建立起联结的知识和经验，而反对孤立的、死记硬背的知识的传授。有学者就认为直接教学可能更适合教授程序性的知识和技能，如算术、体育等知识，而对于陈述性知识，如历史、文学等方面的知识，接受学习模式更为合适[①]。对于发现式或探究式教学模式来说，由于将学习行为与科学家、艺术家的发现、发明活动视为同一种活动，这些教学模式更加强调学生对知识和技能的探究过程，因此，无论发现式还是探究式教学模式，都非常重视那些结构较为复杂的问题、多元逻辑问题、现实生活中的问题、前沿问题等，因为这些问题易于推动探究和发现活动的产生。对于程序教学模式来说，由于以精心设计的程序呈现主题，要求学习者通过填空、选择等方式对问题及时做出反馈，因此该模式更适合有序的和结构化材料的学习。对于法理学探究教学模式来说，该模式更多地

① 陈琦，刘儒德．教育心理学 [M]. 北京：高等教育出版社，2005.

立足于人们在价值多元的社会中如何解决复杂的和有争议问题的基础上，因此，该模式也倾向于为学生提供一些复杂的、有争议的问题进行练习。对于苏格拉底问答法教学模式来说，主要借助于层层设问、诘难等方法来引导学生达到对某一问题深入的理解，因此，该教学模式更适合那些本身就需要分析、归纳等程序才能解决的问题。

（二）丰富教学方法、途径和手段

立足于不同理论基础之上的教学模式不仅强化学生对不同性质的学习内容、材料的学习，而且规定了学生可以采用何种方法、途径和手段来学习。比如对于直接教学模式来说，教师主要通过大班授课的方式进行知识的传递，教师在教学过程中表现出了高度的指导性和严格的控制，而学生学习的方式主要是通过听课途径来进行，借助于练习、测验等来巩固和强化所学习的内容，在整个学习的过程中，学生对于应该学习什么内容、如何来学几乎没有或很少有主动权。但是，对于非指导性教学模式来说，由于教学就是要为学生提供一种人道的、令人愉快的环境气氛，在这个环境中，学生是当之无愧的中心，学生在学习什么或者怎么学习方面均拥有相当大的主动权。对于发现和探究式教学模式来说，整个学习的过程与科学研究、发现的过程类似，教师可以亲自提出驱动性的问题，或者设置一定的情境，诱导学生在其中寻找需要深入探究的问题，整个学习过程，学生则需要自己动手搜集和整理资料，并深入分析和讨论这些资料，然后证实问题的结论，反思和评价，该模式对教学的支撑系统要求较高，需要其提供相应的、足够的图书资料或实验器材、设备，同时还要求学生能做出详细的记录。在法理学探究模式中，由于学生本身就处于一个多元逻辑的复杂问题中，因此，该模式更强调学生运用其分析、归纳、论证等能力，借助于正反方的对话途径来全面深入地辨识、分析和解决问题。而情境式教学模式则要求学生置身于真实的活动场景，通过观察、模仿、不断练习、反思等来掌握知识技能或问题解决的策略。

（三）赋予师生不同的角色地位

教学模式的作用在于赋予师生不同的角色地位，不同模式下师生角色地位不同。比如在接受学习教学模式中，教师处于知识传授者的主导地位，同时其又确定无疑地处于教学情境操纵者的地位，教师决定着教学的内容、速度和程序等。同时，为了推动学生能更容易地在新旧知识之间建立有机的联系，促进意义理解的发生，教师还可以采用先行组织者策略进行引导。但无论怎么做，教师在整个学习过程中，其主导地位是不可动摇的。在探究式教学模式中，教师的中心任务并不是要直接告诉学生某一事实或者帮助学生记住某一事实，而是通过驱动性的问题，或者通过设置驱动性的问题情境，引导学生发现问题并积极参与到探究的过程中去。学生是当之无愧的学习主角和知识的建构者，教师主要承担着引导者的角色。在程序教学模式中，将由教育专家或教师已经设计好的教学机器或计算机程序取代教师的地位，学生独自按照已经设定好的教学程序自定步调来学习，学生在表面上处于学习主动者的地位，但是其实际的学习内容、学习范围以及知识的难易程度等却受教学程序的控制。团体调查教学模式一方面结合了小组合作学习的特点，另一方面又体现了探究式教学模式的特征。在该模式中，学生是以团队合作的角色出现的，在问题确定和解决的过程中，学生的主体地位非常突出，学习过程变成了学生主动的调查、分析和建构的过程，教师在这一模式中更多地处于辅助者的地位。

（四）促进学生学习态度的形成

教学模式是教与学之间的中介，它不仅能强化不同内容的学习，规定着不同方法、途径、手段的学习，显在或潜在地规约着师生不同的角色，另外，在模式实施的过程中，不同的教学模式还不可避免地会对学生的学习态度产生一定的影响。

我们首先以直接教学模式为例来说明。在直接教学模式中，无论是在知识传递方面还是在学习氛围创设方面，教师都处于绝对的控制地位，而教师所设计的练习、测验等也是用来评估学生对教师所传授的知识的掌握程度。以上情况，从一个角度来看，非常有利于系统知识的学习，促进学生在有限的时间段内快速、高效地掌握人类社会几千年来积累的知识，但是，由于此种模式过于强调学生对现有知识的服从或者过于强调对教师所传递的知识的复述和再现能力，因此，此种教学模式可能只会培养出循规蹈矩的学生，因为他们在集体里“和和气气”地共事，从不提问题和建议使气氛紧张。总之，他们没有想象力，缺乏自主意识，总是等待别人的安排和命令，然后以最听话和恭顺的姿态去执行。与直接教学模式不同，在探究式教学模式实施的过程中，由于问题和答案都可能很不清晰，在明确问题、探究问题本质和解决问题的过程中，该模式除了要求学生掌握一定的信息处理技术、具备必要的科学探究方法的知识之外，同时也要求学生相互合作能力、坚忍不拔的意志力等的配合，因此，正如乔伊斯、威尔等所认为的，探究式教学模式“也能培养学生虚心的态度、延迟判断和平衡选择的能力；同时通过对集体作用的强调，它还能培养学生的合作精神以及与他人协作的能力”[①]。对于合作式教学模式来说，由于关注在小组辩论中建设性地回应他人的能力，而以亲社会（in pro-social ways）的合作行为为特征的合作或协作教学本身就意味着鼓励和尊敬他人在合作中的贡献，因此，合作式教学模式在促进学生相互合作态度出现、利他行为的形成等方面有着自己的优势。合作学习作为一种沟通交流的工具能够帮助学生更好地适应高校学习环境并有助于学生更精确地理解本学科的要求。对于法理学探究教学模式来说，为了在价值多元的社会掌握说服别人的技巧，获得相对理性的判断能力，学生需要具备必要的搜集论据的能力、掌握必要的分析和辩论策略，除此之外，由于该模式非常强调与他人进行有说服力的对话，因此，该模式还非常有利于培养学生耐心倾听的能力，另外对学生多元价值观以及尊重他人意见能力的培养也不无裨益。

第二节　教学模式与批判性思维能力培养的关系

教学模式是教师在各科教学中主动选择运用的教学载体，对于大学生的不同学习方式有着重要的决定作用，是大学生批判性思维能力培养的重要支撑。作为大学教育教学最重要目标之一的批判性思维能力，会影响教学模式选用的方向以及教学模式内在各要素的运作。

一、批判性思维能力培养决定着教学模式选用的方向

一方面，批判性思维能力是人们对教育教学结果的一种前期预想，这样的前期预想为教育教学预先设定了前进的方向和努力的目标；另一方面，教学模式又塑造着不同的学习环境，不同的教学环境有利于不同教学和学习目标的实现。在这种情况下，教师对任何教学模式的选用，都必须以是否有利于批判性思维能力培养目标的实现为准绳，即只有那些有利于批判性思维能力形成的教学模式，才应该是教师课堂教学中选用的教学模式；而那些不利于批判性思维能力培养的教学模式，应是教师在课堂教学中极力避免的。

具体到批判性思维能力目标本身来讲，由于批判性思维能力是由诸多的性质和特征构成的，比如批判性思维能力不仅是一种反省能力还是一种判断能力，批

① Joyce B， Weil M， Calhoun E. 教学模式 [M]. 荆建华，宋福钢，花清亮，译 . 北京：中国轻工业出版社，2002.

判性思维能力是由诸多的逻辑技能要素和态度倾向要素构成的，同时，只有使批判性思维的性质和特征尽量多地显现和运作的环境才最有利于该能力的培养。因此，只有那些能够更多地支持学生反省和判断能力出现的教学模式，更多地鼓励批判性思维的诸多逻辑技能，如识别、理解、分析、评估、推论、说明等出现的教学模式，以及更多地在教学氛围和环境上鼓励学生理性的好奇、谦恭、怀疑、勇气、换位思考等特征出现的教学模式才是教师最应该选用的，而那些不利于以上特征形成的教学模式应是教师极力摒弃的。

二、批判性思维能力培养引导教学模式作用发挥的方向

根据上文分析，我们知道批判性思维目标决定着教学模式选用的方向，但是，教学模式本身具有复杂性以及其在塑造学习环境方面具有灵活性，即没有任何一种教学模式能够达到所有的教育教学目标，也没有任何教学模式仅仅只能实现一种教学目标。另外，实现同一种教学目标还可以采取多种多样的教学模式。也就是说，实际教学中很可能出现的情况是：由于没有任何一种教学模式能够达到所有的教育教学目标，为了实现多种教学目标，课堂教学选用多种教学模式的现象会非常普遍。同时，由于没有任何教学模式仅仅只能实现一种教学目标，因此经常可能会发生的情况是：一种教学模式既可以实现 A 目标，也可以实现 B 目标，还可以实现 C 目标；此外，实现同一种教学目标还可以采取多种多样的教学模式。因此，为了实现某种或某些教学目标，教师既可以选择 A 教学模式，也可以选择 B 教学模式，还可以选择 C 教学模式。以上情况说明，教师在批判性思维目标引导下所选定一些或某些教学模式仅仅为该目标的实现提供了某种可能性，它尽管是批判性思维目标实现的必要条件，但还远远不是该目标实现的充分且必要条件。批判性思维目标的实现，离不开批判性思维目标对一些或某些教学模式作用发挥的引导功能，换句话来说，只有批判性思维目标能时时起到监督、引导教学模式功能发挥方向的作用，批判性思维目标的实现才有了切实的保障。

我们还可以以直接教学模式为例对以上三种情况进行较为详细的阐述。比如对于第一种情况来说，直接教学模式在促进学生系统知识的掌握方面有很大的优势，但是直接教学模式却不利于学生高阶问题、多元逻辑问题、结构不良等问题解决能力的培养，而高阶问题、多元逻辑问题、结构不良等问题解决能力恰恰是批判性思维能力生长的基础，在这种情况下，当教育教学目标设定在同时使学生达到系统知识掌握和发展批判性思维能力的时候，直接教学模式就必须和那些有

利于促进高阶的、多元逻辑等问题解决能力培养的教学模式相互配合才能实现这一目标。而以上情况同时也表明，为了实现多元教育教学目标，批判性思维能力目标必须时时引导包括直接教学模式在内的多种教学模式作用发挥的方向，使直接教学模式所发挥的作用能够为其他教学模式作用发挥起到良好的奠基作用，这样才能同时促进包括批判性思维能力形成在内的多元教育教学目标的实现；对于第二种情况来说也是如此，包括直接教学模式在内的任何教学模式所起到的作用都不可能只是一种，比如直接教学模式除了在促进学生系统知识掌握方面有着自己的优势之外，还在培养学生的倾听能力、时间观念等方面有着自己的优势，而法理学探究模式除了有利于学生从不同的视角理解问题之外，还在培养学生的思辨能力、换位思考以及合作沟通能力等方面有着自己的优势。在教学中，教师只有在内心里时时以批判性思维培养目标为准绳，积极创造有利条件，促进包括直接教学模式在内的多种教学模式主要功能的发挥，才更有利于批判性思维能力培养目标的最终实现。对于第三种情况来说，批判性思维目标的指引作用同样也是必不可少的。由于探究式、发现式、团体调查、法理学探究等教学模式在提升学生对现实情境中的真实问题的分析和解决能力方面都非常有利，为了促进学生批判性思维能力目标的实现，教师可以根据现实教学情况，选择更为有利的一种教学模式。但是，无论教师选用哪一种教学模式，必须以批判性思维目标为指引，推动所选择的教学模式朝向促进批判性思维目标实现的方向努力。

三、批判性思维能力培养推动教学模式的创新

当今时代，人才成为一种稀缺资源，培养人才的这一重担就落到了我国高校身上。因此，随着社会的发展与需求，高校的根本任务就是为社会培养人才，而高校培养的创新型人才主力军便是英语专业的学生。高校要结合时代背景、国家发展、社会需求，及时调整高校人才培养模式，积极探索培养创新型人才的方法，有目的、有计划地培养创新型人才。

一方面，要注重强调英语专业学生的对基础理论知识的掌握。创新不是凭空产生，即使再重视创新，基础理论知识不够扎实，那也是事倍功半，也可以说徒劳无功，所以基础理论知识是创新能力提升和创新思维形成的基石。在课程体系构建时，有必要增加基础理论课的课时，加强学生对基础理论知识的理解与巩固。特别是对英语专业的学生而言，学生有必要依据自己的研究方向，查找与之相关的经典书籍，进行阅读与分析，巩固专业基础理论知识，使专业知识更加系统化。

在具备一定专业基础知识的基础上，再去阅读与专业有关的学术文献，不断扩大知识储备量，形成知识网络。选修课的开设与选择也有一定要求，不是单纯只为了修学分。可以开设一些与英语专业具有一定融合性的学科，在巩固专业基础知识的同时还能扩大学生的知识面，使学生的整个知识结构更加清晰，更加立体化。如此一来，基础理论知识扎实，与专业相关的知识丰富，创新的产生也就更加容易一些。

另一方面，需着重培养英语专业学生的批判性思维。创新驱动的批判性思维使人们及时更新知识、不断探索，并能够迅速获得知识。可见，批判性思维能够提升创新意识和创新能力，对于未来发展至关重要，是英语专业学生必须掌握的思维能力。

总而言之，培养新时代的英语专业学生，首先要从教学方法入手，开展启发式、探索式、研究式的教学方法，培养英语专业学生大胆创新，不怕失败的品质。其次对基础教育培养模式进行大胆改革，充分尊重学生意愿，允许学生个性发展，教学活动围绕学生的兴趣爱好和培养学生创造性思维展开，不断努力探索培养创新型人才的教育方法和教育模式，满足社会对创新型人才的需求。

四、教学模式有助于批判性思维能力的培养

批判性思维能力是包括中国在内的世界多国的高等教育重要的培养目标之一，批判性思维目标对教学模式的选用和作用发挥将会起到显在或潜在的制约作用。作为课堂教学环境塑造者的教学模式，对批判性思维能力的培养，则更多起到支撑的作用。

从整体来看，教学模式对批判性思维能力培养的支撑作用主要是借助于推动课堂批判性思维环境的构建来实现的。从理论和实证方面来看，那些能够促进高阶问题、多元逻辑问题或结构不良等问题解决的教学模式，以及能够调动学生参与到此类问题学习的或以学生为中心的教学模式将最有利于批判性思维环境的形成。

课堂批判性思维环境是教学模式与批判性思维能力培养之间的中介。也就是说，教学模式对批判性思维能力的支撑或推动作用主要是借助批判性思维环境的营造来实现的。下面，将从课堂批判性思维环境也是一种特殊的学习环境开始，探索两者发挥关联作用的内在机制。

五、课堂批判性思维环境也是一种学习环境

课堂教学批判性思维环境也是一种学习环境，该学习环境最大的特点就是由处于主导地位的教师来塑造的。根据前文对批判性思维动力因素的论述，我们已经清楚地知道教师在批判性思维环境塑造过程中的作用，即教师不仅是教学情境中高阶问题、多元逻辑问题和结构不良问题等的设计者和提出者，还是学生以何种方式参与以上问题解决的决定者，同时教师还制约着学生参与问题解决的积极性。课堂教学批判性思维环境作为一种学习环境，其独特的教学内容选择、教学方法和策略的运用，以及师生角色定位为学生批判性思维能力的形成提供了有利的条件、营造了良好的氛围。

另外，我们还必须注意到课堂教学批判性思维环境还是一种特殊的学习环境，这种环境的特殊性主要体现在“批判性”方面。也就是说，无论从教学内容、教学过程还是在师生角色选择和定位方面，这样的环境与其他环境最大的不同就在于其每一个教学环节都可能有更多的批判性思维的逻辑技能和态度倾向要素的出现。在这样的环境中，师生可能对问题的目的、假设、陈述、研究方法及其关系的检验活动，对问题合理性、可信性进行的评估和评价活动，以及对结论和论证过程的自我检验和修正活动等都会相应地增加。正是由于批判性思维学习环境对教师和学生双方都提出了特殊的要求，因此，批判性思维环境的创设，更需要教师在高阶类问题设计、问题呈现、问题分析等方面花费更多的时间和精力，也需要学生在高阶类问题分析、问题评估、自我反思和调整等方面投入更多的热情。

第三节　新时期高校英语教学模式

一、交际型教学模式

交际型教学模式更加注重课堂上的互动交流，是以互动交流为基础的教学模式，将教师、学生、课堂、场景等教学元素加入到教学过程中，在教学时，加强老师与学生之间的交流互动，也可以转换老师和学生的角色开展更广泛的交际教学。在语言习得方面，西方学者研究出了新的结论，从某种意义上来说，语言教学是文化教学的一种，这主要是由于语言和文化之间存在着紧密的关系。另外还对语言学习的最高目标进行了相关研究，指出最高目标是促进跨文化交际的发展。

这就迫切要求高校英语教学进行改革与转型，传统的英语教学模式已经不能满足交际的需要，交际型的英语教学模式更适应时代的发展。

（一）交际型教学模式的理论基础

自 20 世纪起，教师一直是教学的中心，主要负责讲解和分析语言知识点，这是英语教学中应用最普遍的教学方法，我们通常称此种教学方法为传统教学模式，瑞士语言学家索绪尔的“结构主义语言学”为这种教学模式提供了理论基础，“结构主义语言学”指出把语言当成一个封闭完整的符号系统，在这个系统中，人们的注意力更多地放在语言结构和语言形式上，而不重视语言的意义及其社会交际功能。

传统高校英语教学模式遭受重大冲击主要来自“交际能力”理论，这一理论的提出者是海姆斯，他是美国著名的语言学家。“交际能力”理论强调语言交际能力具备独特的属性，包括语法性、可行性、得体性和现实性，而其中的语法性属于语言能力范畴，可行性、得体性和现实性则属于语用能力范畴。“交际能力”理论是语言能力与语用能力的结合体。从这一角度来说，语言学习需要一定的文化语境的辅助，学生学习语言不仅包括语言本身还包括在交际过程中语言的使用规则，语言规则蕴含在交际主体国家的交往互动之中，外部无法传授给学生这种交际经验，这一观点从根本上动摇了传统教学模式的根基。

语言必须存在于一定的文化语境中，这是美国语言学家萨布尔所认同的观点，王丽梅则认为，学生学习语言不仅要掌握一定的语言知识，还需要对相关语言的文化背景做一个了解，了解文化方面的可接受性和不可接受性，只有这样才能成功地进行交际。行为规范、思维模式、价值取向及语用迁移都受语言文化的影响，文化背景不同这些表现也会存在差异，文化的可接受性和不可接受性就是指这些文化差异在交际中是被接纳还是引起冲突。跨文化交际能力可以避免这种文化冲突，应该把这项能力作为英语教学的目标。

（二）交际型教学模式的优势

实际教学过程中，师生共同参与语言交际活动，在不同场景中发生着频繁而密切的联系，应用的交际型教学模式涉及多极主体，包括师生之间、学生之间、老师或学生的认知交往活动。交际型教学模式让教学更有实效性。

1. 学生主动学习

鼓励学生积极主动地参与教学是交际型教学模式的主要观点，学生参与教学是自发的而不是被动的，在教学的过程中，能主动地发现问题，并把问题反馈给教师，通过与教师之间的交流沟通来解决问题。学生参与教学活动的方式是多种多样的，比如说可以进行团队间的合作，也可以进行角色扮演，还可以在课堂进行讨论或发表个人陈述等方式，在这一过程中，教师和学生共同参与完成，不再是教师讲学生听的传统方式，这样才能有效激发学生学习的自主性和积极性，当得到认可、鼓励和赞扬的时候，学生内心会生出一种成就感，促进学生主动投入学习。

2. 以书本理论转化为学生的交际能力为导向

能在实际交际过程中，熟练地利用交流是高校英语教学的最终目的。在传统的课堂教学中，教师经常会讲到理论联系实际，但讲解得过于抽象，只是在讲解到理论观点时举几个事例，学生也很难真正理解。而学生通过身临其境的角色扮演，分析实际案例并和学生沟通交流，在反思中得出理论能有效地帮助学生理解理论观点，这正是交际型教学模式的优势所在，强调将具体、广泛、深入的理论联系实际并转化为学生的交际能力，主要培养学生的交际能力和解决实际问题的能力，提升英语教学成效。

3. 学习效果更佳

教师讲学生被动地听是传统教学模式的表现，信息传递是单向的。而在交际型教学模式下，这种单向的传递转变为多向互动交流，联结着师生之间的互动交流，学生可以分享教学内容也可以控制教学进程，在趣味性的场景中能够更加灵活生动的运用语言，将所学的语言知识展现出来，在情境中运用语言也能提升自我价值。毫无疑问，这种教学方式更为学生所接受，教学效果也更好。

二、“输入—输出”教学模式

“输入—输出”教学模式是符合英语学习的客观规律和学科特点的，有利于适应国际经济的发展和跨交际人才的培养。“输入—输出”教学模式也有助于提升英语能力和培养英语思维。

（一）“输入—输出”教学模式的理论基础

克拉申的“输入假设”和斯温的“输出假设”是“输入—输出”教学模式的理论根基，除此之外，建构理论、语言习得理论以及语言同化也是“输入—输出”教学模式建构的基础。

1.“输入假设”和“输出假设”

第二语言习得只能通过“可理解输入”这一途径完成，这是克拉申的观点，克拉申是美国著名的应用语言学家，他提出理想语言输入应遵循计 i+1 公式的规律，这一公式理解为：现有水平用 i 代表，1 为略高于 i 的水平。可理解输入包含学生已经掌握的语言知识 i 和新的语言知识 1，学生学习的动力来自于 i 和计 1 之间的差距，这也是教学的目标所在。语言输入材料的难度要稍高于学生现有的水平 i，即 i 计 1，学生利用之前学过的知识或者经验，或是借助上下文具体语境能更容易理解新输入的语言材料。学生通过这一过程掌握了新语言材料中“难以理解的成分”，那么就会提高语言学习的进度。

语言输出在语言的学习过程中是非常重要的，这是“可理解输出”假设的主要观点，这一观点是斯温提出来的。语言输出可以使语言应用更为流利，学生的注意力更为集中。促进学生进行假设验证和自觉反思，以此来完善自己的学习策略，使语言应用的更准确。听、说所属的语篇层次区别于读、写所属的语篇层次，这之中的输出形式是说和写，具有“生产性”的独特特征。斯温还强调了学生检验语句结构和词语的使用有赖于说和写语言产出的辅助，使得语言习得更具成效性。

2. 语言同化与建构理论

（1）语言同化理论

“同化”的主要意思是接纳、吸收和合并为自身的一部分。相互作用是同化理论的主要观点，同化理论是奥苏伯尔提出来的，他认为原有结构中一些适当的观念在获得新知识的过程中起着重要作用，潜在意义的观念向实际的心理意义转化取决于新旧观念的相互作用，在这个过程中，改变了原有的认知结构，促使原有认知结构在质和量上都发生变化。新旧知识意义的同化是新旧知识相互作用的结果，经过相互作用，认知结构会高度整合。

（2）语言建构理论

知识不是来源于外部而是个人建构的，这是社会建构主义教育理论的核心观点，也是学者熊英的主张。在与他人交往过程中、在和社会互动过程中进行个人知识的建构。语言教学深受社会建构主义的影响，这是由于语言具备工具和学习目的的双重属性。语言对别的学科来说就是学习工具，习得语言的过程就是社会建构的过程，具备建构和社会属性的双重特征。语言作为学习目的，学习的过程就是个人知识建构的过程。在语言学习的过程中既要学习语言又要了解语言对社会的价值。学生积极主动地学习才能让教育成果更加有效，教师将自身的学习经验和学习机会传授给学生，学生以此为基础建构知识，能够提高学生独立思考和独立解决问题的能力，让学生学会学习。

3. 语言习得理论

20 世纪 70 年代，美国语言学家克拉申就提出了语言习得理论，他认为人们掌握语言需要通过“习得”和“学习”两种方式实现。与外界的交际实践是“习得”的过程，在这个过程中，吸收该种语言和流利使用该种语言都是无意识的；有意识地研究某种语言（一般是第二语言）的过程是“学习”的过程。监控假说也是克拉申提出的观点，语言通过“习得”的方式掌握，在交流过程中能够灵活运用语言；语言通过“学习”的方式掌握，在交流的过程中只能运用该语言的规则进行语言的监控。

（二）“输入—输出”教学模式的教学策略

在英语教学过程中，依据教学原则选择有效的教学策略有利于提高课堂教学效率和质量。

1. 教师指导学生学会学习，体验习得

教师在培养学生思维能力的过程中，需要对学生进行指导，在教授知识的同时使学生学会学习，体验习得，教师注重给学生的信息输入，训练学生语言输出能力，提升学生英语思维。举例来说：

（1）为了提高上课的效率，教师可以指导学生进行课前预习。

（2）在讲课过程中，教师重新规划单元的课文，作为一个整体进行讲解，这样学生就能更容易地感受到整体的语言情境，学生在语言情境中开展讨论、对话、叙述、表演等学习活动，进而掌握语言的应用。

（3）在课下，学生可以在教师的指导下进行复现，通过听原声带的方式复习课堂所学知识，学生也可以在网上查询相关资料，进行课后写作。

（4）学生写作完成后可以发给教师进行批改，可以是作业本上的纸质版也可以是电子稿，教师批改完后，学生之间也可以相互批改。

2. 引导学生在课堂上完成知识联网

针对学生层次不同的问题，教师应采取相应的措施丰富和完善学生英语认知网络。举例来说，有的层次的学生乐于进行讨论式、质疑式的自学，有的层次的学生需要教师的帮助，帮助他们打好基础，逐步积累。通过这样的方式让学生知识联网，每个学生都可以公平地参与，学生通过讨论、对话、表演的过程，温习学过的知识，灵活运用词汇、句型，连接新旧知识。

3. 课外学习的管理策略

在课外，教师可以指导学生阅读一些外文原版名著，同时在现实生活中寻找学习英语的机会，比如说可以阅读英文杂志、收看英文电视节目，将英语学习与现实生活相联系。

（三）“输入—输出”教学模式中的问题

“输入—输出”教学模式具备明显的优势，但在实际运用过程中也有自身局限性。

1. 语言的输入与输出仍存在不均衡状态

学生在学习过程中还是容易停留在对知识点的掌握层面，能把语法、单词、句型记忆的深刻，但不能很好地灵活运用所学的知识，导致这个现象的原因可能是：

（1）学生掌握的知识点深度不够，量的累积也不足，无法进行质的提升。

（2）知识点转化为技能的能力不足，学生进行听和读输入环节训练量明显不足，对输出环节的说和写运用的也不熟练，听、读难以向说、写转换。

让学生在听、读两个环节积累足够的量，注重说、写的训练，是解决这一问题的有效路径。

2. 有可能造成学生两极分化

针对差等生学习成效不明显的情况，教师可以采取相应的措施帮助差等生提高学习效率。

在大规模实施计算机辅助英语教学之后，“输入—输出”教学模式应运而生，这种教学模式是一种新的尝试，在教学活动的具体设计和操作方面还有待深入研究。每种教学模式都有自身的优势和劣势，需要取长补短，探索适合自己的教学模式。

三、分级教学模式

因材施教、提高教学效果是高校英语分级教学模式需要遵循的原则，把学生进行层次划分，以学生个体实际英语水平及其接受英语知识的潜能为依据来划分，根据不同的层次制定培养目标，依据划分的层次选择不同的教学目标、教学方案、教学计划、学生管理制度等，在教学过程中，层次性贯穿于讲课、辅导、练习、测验和评估的各个过程，将学生进行层次划分，使学生有了各自的起点，分级教学有助于学生在各自的起点上向前发展。

（一）分级教学模式的理论基础

i+1 语言输入假设理论是克拉申提出来的，同布鲁姆的掌握学习理论和学习迁移理论共同构成分级教学理论依据。

1. 克拉申 i+1 语言输入假设理论

“输入假设”理论是克拉申提出的，他是美国著名的应用语言学家，高校英语分级教学以“输入假设”理论为基础，分级教学与 i+1 语言输入假设理论存在紧密联系：

（1）i+1 理论把学习结果和目标的达成视为最重要的，注重学习过程循序渐进、逐步累积。高校英语分级教学的精髓和 i+1 理论有共通之处，同时重视知识的获得和获得知识的方法两方面，正是基于此，高校英语分级教学才把 i+1 理论作为理论根基。

（2）学生在语言技能、认知风格、动机、态度和性格等方面存在个体差异，针对这种差异采取相应的教学目标、教学要求、教学方法和教学评价，这是分级教学的实践操作，这一方面也与 i+1 理论的内涵存在共通之处。

2. 学习迁移理论

在一种学习中习得的经验能够对其他学习产生影响这就是学习迁移。正迁移指的是在新的学习情境中运用原有的知识，一种学习能促进另一种学习；负迁移指的是一种学习干扰或阻碍另一种学习。学习迁移理论种类丰富，各种各样，这是由于众多的理论学家提出了各自的看法造成的。从心理学角度来看，“认知结构说”也对我国高校英语分级教学产生了积极地影响。

（1）认知结构迁移理论的内容

“有意义接受学习理论”是奥苏伯尔提出来的，在此基础上发展出了认知结构迁移理论。学生头脑内的知识结构就是认知结构，这是奥苏伯尔的观点，学生在应用他原有知识来同化新知识过程中，原有认知结构会在内容方面和组织方面展现出一定的特征，这就是认知结构变量。有三个认知结构变量影响新知识学习与保持，进行新的学习与迁移可以利用与改变这三个认知结构变量。

（2）认知结构迁移理论对高校英语分级教学的启示

奥苏伯尔的认知迁移理论对我国高校英语分级教学有着积极的影响，从心理学角度提供了理论基础，学生越能理解原有的知识，对原有知识掌握得越牢固，对知识的可辨别性越高，越能使认知结构具有系统、清晰和稳定的特点，这有助于促进学习的正迁移。由此可以得出一个结论，组织原有知识掌握水平相当的学生，将他们安排在一起教学，教学内容符合学生知识掌握程度，这样就能推动学习的正迁移，有效提高教学成效。

3. 布鲁姆的掌握学习理论

掌握学习理论是布鲁姆提出来的，他是美国著名的心理学家。掌握学习理论强调教学设施不完备、没有合理的帮助就会导致学生成绩不理想，这一情况与学生自身的智慧无关。学习条件如果更加合理、恰当，在学习速度、学习能力、进一步学习动机等方面，绝大部分学生会差不多。分级教学能激发学生潜力，这是因为分级教学采取的教学手段是多样化、个性化。分级教学也以现代心理学研究结果为理论基础。

（二）分级教学模式的原则

教学中必须遵循的、根据教育目的和教学过程的客观规律指定的基本要求和指导思想就是教学原则。“循序渐进原则”和“因材施教原则”在分级教学中得到很好的落实保障了教学任务的顺利完成。

1. 循序渐进原则

《朱子大全·读书之要》是宋朝朱熹所作，在这本书他提出了循序渐进原则，这一原则来源于“循序而渐进，熟读而精思”“未得乎前，则不敢求其后，未通乎此，则不敢志乎彼”。循序渐进的原则基本意思是在授课过程中，教师要遵循各门学科知识体系的内在规律，按照顺序系统的教学，根据各年龄阶段的学生特点，采取不同的形式进行教学。分级教学的运用，有助于教师在学生英语知识体系的基础上，选择合适的教学方法开展教学，进而有助于学生循序渐进地提升语言知识和技能水平。

2. 因材施教原则

从学生的实际出发，教师有的放矢地开展教育就是因材施教原则的体现。学生在教育、环境、学生本身的实践等方面存在着明显的差异，在教学的过程中将这种差异纳入考虑范围，具体情况具体分析。大学教育日益普及，更多的学生有机会进入高校继续学习，学生的英语水平存在明显的差异性，如果不考虑这种差异，将英语水平悬殊的学生安排在同一班级，教师就不能根据学生特点和个性制定教学方案，无法实行因材施教原则。导致出现成绩好的学生学习需求没有得到满足，成绩差的学生学习内容不能完全理解，教师和学生付出的努力都白白浪费了。分级教学恰好能解决这一问题，强调从实际出发，尊重个体的差异，根据差异实行因材施教。

（三）分级教学模式的实施

1. 合理、科学地分级

按照不同的级别制定不同的教学目标，学生根据各自的目标来努力，这就是分级教学。分级教学最终实现教学效果有赖于科学的设置级别。制定科学的分级试题和分级标准有助于保障统一考核分级的科学性。以《高校英语课程教学要求》规定的各级词汇量为基础，分级试题设置要有层次，同时兼顾基本要求题和较高要求题，将成熟的分级试题逐年积累起来。分级标准应遵循一定的原则，例如，个人意愿与统一考核分级相结合原则和实际水平与考试结果相结合的原则。把学生分为 A、B 两级班可以激发学生学习的积极性。基础比较差的学生可以在周末进行补课练习，这样一来，学生的心理压力能得到很好地缓解，也能让基础较差的学生树立信心，在期末的时候，学习成绩能够和基础较好学生同台竞技。

2. 提高分级的区分度

高校通常根据高考成绩和摸底考试的分数来进行分级分数线的设定，有的情况下，学生只因一分之差不能进入 A 级班，这并不能很好地区分学生英语水平的高低。学生参与分级，进行双向选择可以提高区分度。可以参考高考和摸底测试的成绩，同时界定各个级别的不同起点、听说读写各方面的学习要求和最终目标，让学生根据自己的兴趣来选择并进行申请，学校根据学生的申请结果做最后的判定。对于英语水平和学习兴趣，学生最了解自己，采取这样的措施可以极大地激发学生学习的兴趣，积极主动地投入学习中去。

3. 贯彻好升降级调整机制

根据选拔和自愿的原则，定期调整学生的级别，因学习的兴趣、成绩以及能力的变化，使学生的级别也灵活变化，这就是升降级调整机制。落后者需要降一个级别，进步者能升一个级别，在压力和激励的作用下，学生学习的积极性会得到有效提高。

4. 制定科学的评价标准

分级教学模式下，各级别检测教学成果必然会采取难度不同的试卷，这很容易导致英语水平高的学生英语成绩竟然低于部分水平低的学生的不良现象。为了避免这种情况的发生，在进行分级教学的考核管理时，可以将学生平时表现加入总评成绩并且增加其比重，这样就会使试卷命题更加科学。学生的最终成绩通过形成性评价与总结性评价相结合的方式来确定。除此之外，加权算法也可以应用在各级别试卷的难度上面，设定一个科学的系数，整体调整 A 级班或者 B 级班学生的分数。

5. 尽量避免负面影响

分级教学在实际教学过程中还不完善，还存在着学生容易产生心理波动、集体归属感不强、组织管理的操作过程过于复杂、学生考勤难以控制等局限性，教学成效必然会受这些问题的影响。教育管理者需要采取一定的措施彰显分级教学的优势，减轻负面影响，例如可以制定相应的规范制度等。

（四）分级教学模式的优点

目前，我国高校英语教学改革已提上日程，其中一项重大举措就是实行分级教学，具体来讲，实行分级教学的优点，主要可以从以下三个方面进行论述：

（1）《高校英语课程教学基本要求》是针对我国高校英语课程教学提出的要求，分级教学的实行，正是贯彻落实《高校英语课程教学基本要求》的举措。这是因为，实行分级教学，能更好地培养学生的英语交际能力，能让学生在日常涉外活动中能熟练地同外国友人进行简单的口头或者书面的交流，以满足全球化背景下，我国经济发展的需求。

（2）每个学生的英语水平是有差异的，这就决定了他们对英语的求知需求存在不同。实行分级教学模式，能够针对不同英语水平的学生设置能够充分发挥他们各自优势的平台，更好地展示他们的英语才华。这样不仅能够帮助不同英语水平的学生顺利地完成大学英语基础阶段的学习，还能使学生的语言能力得到全面的提升。

（3）目前我国很多高校的教学存在“重教轻学”的问题，严重影响着我国高校教育教学的发展，以及全面提高学生综合素质的实现。而分级教学模式，正是在这样的环境下提出的，这一模式的实行充分体现了“以学为本”的教学理念，能从根本上改变高校普遍存在的“重教轻学”的问题，从而使我国高校的英语教学发生巨大改变。具体来讲，一方面可以使我国高校英语教学从“耗时低效”向“省时高效”转变；另一方面使我国高校英语教学模式从传统的教学模式向现代教学模式转变。

（五）分级教学下的学习焦虑问题

尽管分级教学是我国高校英语教学发展新趋势下的产物，能为我国高校英语教学的发展产生巨大的积极影响。但任何事物都有两面性，分级教学也是如此，在分级教学模式下，学生往往会出现学习焦虑问题，这是因为，分级教学模式，对不同英语水平的学生进行不同的教学，这样容易导致学生之间缺乏交流，从而使学生之间的陌生感增加。同时，分级教学实行升降级制度，这样会使部分英语水平不高的学生产生更大的心理压力。因此，在分级教学模式所引入的竞争机制下，各个层次的学生都会或多或少出现长期或者短期的学习焦虑。

1. 学习焦虑的表现

我们所说的“学习焦虑”是指学生在特定情景下的焦虑，这种焦虑是学生在进行英语学习的过程中，因为自身的独特性而产生的，它是一种关于自我意识、信仰、情感和行为的情结，而这种情结是与课堂语言学习有关的。根据霍维茨等对外语学习焦虑的研究，外语学习焦虑大体表现为以下三种形式。

（1）交际畏惧

交际畏惧是指学生行为模式表现为交际回避或者交际退缩。学生的这种交际畏惧是在真实的或者虚拟的交际活动中所产生的恐惧或者焦虑心理。

（2）考试焦虑

学生的考试焦虑主要来源于对考试失败的恐惧。一般是因为学生因担心自己在考试中不能良好地发挥自己的英语水平而造成考试失败等种种不良后果，由此而产生的恐惧心理。

（3）负评价恐惧

负评价恐惧是指学生因老师或者同学，又或者其他人可能对自己做出的负面评价而产生的恐惧心理。负评价恐惧是对预期的事情表现出的恐惧，因而是一种预期心理。

2. 学习焦虑的根源

分级教学是对传统英语教育方式的改革，其核心是引进竞争机制。因此，分级教学会导致学生在学习过程中产生新的焦虑源。具体来讲，主要体现在以下几方面：

（1）分级教学模式要求学生在学习英语之前，首先要通过等级考试，这是一种区别英语水平高低的考试，在这过程中学生就会承受一定程度的考试焦虑。

（2）对于很多学生来说，分级教学有可能会使本来在其他课程上同自己水平相当或者弱于自己的同学进入比自己更高级别的英语班级学习，从而使他们产生失落感。除此之外，以往学生在某个课程中的差异，只会存在于一个班级内部，而在分级教学模式下，这种差异就会扩散到整个学院甚至整所学校，不能进入高级别班级进行英语学习的学生往往会有“自己不如别人”“别人可能会看不起自己”的想法，从而承受着负评价恐惧的压力。

（3）分级教学模式中，学生除了面临期末考试带来的升级和降级压力外，还必须适应众多变化，比如流动性的同学、教师以及教师不同的教育方式等。

（4）分级教学会使一部分学生提前修满学分，并且根据个人兴趣选修一些课程，从而使这部分学生的英语水平得到更高层次的提升，如此便会给一部分无法提前修满学分的英语水平较差的学生的心理上带来不平衡。

（5）除了上述因素外，学生语言学习焦虑的发生还会因为课堂活动的形式、教师的教育观念和方法、教师与学生之间的交流、教师纠正学生错误的方式等引起。

（6）学生焦虑心理的产生，从学生自身因素来讲，学生自尊心的强弱、对竞争的适应能力、学习过程中对模糊现象的宽容度等因素，会引起学生在语言学习过程中产生焦虑的心理。

3. 学习焦虑对分级教学的启示

在英语的学习中，学生会或多或少出现焦虑，这是一种感情因素，不可避免。因此，在高校英语分级教学过程中，教育管理者和教师必须针对学生不同水平焦虑的具体原因，采取相应措施，最大限度地降低学生的焦虑。

（1）在分级教学开始实施时，教师首先要让学生充分理解实施英语分级教学的必要性和已经取得的教学效果。当学生在充分理解了这种教学模式的优势之后，就会对这种教学模式产生兴趣，从而降低他们对这种新的教学模式的排斥心理。

（2）在实施分级教学的过程中，区分高级班、中间班和低级班的时候，教育管理者坚持“两头小，中间大”的原则，所谓“两头小”是指在区分高级班、中间班和低级班时要控制好人数比例，其中高级班和低级班的人数比例要小，即“两头小”；中间班级的人数比例要大，即“中间大”。

（3）在分级教学过程中，授课教师要时刻关注学生的焦虑心理。并给予学生关注、理解以及心理上的及时疏导。尽量减少学生对英语学习的各种的焦虑，这样不仅有利于降低学生的焦虑心理，还能帮助构建教师和学生之间的融洽关系，因为教师在给予学生理解和关注的同时，会取得学生的信任，增进教师和学生之间的情感交流，这也是提高教学效果的有效途径。

四、网络教学模式

（一）网络教学模式的定义

要想明确网络教育模式的定义，我们首先要知道什么是模式以及教学模式。模式一种表征实际活动和过程的模型或形式，它是根据一定理论基础而得出的，是一种为了表示某个对象的活动构造和过程的模型，因此它既有某个对象的活动构造和过程（所谓表象），也有内涵（理论的基础），其本质是由理论和实践构成的一种概括模型。而教学模式是指在学习环境设计理论和实践框架的指导下，为了达成一定的教育目标而构筑的教育活动结构和教育方式。基于以上两个概念，我们可以将网络教育模式定义为：网络教育模式是指为了达成一定的教育目标，在一定的教育思想和教育理论指导下，依靠计算机网络技术构建的相对稳定的教学结构的框架和教学方式。

（二）网络教学模式的理论基础

1. 语言监控理论

目前，随着“大数据”的发展、网络的普及，资源辅助英语学习和网络技术辅助英语学习已成为大趋势，在这一背景下，研究者们纷纷对网络技术对英语学习的辅助作用的理论基础展开了研究，他们从不同的角度出发，探讨了网络技术辅助英语学习的理论基础。其中代表人物便是克拉申，他的第二语言习得理论中，提到的语言监控理论，便是使用网络技术辅助英语学习所必须依据的原理之一。具体来讲，分述如下：

语言监测理论认为，在第二语言学习中，习得比学习更重要。为了学习语言，必须具备两个条件。第一，能够理解的语言材料应该是“1”。也就是说，学生应该在现有语言水平的基础上进一步提高输入量，让学生理解。第二，心理障碍必须要小。这样的话，输入就容易吸收了。学习第二语言有两种方法：一方面，学生会有意识地集中注意力于目的语的形式特征。也就是说，“有意识地学习”。另一方面，在学生无意识运用的过程中，在使用目的语进行真正的交往时，不重视语言形式，而是重视意义，即“潜意识的学习”。学习是主要的过程，学习只是作为“监视者”运用自己所学的语言对所说的话起到监视、修正的作用。

在克拉申的第二语言习得理论中，其中对第二语言习得研究者产生很大启发的就是监控理论，因为这一理论强调输入语、习得、降低情感障碍的思想等。

综上所述，把克拉申的语言监控理论运用到高校英语网络教学中，通过语言监控理论与高校网络教学之间的关系，用以指导网络教学模式的进行是十分有必要的。

2. 输入假设理论

要想语言习得机制发挥作用，其中一个必要的条件就是大量的语言输入。要了解语言输入，我们首先要了解有效的语言输入有哪些特点？可理解性、趣味性、非语法程序安排、足够的输入量等是语言输入的主要特点。由此可知，有效的语言输入，输入的材料是习得者很容易理解的，相反无效的语言输入指输入的材料是不易理解的，将无法起到激发学生的学习兴趣的作用，从而导致学生缺乏学习动机。

在进行第二语言学习的过程中，为了使学生能够取得更好的进步，从而从一个阶段进入到更高阶段的学习中，教师在提供语言输入的时候，必须包括一些下一学习阶段的语言结构。这样做是为了让学生根据自己的语言水平，努力吸收所接触的语言材料，以逐步提高学生自身对目的语的使用技能。

克拉申强调，语言的习得是通过接收理解信息，即“理解输入”而产生的。也就是说，学生必须理解输入的语言材料才能达到习得的目的。而且这些材料不能太复杂，因为只有这样，学生在运用目的语时，才能将重点集中在语言交流的意义上，而不是集中在语言形式上。事实上，学生如果把他们的主要注意力放在理解语言结构和复杂概念上，语言输入在某种程度上便失去了其真正的目的。

目前，我国英语学生语言输入环境还有不足之处，面对这样的背景，网络教学模式应运而生，这也从侧面反映了学生的需求。网络教学模式具有传统课堂教学模式没有的优势，主要体现在其庞大的资源库以及教学软件的相关的众多链接上。这样大的资源库极大地弥补和扩充的传统课本在内容和形式方面的不足。另外，网络的便捷性和海量资源为学生的学习拓宽了空间，这在一定程度上增加了学生的语言输入。

3. 建构主义教学理论

建构主义的概念是 20 世纪 60 年代，由瑞士学者皮亚杰提出的。建构主义教学观与传统教学观的根本区别是对知识和教学主体作用的不同看法。具体来讲，传统教学观认为，教育是把前人所总结和获得的知识传递给学生，在此过程中，学生是处于被动接收的地位；而构建主义教学观认为，学生对知识的学习是通过自身已有知识和经验对新的知识进行获得的过程，在这一过程中，学生的学习是处于主动地位，他们通过对自己已有的知识和经验为基础，进行知识建构，从而获得新知识，值得注意的是，每一项新的知识的学习活动，都与学生已有的知识和经验直接相关。

教学理念和教学理论是构建网络教学模式的基石，更是其灵魂。历史经验告诉我们，没有一种教学模式或者理论是完全正确、完美无缺的，每种教学模式或理论都有其优点和不足，因而一种教学模式并不是可以适用所有学科或领域，相反，每种教学模式或理论都有其适用的领域或学科。因此，我们在确定网络教学模式的理论指导之前，首先要清楚地知道这种教学模式自身的优缺点，进而找到这种教学模式适用的教学环境和领域。此外，高校在进行教学模式选择上，要根据自身实际情况，实事求是地进行教学模式的选择，只要这样，才能实现教学效果的提升。

（三）网络教学模式的分类

1. 网络自主接受模式

网络自主接受模式一般由三个要素构成，即学生个体、学习内容以及学习指导者。首先学生个体，当然就是指每个学生个人；其次学习内容，在这里指的是通过网络传输的，由计算机作为媒介呈现的图文、声像等语言材料内容，也就是我们常说的“网络课件”；最后学习指导者，这里不仅指教师，还包括计算机，因为计算机是网络学习必不可少的一个载体。

网络自主接收模式传达的主要是客观知识和技能，训练主要以选择、嵌入、拖动配对等具有明确答案形式的问题为主。通过设置计算机识别和反馈程序，可以自动纠正学生的错误，并提供解答。另外，还可以设定计算机程序，自动探知学生的学习背景和学习风格等，提供合适的学习材料和学习路径。在这里，计算机因为实际发挥了教师的作用，所以计算机可以被称为智能的领导者。对于学生在学习过程中遇到的各种问题，特别是一些个性化的难题，以及人际关系感情沟通方面的问题，教师需要通过网络交流工具如学习论坛来帮助学生解决。

2. 网络自主探索模式

网络自主探索模式的构成要素包括学生个体、任务 / 问题、参考资源以及教学指导者。在这一模式中，教学的目标是提升学生的语言运用能力。具体来讲是学生通过完成一项具体完整的语言任务，或者对某问题阐明自己的观点。在此过程中，学生可以参阅网络资源，教师要通过电子邮件或者网络论坛等对学生对学生的学习进度进行督促，并对学生学习过程中遇到的问题进行指导。

3. 网络集体传递模式

网络集体传递模式的一般构成要素有三个，分别是学生群体、学习资源以及教学指导者。这一模式一般有两种教学过程：

（1）完全虚拟的网络课堂。具体来讲，是指教师和学生同时登录自己的网络班级，教师在虚拟课堂上讲解知识和组织练习，并对学生的提问给予解答。

（2）自学加集体指导型。具体是指学生自己观看老师的讲解资源，比如录制的视频或者 PPT 课件等，然后教师通过网络实时系统，对学生的问题统一进行解答。

4. 网络协作探究模式

网络协作探究模式的一般构成要素包括四个方面，分别是学生小组、任务 / 项目、参考资源以及教学指导者。首先，学生现在小组中进行自主分工、制订协作计划，并利用网络资源协作完成复杂的项目或任务，最后总结发言。而教师在学生进行项目协作过程中，要给予学生必要的引导和帮准。

（四）微课

1. 微课的特点

（1）教学时间较短。微课的教学时长一般为 15~20 分钟。相当于传统课时的 1/3~1/2，称得上是“课例片段”或“微课例”。

（2）教学内容较少。微课在实际教学中主要针对特定主题以及教学重点来展开。微课的价值就是突出教学重点以及难点问题，这样使得教学内容比较简练，方便学生学习和理解。

（3）资源容量较小。微课主要采用视频或者其他辅助教学硬件来展开。一般来讲，一堂微课占用的空间只有几十兆字节左右，但几乎涵盖了所有媒体格式，这样极大地方便了教师和学生的使用。除此之外，资源容量较小的微课在携带、储存以及转发方面也有极大优势，能为教师讲课和学生学习带来极大便捷性。

（4）资源构成“情景化”，资源使用方便。微课所要表达的教学内容非常明确和完整，而且其教学方式是多样的。微课中视频片段的播放方式以及多样化的多媒体素材等使教学内容变得情景化，这种情景化的教学课件能使学生很容易能进入教学情境中，从而加深了学生的对知识的理解。与此同时，这种教学模式不仅能使学生的思维能力以及感知能力得到充分的锻炼，还能使教师的技能和专业能力得到提升，从而提高课堂教学质量。

（5）主题突出，内容具体。微课程通常表现的主题非常精练和专一。这表明微课的主题突出。内容具体是指学生可以通过对单一问题和难点的精练和学习来加深学生对知识点的理解。

（6）草根研究、趣味创作。短小精练是微课的一大特征，正是因为这个特征，人们不必担心过于负责的课件内容，只选择自己感兴趣的专业来进行创作即可。因此，微课被越来越多的人研究和创造。但是，微课是为了教育而存在的。这表明在微课中表现的内容一定要与教育有关。不是专业性地论述某个观点和学术内容，而是表现了几个教育方法和教育内容，所以微课创造的内容肯定要和教师有着密切的关系。

（7）成果简化，多样传播。微课所表现的内容非常清晰、完整，而且主题非常突出，正因为如此，微课的教学内更容易于被学生理解，更易于学习。另外，微课的传播方式是多样化的，采用的形式也比较前卫。

（7）成果简化，多样传播。微课所表达的内容非常清晰、完整，而且微课所表达的主题非常突出，所以微课的教学内容很容易被学生理解和学习，并且因为微课采用的形式比较前卫，所以微课的传播方式非常方便而且多样化。

（8）反馈及时，针对性强。微课的教育内容少，教育时间短，教师在教学结束后，可以很容易得到学习者对教育内容的反馈。同时，微课的主要作用是辅助教育，从而使教育内容更准确。

2. 大学英语教学适用微课形式的基础

相比之下，在大学阶段进行英语授课的教师的水平和科学技术信息的使用要求非常高，能够适应微课教学方法的需要，更高效地接受新产品和数字化信息的传递方法。许多高等学府在英语教学方面进行了革新，教师中有很多人具有应用电子产品的技能以及对电子资源的创作和使用的技能，而且大部分教师都比较年轻，对新鲜事物的接受能力比较强，并且具有革新的想法和创造性的能力，在这种新式的教学方法的使用中，可以达到对学生进行积极指导和促进其能力提升的目的。

大学生都有高效的自我学习能力，可以对一定目的的引导进行积极的学习，并且很多学生都期望自己的英语口语表达和日常使用水准能得到提高，因此，很多学生都有英语方面主动学习的思想。

有些大学的学生英语基础比较好，并具备一些英语方面的日常口语表达能力，或者可以用英语对问题进行流畅的说明，所以微课方面的学习基础比较稳定。这种形式可以让学习者根据自己的学习情况自主选择自己所需的学习内容，学生可以全面根据自己英语方面的情况选择适用于自己的科目来提高英语方面的技能。

3. 微课在大学英语教学中开发与应用的意义

微课以其短小精简的视频授课素材全面展示了数字化信息科技时代的优点。

正是这个优点使微课在多个领域被广泛运用，大大促进了多区域教学行业的发展。我国高校英语授课引入了微课这一教学方式，是顺应了教学发展的潮流。具体来讲，将微课运用到大学英语教学中有助于改变老旧的授课方式，将学生自身的学习需求综合到授课计划中。微课中丰富多彩的素材容易引起学生的兴趣。这种模式下，会适当减少教师对英语知识的解说时间，让学生有很多的时间进行自主主动学习。这种授课方法能让学生在短时间内掌握所学内容的关键点。另外，学生还可以养成自主学习的习惯，根据自身实际情况，合理安排时间，与教师和同学全面沟通，使自己学习中遇到的问题得到解答，这样学生的学习由被动转为主动，从而进一步提高学习的效率。

4. 微课在大学英语教学中开发与应用的实践路径

（1）依据学生实际需求，合理设定微课内容

教师应根据学生语言学习的具体需要确定微课的实施模式，教学内容不仅要丰富，而且要合理，只有这样才能达到预期的教学效果。一般来讲，大学生学习语言有两个主要需求：第一，学习一些英语课程的基础知识；第二，提高他们的英语使用技能。教师可以以大学生学习英语的这两个需求为目标设计微课。根据学生学习基础课程的需要，微课应包括 CET–4 和 CET–6 的相关内容。根据大学英语的教学目标，微课的内容应根据不同的语义知识和篇章结构知识等内容及其顺序进行设计。

培养学生的听说读写能力也是大学英语教学的目标。教师应根据这一目标制作一些相关的微课视频，以方便学生根据自己的需要选择学习。将微课引入教学过程后，教师应及时建立便捷的交流平台，引导学生在这个特殊平台上进行交流，讨论遇到的问题，从而潜移默化地提高学生参与微格课的积极性。

（2）重视媒体资源的选择，做好微课权利的保护

微课的教学视频的制作必须制作精致、内容准确、共享性好，这是由于微课是微课堂重要教学资源，只有制作精良的教学视频才能达到预期的教学目标。事实上，目前我国网络上各种视频资源的质量参差不齐。因此，制作者需要根据大学英语教学的需要对教学资源进行精心筛选，努力制作高质量、丰富实用的微课视频，使微课堂教学在大学英语教育中健康有序地发挥应有的作用。

从法律角度来看，中国的互联网资源在财产保护和共享方面仍然缺乏严格而详细的相关规定。因此，高校和教师应该提高这方面的意识。在积极投入人力、物力、财力加快制作微课视频的同时，也要注意保护自己微课视频的版权。大学英语微课教学只有在发展与保护的同时，才能沿着健康高效的道路前进。

（3）重视教学经验总结，完善大学英语微课教学系统

将自己的教学实践经验与微课教学理论相结合，努力探索与微课教学相辅相成的新教学方法，充分发挥微课教学的优势，促进大学英语教学改革的稳步推进。微课程具有方便、开放、生动、丰富的特点。这种教学模式可以成为大学教育的新理念和新方式。在制订微课程教学计划时，不仅要符合教学目标和计划，还要考虑学生学习语言的需要，合理安排课程，建立一个高质量的学生交流互动平台。从而达到预期的教学效果，使大学英语教育更加实用

微课在大学英语教学中的运用，能促进高校教学改革，具有重大意义，然而，应该如何更好地在大学英语教学中开发与应用微课呢？首先，高校和教师在微课的推行过程中，要不断地发现问题，解决问题，并且不断地努力总结经验，从而促进新的既科学又实用的教学理论的创建与发展，这理论将成为微课教学发展的基础。其次，在微课教学过程中，微课的授课教师应结合自己的经验，不断对可以与微课教学模式互相辅助、互相促进的新的教学方法进行探索，从而达到把微课的全部优势充分发挥出来的目的。最后，微课以便捷、开放、活泼有趣的特点，吸引着众多学生，高校和教师在制订微课教学计划时，必须保证与教学目标相符合。除此之外，还要注意及时建立可供学生交流的平台，加强教师与学生、学生与学生之间的交流，从而提高大学英语课程的成效。

5. 微课应用于高校英语教学中的环节

相对来说，微课只是形式上和别的课程不一样，但是在内容上和普通课程存在相同之处，比如都需要包括课前、课中和课后这三个阶段。可以说，在这几个阶段微课的重要作用是比较显著的。

一是课前，课前要充分做好准备。在课前的准备方面，教师可以从三个方面出发：首先，教师在设计微课的时候一般应该充分考虑班上学生需求，结合学生的不同需求来引导他们做好计划，以此充分在课前利用好微课，这样能够为课堂上的学习打好基础。其次，教师还应该促使学生掌握一定的学习重难点，了解学习目标。这样学生在课前观看微课的过程中能够有的放矢。最后，教师自身也要做好相应的准备。具体来说，教师应该对于教学内容进行深入的分析，为学生提供相应的学习资料，让学生在课前得到相应的指导。这样从多个方面出发，才有利于学生更好地做好准备。实现课前的有效学习。

二是课中。课中的主要任务就是教授学习内容。可以说，这一环节大体包括四个方面：

首先是导入。任何一节课都需要有导入这一环节。这一环节的重要作用不容

忽视。良好的导入不但能够对于学生的学习热情和兴趣起到极大的推动与激励作用，还能够对于学习内容进行很好的呈现。

其次是教师可以通过相关的微课在课堂上对于一些学习内容进行补充讲解。

再次是练习。学生的学习离不开练习，良好的练习不但能够帮助学生对于知识进行巩固，还能帮助学生针对知识进行实际的运用，这是具有非常重要的意义的。因此，在练习方面，教师应该为学生提供合适的习题与方法。

最后是相关的延伸。从某种程度上说，教师的教和学生的学都离不开对于知识的延伸与补充，不能局限于教材知识。在知识讲解过程中，教师应该结合一定的方式来了解学生对于知识的需求，从而帮助学生实现知识的延伸。

三是课后。课后这一环节十分重要，教师应该从以下三方面出发来开展课后环节设计。

首先是作业。学生需要在课后完成一定的作业，作业不但是学生巩固知识的途径，也是教师了解学生学习情况进而调整教学的依据。

其次是温习。温故而知新，不管在什么时候，学生都需要对于学习过的内容进行复习，以便更好地掌握相关内容，真正将知识内化到自己的学习系统中。在这个过程中，微课可以对于学生起到很好的帮助作用，学生可以利用简短的微课实现灵活的学习。

最后是学生的交流与讨论。合作是学生学习的重要途径，能够产生一加一大于二的效果。

综上所述，微课具有十分多的优点，在如今的时代对于学生的学习具有十分重要的意义，其不但可以促使学生实现随时随地的学习，还能够在很大程度上将学生的学习主动性真正激发出来，以此帮助学生在学习过程中实现高效的学习。作为教师，应该充分认识到微课的优势，将其合理融入自身的教学中，帮助学生实现高效学习。当然，作为学生也要很好地配合教师，及时根据简短的微课进行学习。

五、混合式教学模式

顾名思义，混合式学习就是结合多种方式的教学。如今，混合式教学模式已经成为一个热词，受到了广大师生的推崇。

（一）有效融合教学方法

外语学习一直是很多学生感到头疼的一部分，为了帮助学生切实掌握一门外语，很多外语教学者在长期的教学过程中总结出了一些教学方法。这些教学方法在提升教学效率方面能够发挥一定的作用，但迄今为止没有一种方法是完美的，不管是交际教学法、自然教学法，还是听说教学法，抑或情境教学法等，都有其优点，但也有缺陷。因此，很多教师在教学中不会仅仅使用一种教学方法。

但是，有个别教师缺乏创新，教学态度不端正，在教学中总是使用一种教学方法，导致学生的外语学习很难取得良好的成效，甚至还会出现一定的偏差。因此可以说，对于混合式教学进行研究与探讨是十分必要的。对于外语教学，教师应该从自身出发，积极改革教学观念，融入多种教学方法。在融入的过程中，教师应该切实结合学生的特点与需要，因人而异地采用合适的教学方法。这样才能很好地将教学效果提升起来，避免单一教法的不足。

（二）构建“混合式”师生关系

在混合式教学模式中，教师尤其要注意信息技术的融入。如今，信息化的推进，促使教育也发生了很大的变革。利用网络，学生可以得到更多的学习资源，也能够借助信息化的沟通工具，实现和教师的随时沟通，这对于学生的学习是十分有利的。因此，教师也应该充分重视信息化的网络，帮助学生进行答疑解惑，同时教师也要及时发展自身的信息技术运用能力。此外，需要注意的是，教师也可以利用信息技术使教学手段得以不断丰富。

混合式的教学中，传统的师生关系也在一定程度上发生了改变。就拿网络式混合式的教学为例，学生利用网络可以实现课堂的翻转，学生可以借助网络在课下完成学习，然后在课堂上解决问题。这样的学习模式，能够更好地发挥学生的学习主动性，能够帮助学生实现独立性的、自主性的思考。而教师在这个过程中则成为答疑解惑者。因此可以说，传统的师生关系发生一定程度上的改变。

（三）完善英语课程的设计

混合式教学要特别注重信息技术的运用。作为外语教师应该充分利用信息技术的优势，弥补传统教学的不足，不仅要利用信息技术为学生提供更多的指导，还要帮助学生实现多种资源的整合。

很多时候，在混合式模式下，学生是教学中的主体，这与之前传统教学中教师是主体有特别大的区别。在混合式教学模式中，教师为了帮助学生实现更高效的学习，需要不断对于英语课程的设计进行完善。在进行课程设计的时候，教师应该积极利用网络为学生拓展一些学习资源，不要仅仅把目光放在有限的教材上。

同时，在设计导入、授课的过程中，教师也可以利用信息技术将知识以一种视听结合的方式呈现出来，以此帮助学生得到更好的学习体验。

（四）构建综合性的评价系统

混合式教学模式下，评价的作用也是不容忽视的。为了更好地促进教与学的效率得到提高，教师应该切实帮助学生做好评价工作，同时要求学生实现互相评价、自我评价。只有通过一定的评价，学生和教师才会进行反思，借助评价，师生都会思考哪里存在不足需要改进，哪里做得好需要保持。这样的过程，才会促使教师和学生不断进步。

如今，在各种教学手段和教学工具层出不穷的背景下，混合式教学模式得到了长足的发展。尤其是在信息技术的支持下，教师可以运用更加多样化的手段来开展教学，不但可以促使教学活动更加高效，也可以促使学生得到更好的体验。因此说，教师应该充分利用好网络化的优势，让传统课堂焕发出新的生机。尤其是对于高校的英语教学来说，应该做好混合式教学模式的运用与改革，培养更多的英语人才，促使学生具备高素质、强能力，以应对社会发展的需要。

第四节　批判性思维视域下高校英语教学模式的改革

一、什么样的教学模式有助于批判性思维的培养

教学模式是批判性思维能力培养的重要支撑因素，教学模式对批判性思维能力的支撑作用主要是借助于课堂批判性思维环境的塑造来进行的，但是，在众多的教学模式当中，究竟哪些教学模式更有利于批判性思维环境的形成，并最终服务于学生批判性思维能力的形成和提高呢?

在此首先罗列出对课堂批判性思维环境形成有着重要动力作用的影响因素：高阶问题、多元逻辑问题或者结构不良等问题情境和问题解决是课堂批判性思维要素生发的支点；教师以及教师所塑造的问题解决情境是课堂批判性思维环境重要的推动力量；学生积极参与问题解决是课堂批判性思维环境形成的最重要保障。

由于教学模式对批判性思维能力的支撑作用主要是借助于教师对课堂教学批判性思维环境的塑造或构建来实现的，因此，除去以上所罗列的第二项，那些主要对以上第一、第三项课堂教学批判性思维环境动力因素持更为鼓励、倡导和关

注态度的教学模式肯定会更加有利于批判性思维能力的形成。也就是说只有那些更为关注高阶问题、多元逻辑问题以及结构不良等问题情境创设和问题解决的教学模式才更有利于批判性思维环境的形成。

在明确以上观点的基础上，我们继续探讨究竟哪些教学模式对以上两类情况持更为认可、支持和倡导的态度。根据前文对教学模式类型、特征以及理论基础的分析，以下两种类型的教学模式更有可能对批判性思维环境的构建起到积极的作用。

（一）以探究为中心的教学模式

不同的教学模式立足于不同的理论基础之上。之所以认为以探究为中心的教学模式更为关注高阶问题、多元逻辑问题或者结构不良等问题情境的创设和问题的解决，主要原因在于该类教学模式与布鲁纳对学习概念的理解以及杜威关于“做中学”的思想观点密不可分。

布鲁纳认为无论什么层次类型的学生，其学习的过程与科学家、艺术家等的求索、发现过程并无二致，最大的区别仅仅在于程度上的差异；同时布鲁纳还认为处于一切自然科学和数学的中心的基本观念、基本原理以及赋予生命和文学以形式的基本课题，既是简单的，又是强有力的，同时“任何学科的基本原理都可以用某种形式教给任何年龄的任何人”[①]。比如，尽管四年级的孩子不能像成人一样，用正式的词语表达拓扑学和集合论原理，但是他们却能够玩受拓扑学和集合论原理指导的引人入胜的游戏，甚至会发现新的“一着”（moves）或定理，同时他们也能掌握悲剧的观念和神话里描绘的基本的人间困境。但是学校的课程与教材往往采用“中间语言”来编写（布鲁纳所谓的中间语言仅仅是指展示某一知识领域结论的课堂讨论和教科书），这些中间语言并没有集中于探求知识本身，反而由于其与真正的物理学、真正的生活和社会问题的脱节使孩子们难以理解，因此，真正的教学一定要跨越中间语言阶段，务必使学生像科学家、艺术家等一样在与现实生活中的真正问题接触的过程中寻找问题、探究发现。

杜威的“做中学”思想建基于其对传统课程、教材以及教法深刻反省的基础上，他认为传统的课程与教材主要投合人们“静听”的需要，而没有考虑到人们制造、做、创造、生产的冲动和倾向。杜威经过研究后认为，所有儿童的本性是不容忽视的，每个人最开始的认知，必然是出于对于世界的好奇，比如看见别人走路就会想自己怎么走路，看见别人骑车就会想自己怎么骑车，杜威认为这就是

① 布鲁纳．教育过程 [M]．邵瑞珍，译．北京：文化教育出版社，1982.

本性的驱使，就是好奇心，也可以说是自然的愿望。杜威认为，教育应该遵从儿童的本性，以此充分激发儿童的主动性。他觉得，很多教师正是因为将学生的主动性忽视了，从而让学生处于被动学习的状态。

另外，杜威还认为，那些在正规教育中永远成功的教学方法的精髓就是“全靠它们返回到校外日常生活中引起学生思维的情境。它们给学生一些事情去做，不是给它们一些东西去学”①。

无论从布鲁纳的理论还是从杜威的理论来看，两者对于什么是真正的学习的看法有许多一致的地方。比如两者都非常关注如何将书本的知识转化为与学生年龄特征相符的、易于理解的日常生活中的情境和问题，并让学生在这样的情境中寻找问题，或者在教师所提供的此类问题基础上继续思索；同时，两者的理论还都非常强调学生积极参与问题以及问题解决过程。布鲁纳希望学生像科学家、艺术家一样参与到资料收集、分析、综合、评价过程，而杜威希望学生像在日常生活中一样，在动手做的过程中不断分析、综合并解决问题。由于日常生活中的问题与学科情境中的问题有着很大的不同，日常生活中的问题更多的是那些目标、条件、解答方法上都不太明确，问题本身不是孤立存在，解决一个问题需要运用多种知识、同时考虑多个因素。同时，问题还具有发散性，对问题的解决没有固定答案，但是问题的解决又关系重大。另外，日常生活中的问题不可能坐着就可以解决，它更多地鼓励人们亲自动手去做，积极参与到问题的解决过程中去，因此，以探究为中心的教学模式更多的与高阶问题、多元逻辑问题或者结构不良等问题情境的创设和问题解决有关。以上特征，使该模式在推动课堂教学批判性思维环境形成方面有着独特的优势，所以无疑将更有利于批判性思维能力的形成。

（二）以团体合作为中心的教学模式

我们知道教学模式除了可以按照学生参与学习的方式（是接受还是探究）分成接受式和探究式教学模式；还可以按照学生参与学习的人数类型（是个体参与还是团体参与）分成个体式和合作式（团体式）教学模式。之所以认为以团体合作为中心的教学模式同样也非常有利于批判性思维环境的构建，是建立在作者对该类教学模式的本质以及该类教学模式所关注的内容和外在形式等的分析基础上的。

首先，从该类教学模式的本质来看，此类教学模式更容易为批判性思维的逻辑技能和态度倾向要素营造良好的生发环境。虽然根据前文的分析，即由于合作学习在不同的教学情境中可能有多种多样的表现，且这样的合作还可能出现在学

① 任钟印．世界教育名著通览 [M]. 武汉：湖北教育出版社：1994.

生小组之间或师生之间。因此，将团体调查、角色扮演、法理学探究、苏格拉底问答方法、基于问题学习教学模式、情境性学习教学模式等都放置在此种类型的教学模式分类中。尽管以团体合作为中心的教学模式的理论基础可能多种多样，比如合作式教学模式是以杜威的民主主义社会构建的理论为基础的，而情境性学习教学模式是以学徒制为其理论基础的，苏格拉底问答法教学模式是以苏格拉底对学习行为的认识为基础的。但是，由于合作是此类教学模式最主要的特征，因此，无论是学生之间的相互合作还是师生之间的相互合作，由于人与人思维方式、生活环境或知识背景、表达方式等的差异或不同，在客观上就为多元观念、多元思想、多元价值环境氛围的产生营造了有利的条件。同时，无论是学生之间的相互合作还是师生之间的相互合作，合作学习本身所塑造的环境也更容易为人们之间的相互理解和沟通创造有利条件。以上环境的出现，可能会使批判性思维的逻辑技能要素如分析、判断、综合、评价、反思等在思维的深度、高度、广度等方面略胜于个体的分析、判断等。同时以上环境也可能使批判性思维的态度倾向要素，如理性的谦恭（即能够对比他人，意识到自身缺乏一定的知识，对自己的所知能够辩证看待）、理性的换位思考（即能够站在他人的位置，从不同于自己的前提、假设和观点出发进行推理）、理性的系统思考（即综合他人的观点，全面系统性地考虑问题）、理性的真诚思考（既忠实于自己的思想，同时以要求他人的标准来要求自己）、理性的推理（即合理运用推理，并以此为标准来判断是否接受或拒绝自己或他人的信念或立场）等比在其他学习方式中更容易出现一些。当然，以上所谈及的以团体合作为中心的教学模式本身所具备的优点并不是绝对的，在某些情况下，如果教师引导不当或学生本身对自己的观点模糊不清，这些优点还可能演变成缺点。比如，在合作学习的情境中，普通人所具有的从众心理，如果引导不当还可能会对理性的自主（即独立思考，不为他人的思想所左右）等造成一定的阻碍。但是，不可否认的是，从一定意义和一定程度上来看，以团体合作为中心的教学模式将更容易促进批判性思维逻辑技能和态度倾向要素的出现。

其次，从该类教学模式所关注的学习内容来看，更倾向于关注现实生活情境中的高阶问题、多元逻辑问题或者结构不良等问题情境的创设和问题的解决。比如，合作学习模式所关注的学习内容来看，合作学习模式使学生或师生之间有更多的相互交流、相互帮助和相互激励机会，如果合作学习本身的内容是低阶问题，而按照保罗的概念——所谓的低阶问题，即是指那些内部缺乏相关逻辑联系的问题，这类问题本身就不需要借助高阶技能，如分析、综合、评价等即可以掌握，因此也就没有合作学习的必要了。从团体调查教学模式来看，该模式的核心在于将复杂的社会学习和学业学习结合起来，让学生首先面临困境，然后再鼓励学生对困境做出反应并开展科学的探究活动，该模式立足的基础也是高阶问题、多元逻辑问题或者结构不良等问题。角色扮演的移情功能更能帮助学生从不同的视角看待、分析和研究真实的问题。法理学探究和苏格拉底问答法教学模式尽管是生生之间与师生之间互动的两种不同的教学模式，但是其最大的一致性还在于整个教学的过程展示了正反方的观点，而分析、判断、寻找论据、开展论辩等思维过程更是充溢在其中。因此，以上两种教学模式更倾向于以高阶问题、多元逻辑问题或者结构不良等问题为基础；对于情境性学习教学模式来说也是如此，该模式的基本程式就是设置与对应的现实实践活动具有一定的同构性的真实的任务情境，学习者在共同体中合作互动，进行协商交流，并且通过学生对具体问题的解决来进行测验和评估，从其自身的特征来看，情境性学习教学模式无疑更支撑高阶问题、多元逻辑问题或者结构不良等问题情境的创设和问题解决。

最后，从该类教学模式所促进的学习形式来看，该类教学模式是以学生团体活动为中心的，打破了教师一言堂的状态，将教师的角色从知识的灌输者转变为知识的引导者或导引者，教师对学生学习的控制更多地体现在提出该类问题或者创设使该类问题易于解决的情境。同时，教师还可以及时提醒学生对已有的思维成果进行反思和判断。由于学生在学习过程中是当之无愧的主角，学生不仅可能是问题的发现者，更是确定无疑的问题的解决者。当学生全程参与到了高阶类问题的发现、资料的收集、事物各种相互关系的构建、对思维及时的反思和判断过程中去的时候，我们就可以肯定地说批判性思维环境已经形成了。

（三）其他类型教学模式

当然我们说以探究式和团体合作式为中心的教学模式在理论上更加有利于批判性思维环境的构建，但并不是说其他类型的教学模式对批判性思维环境的构建没有丝毫价值。根据教学模式类型、特征和理论基础的研究，可以认为，其他类型的教学模式虽然没有以上两类教学模式那样有利于批判性思维环境的构建，但由于其他类型的教育模式所具备的特殊功能，他们对批判性思维环境的构建将主要起到奠基作用。

这种奠基作用主要体现在这些教学模式为批判性思维环境的形成奠定了知识的或学习方法等方面的基础。比如，我们首先以直接教学模式为例来说明这种基础作用。直接教学模式是由教师设置教学目标，选择教学材料，控制教学进度，设计师生之间的交互作用的一种教学模式。该教学模式非常有利于学生对那些必须掌握的、有着良好结构的信息和技能的学习。由于探究式或团体合作式教学模式的展开必须以学生掌握必要的学科知识为基础，因此，直接教学模式就起到了为探究式或团体合作式教学模式的开展提供知识基础的作用。同样，对于接受学习教学模式来说，由于一方面克服了直接教学模式的机械性，另一方面又鼓励了学生在新旧知识之间建立起有机的联系，因此接受教学模式除了为探究式或团体合作式教学模式的展开提供知识基础之外，还为此类学习的真正开展提供方法论的基础。因为无论是探究式还是团体合作式教学模式，其探究或分组学习的过程都是立足于个体新旧知识之间联系的基础之上的，没有无源之水和无本之木，同样也没有脱离旧知识的新创意。

二、批判性思维视域下高校英语教学模式改革建议

（一）从政策上提升批判性思维培养的重视度

通过前文的论述我们知道，批判性思维和创造性思维是一个问题的两个方面，良好的问题解决离不开两种思维能力的密切配合。但是，与世界其他国家高等教育政策不同，中国当前对包括大学生在内的各层次、各类型学生能力素质培养的所有相关政策，几乎一边倒地仅仅关注学生创新（创造）思维、创新意识、创造能力的培养，只有很少的政策文件明确提及了批判性思维环境的创设和能力的培养。这种情况一方面与世界其他国家高等教育政策对批判性思维能力的重视形成了鲜明的对照；另一方面，由于缺乏对学生批判性思维能力的关照，我国当前对包括大学生在内的各层次、各类型学生的创造能力培养也存在着非常多的问题。

通过教学模式的改革推进大学生批判性思维能力的培养，其首要的前提条件就是人们必须对批判性思维能力培养的重要性和急迫性有正确的认识。由于我国当前的高等教育政策还远远没有给予批判性思维能力应有的地位，因此，为了推进大学生批判性思维能力的培养，作者认为首先必须从政策层面进行突破。在制定各项教育政策时，务必将学生的批判性思维能力与创造性思维能力置于同等重要的位置，逐步改变包括高等教育政策在内的所有层面教育政策过于偏重创造性思维而忽视批判性思维的倾向。只有推进大学生批判性思维能力的培养有了可以立足的政策基础，借助于高校教学模式的改革来推动此能力的形成才可能受到更多教师和教育管理者的重视。

（二）加快教师知识观念、技能的革新

由于教师本人内在的知识观念、学科专业知识和教育教学知识的多寡以及实际操作技能的高低不仅在深层次制约着教师对教学模式的理解和选择，更在现实层面上决定着教师所选用的教学模式能否更好地发挥促进大学生批判性思维能力形成的功能，因此从教师知识观念革新和相关领域知识技能提升的角度，推动高校教学模式的改革就是非常必需的。

高校教师作为一个在独立自主、低度联结的工作状态或组合方式中生活的群体，其知识观念的革新和相关领域知识技能的提升不仅需要外部力量的干预或推进，更需要来自教师自身的不断努力。

首先，从外部力量干预或推进的角度来看，教师知识观念的更新、学科专业知识和教育教学知识技能的提升可以借助多种多样的渠道和各种各样的外部力量来实现。比如对于我国各类型、各层次高校教师来说，电子媒体或传统纸质媒体一般都是较易获得的，因此，借助各类媒体对新的知识观和教育教学理念的宣传和推动，促使教师知识观念更新、相关领域知识和技能提升是完全有可能的。另外，针对新入职的高校教师学科专业知识很丰富但是教育教学知识很缺乏的实际，各层次、各类型的高等教育机构举办的教师知识观念更新或相关教育教学知识培训也是不错的选择。在这方面尤其要注意教师入职时和入职后各类教育教学知识技能培训的实效性，因为这些时段的培训将直接制约着高校师资总体教学水平和教学能力的高低。此外，尽管高校教师生活在松散的组织体系中，同一院校教师的知识观念和相关领域的知识技能之间的相互影响力以及不同院校同一专业教师之间的相互影响力也是不容小觑的，因此，在制度层面如何设计高校教师跨院校跨专业相互交流的平台也是非常重要的。

其次，教师要想在教学中取得成功，还需要切实从自身做起。这是因为内因是事物发展变化的依据。教师应该经常反思自己，认识自我，想想自己在教学中有哪些不足，思考自己的教学能力、教学态度到底如何，还有哪里需要改进的。只有经常性地对自身的知识观、专业知识和教育教学知识等进行批判性反思的教师，才最有可能发现自身那些陈旧的或不合时宜的观点、习惯或做法，也才能在不断修正和完善自己的知识观念和相关领域知识和技能的过程中完善自身。批判性反思的习惯不仅是教师自身不断成长的动力，也是高校教学模式改革得以进行的动力。另外，在批判性反思的基础上，教师如果能积极投身到教育教学改革的实践过程中，将使教师有机会直接检验自己知识观念革新以及相关领域知识技能

获得的成效，从根本上推动改革。也就是说，如果批判性反思能使教师更清楚地认识到自身教育教学思想和行动方面存在的不足或缺陷，那么只有积极投身到教育教学改革的实践中，这些不足和缺陷才有可能得以修正。只有理论的和实践的内容相互结合，才能真正推动事物的发展和进步。

（三）改革教师和教学评价制度

制度是人类社会各个领域无时不在的游戏规则。制度的构成是复杂的，它不但包括一些规则，还涉及一些机制，同时在规则方面也有正式和非正式之分。非正式规则，也可以说是约束。我们日常生活中常见的风俗习惯，个人的价值观、道德观等，都属于非正式约束方面的，是人们无意识形成的。而正式规则就属于契约，是人们有意识安排的一些政策法则等。正式规则包括的方面也很多，比如我们遵循的法律、遵循的公司规章制度等。应该说，制度对于人类社会的发展是必不可少的。在教学方面，对于教师教学和学生学习的评价也需要遵循一定的制度，不能率性而为。教学评价制度作为一种促进教育教学良性发展的内在约束机制，对教师发展和教师教学行为的影响无疑是巨大和深远的。

1. 教师评价制度改革

尽管要彻底扭转教师评价制度中重科研轻教学的倾向一时是非常困难的，但是如果不进行改革是丝毫没有扭转的希望的。作者认为，导致当前教师评价制度错误导向的原因不在于人们的认识不到位，因为无论是从国内高校管理者还是从教师的角度来看，几乎没有人会否定教学和教学改革的重要性。但是，为什么人们会对教学的重要性有如此清醒的认识，却在教师评价和奖励制度中普遍存在着偏重科研轻视教学的倾向呢？作者认为，其主要原因还在于：与发表文章、出版著作等评价教师科研活动成果的硬条件相比，对任何教师课堂教学的任何评价都是非常弹性的和难以操作的。面对教师课堂教学评价的弹性和难以操作的特点，作者认为应尽量避开量化评价教师教学的常规做法，主要借助于同行教师的定性评价和学生的定性评价来进行。比如可以通过制定校内同一学系教师每学年一定数量的相互听课制度，一方面用制度敦促教师对教学改革投入精力；另一方面也为教师之间相互学习提高创造条件，然后在学期或学年末的时候主要采取同行评价的方法，开诚布公地对教师在教学方面的努力进行评价。另外，鉴于学生是教师任何教学改革措施的直接监督者和受益者，让学生来评教也是有一定的根据的。当前可以继续加大学生评教在教师评价中的比重，真正使在教学中付出努力的教师得到应有的回报。

另外，为了加大对教师参与教学改革的鼓励和肯定力度，很有必要直接纠正教师职称评定和薪酬发放标准中对科研和科研成果过分偏重的倾向，逐步给教师教学和教学改革适当的位置。当然，职称评定和薪酬发放标准的修改还需要立足于同行评价和学生评教的结果之上，两者是相辅相成的。

2. 课堂教学评价制度改革

作者认为当前课堂教学评价制度方面出现的问题与教师评价方面出现的问题不同。如果说导致当前教师评价制度重科研轻教学错误导向的原因不在于人们的认识不到位，而主要在于教学评价本身的难以操作的话，那么从课堂教学评价制度错误导向的角度来看，主要与人们对教学模式理论认识不清有关。有鉴于此，作者认为应该从以下两个方面着手解决问题。

首先，科学地认识教学模式的本质是解决问题的根本。对于课堂环境来说，教学模式是塑造者，不同的教学模式可以营造不同的学习环境。因此，教师在选择教学模式的时候应该切实从多方面出发，尤其是从学生主体出发，选择合适的教学模式，在此基础上设计科学的评价标准。

目前国家精品课程教学评价标准以及众多院校的课堂教学评价标准都出现了仅仅对以教师讲授为主的课堂教学活动进行评价的单一倾向，这一错误导向的出现更多地与人们对不同教学模式本质的不理解或错误理解有很大关系。因此，建议课堂教学评价标准的制定者真正对什么是发现学习、探究性学习、合作学习、角色扮演等教学模式首先有清醒的认识，再去反思课堂教学评价标准具体量化指标是否具有单一倾向。只有这样才可能为下一步的指标修订奠定认识的基础。

其次，评价的标准需要完善。目前，英语教学存在一定滞后性的原因就在于评价标准的落后。为此，对于评价标准进行创新与完善是十分必要的。在对于评价标准进行改革的时候，应该针对教师的教进行着重考虑，促使教师能够不局限于传统的教法，能够在教学中进行切实的创新，在观念上实现不断地进步。

不管选择什么样的教学模式，其目的都是让学生更好地开展学习，取得良好的学习效果。评价的开展也同样如此，不管采用什么什么样的评价标准，不管采取什么样的评价手段，目的都是促使教师的教和学生的学取得长足的进步。对于教师的评价来说，在进行评价标准的选取和完善的时候，相关人员应该认识到教师讲授类教学模式和非教师讲授类的教学模式是不同的。评价人员不能仅仅以教师在教学中讲了多少内容为唯一的依据，毕竟在合作学习模式中或者在混合式教学模式中，教师完全是一个引导者，是引导学生自主学习的人，并没有“讲授”多少内容，所以就不能以单一的标准来看待教师的教学。实际上，作者认为评价标准可以更多地侧重于非教师讲授类的教学模式，这样有利于教师将课堂上的主体地位还给学生，有利于教师在教学中运用更多新颖的教学方式，比如探究式模式、合作式模式等，而不只是运用讲授类教学模式一味地对学生进行灌输。

可以说，我们应该对于不同的教学模式设计不同的评价标准、评价指标，将标准和指标量化，然后分析教师的教学模式，针对教师的教学模式对于教师进行量化评价，以此使教师得到更加科学的评价，这样也有利于教师改进、反思自己的教学。

第五章　新时期高校英语教学与批判性思维培养的融合

随着我国经济和文化等方面的迅速发展，国家更需要复合型和创新型的外语人才。传统的英语课程往往注重语言的听、说、读、写、译的技能培养，而在某种程度上忽视了批判性思维能力的培养，存在“思辨缺席”问题。针对这个问题，越来越多的学者倡导将批判性思维能力或思辨能力的培养作为英语教学的重要目标之一。此外，我国教育部在 2018 年 1 月 30 日发布的《普通高等学校本科专业类教学质量国家标准》也已经把思辨能力即批判性思维能力的培养作为高等教育的核心目标之一，并要求“外语类专业的学生应具备外语运用能力、文学赏析能力、跨文化能力、思辨能力，以及一定的研究能力，创新能力”等。因此我们试图从口语教学中的批判性思维培养、阅读教学中的批判性思维培养、写作教学中的批判性思维培养几方面展开了论述，具体分析新时期高校英语教学与批判性思维培养的融合。

第一节　口语教学中的批判性思维培养

现阶段越来越多的高等院校注重学生批判性思维能力的培养，批判性思维能力的培养已经成为高等教育的重要教育目标之一。但是目前我国大学中学生英语口语能力普遍较弱，这是由于教师在英语口语教学中忽略了学生批判思维能力的培养。由此可以看出，在英语口语教学中培养学生批判思维能力是至关重要的。本节内容主要论述了口语教学中批判性思维的培养，首先根据批判性思维的理论，论述了当前大学英语口语教学现状，其次分析了学生英语口语能力弱的原因，最后探讨得出英语口语教学中学生批判性思维能力的培养途径。

一、大学英语口语教学的现状

大学英语口语课程在英语教学中发挥着重要的作用，其不仅可以提高学生交际能力，而且还可以培养学生批判性思维能力。除此之外，英语口语课程还肩负着传承中华文化的使命。《大学英语课程教学》中明确提出大学生英语教育的目标，即培养学生英语综合能力，尤其是听说能力的培养，英语课程设计按照听说能力培养的要求，给予充足的学时及学分。虽然我国高等院校越来越重视英语口语教学，但是目前大学英语口语教学中仍然存在着很多不足之处，主要有以下几个方面。

（一）从教师方面存在着以下几个方面的不足

传统英语口语教学课堂教学模式主要是讲座式。在这种模式的课堂教学当中，有的教师一味地将知识传授给学生，没有给予学生充足的思考时间，学生在课堂中只是忙于听讲、记笔记，没有对知识进行消化吸收；还有的教师注重大学英语四、六级考试与课堂教学的结合，只是让学生掌握了一些语言知识与技能，并没有对学生进行思维方面的训练，在这样的课堂教学中，学生难以培养自身的思辨能力。

1. 过度重视应试教育

当前还有相当一部分大学英语老师仍然没有转变传统的教学理念，表现在：重语言轻内容，重模仿轻创造，重应试轻能力。由于受四、六级和期末英语考试的影响，他们在视听说课堂上着重训练学生“听”的技能，而与四、六级考试关系不大的“说”则严重忽视。在大学英语精读课堂教学上同样忽视学生的口语训练，而主要重视英语考试涉及的阅读和写作内容，把培养学生的阅读和写作能力放在最重要的位置。如：通过让学生理解分析课文、扩大课外阅读量等方法提高学生的阅读能力；通过让学生背诵范文和作文模板等方式来突击锻炼学生的写作能力。在这种学习方式下，学生提高的只是对各种考试的应试能力，而不是语言的综合应用能力。结果，虽然学生笔试能拿高分，但他们的口语交际能力和逻辑思维能力依然薄弱。

2. 轻视思维习惯的培养

虽然一些教师在大学英语教学中对口语教学有一定的重视，但是他们将教学重心放在了学生英语语言使用是否准确以及对英语语言的表达是否流畅方面，在教学过程中过分关注学生低级语法错误以及单个语音错误的纠正。在这种过分强调语言形式的教学环境下，学生逐渐养成一种固定的思想观念，他们认为学好英语口语就是要练好发音、保证句子语法使用不犯错误。这种衡量英语口语学习好坏的标准不利于学生思维能力的培养，学生在学习过程中只是顺从教师的思维模式，难以运用批判性的认知分析讨论他们的观点，难以养成批判性的思维模式。

3. 教学方法有待完善

目前，英语口语教学中教师的教学方法也有待改进。现阶段大学英语口语教学中，教师由于深受传统教学模式的影响，在课堂教学中仍然花费大量的时间和精力对学生进行英语知识点的简单传授。这种传统的教学模式忽视了学生思维能力的培养，在课堂当中教师没有对学生的思维进行拓展与训练。虽然有的教师也在学生英语口语训练方面进行了一定的尝试，但是对语言的逻辑性以及条理性分析不够，在教学活动中虽然有意识地为学生设置了一些思辨环节，但因为话题没有深度和广度，所以对学生思辨能力培养发挥的作用也就不够明显。在大学公共英语课程中，大多数高等院校并没有开设单独的英语口语课程，这就使得学生练习英语口语的机会和空间大大减少。他们的口语训练主要在精读课程和视听说课程中完成。学生在精读课堂上所学内容多半是诙谐有趣的故事，或是思维难度不高的科普类文章，如果教师不去特意设计有挑战性的口语训练题目，那么只会对学生的语言技能训练有些许帮助，但对学生的创新能力和分析问题能力没有太多促进作用。长此以往，学生的思维缺乏深度，思想表达缺乏系统性和条理性，对他人观点缺乏批判意识。

（二）从学生角度存在着以下不足

1. 批判性思维意识较弱

大多数学生对具有批判性思维能力是提高英语综合素质的关键因素这一观念认识不足。学生在英语学习中长期深受应试教育思想的影响，对于英语的学习只停留在对单词、短语和语法的记忆上，大多数学生只是以重复和机械地方式尝试做大量的英语习题去获取英语知识，很少对问题进行思考分析与解决，对于教师设计的课堂英语口语活动，他们更是回避或是消极参与，给教师的课堂组织带来很大的困难。

2. 逻辑推理能力较弱

由于口语在中、高考不占分值，因此在中学阶段尤其是农村生长的学生学得英语都被称为“哑巴英语”，直到目前还存在着这种现象。大多数中学阶段的学生存在英语口语方面的发音不够标准、自信心不足以及过度焦虑等问题，这是由于他们没有得到充足的口语训练。在英语课堂中有的学生虽然能够回答出教师提出的问题，但是也仅限于简单单词的拼凑，不能深层次地对自己的观点进行阐述；还有的学生在课堂讨论当中，也常常只听不说，更不能发表出自己对问题的独特观点；还有个别同学虽然能够与其他同学用英语进行勉强的沟通交流，但语无伦次、逻辑性较差，更不具备综合分析、判断的批判性思维能力。

3. 学生缺乏积极主动

为了消除学生的胆怯、自卑和焦虑心理，课堂上教师应经常以小组讨论的形式进行学生的口语训练。

当教师布置课堂教学小组任务以后，有部分学生在进行小组讨论时，并没有参与进来，逃离教师近距离监控视线后与小组其他成员讨论与课堂内容无关的话题，他们明显缺乏积极主动性；还有部分学生在小组讨论过程中虽然能够做到各抒己见，但是只顾针对话题一次性说出自己的看法，对其他小组成员的意见不作评价，不发表任何看法，这样就使得整个小组讨论的结果难以得到归纳总结。除此之外，对小组讨论的结果进行汇报时，往往都是集中在固定的几个人身上，其他成员汇报的次数很少。同时，当其他小组发言时，很多学生并没有认真倾听他人的观点，对其他小组表现出不感兴趣的态度，学生在课堂未能与其他同学进行实质性的互动，使得课堂未充分发挥出自主、合作与探究学习方式的作用。缺乏积极主动性的学生在参加课堂活动时，大多数处于一种“无思维”意识的状态，难以运用批判性思维去评论分析各自的观点。

（三）从教材和课程设置方面存在着以下问题

（1）现有的大学公共英语听说教材在设置方面存在很多不足之处。例如，一些教材中的话题较为陈旧，不能很好地引起学生口语交流的积极主动性；一些教材中对问题的设置比较简单，难以使学生的思维得到有效发散；一些教材在操练环节设置上，将典型对话作为范例让学生进行跟读、模仿；还有一些教材编写只是对原有材料进行简单整理和复述，缺乏创新。教材在口语练习方面，大多涉及较低层次的思维活动，例如记忆、理解和简单运用等，这就很难激发学生的积极思维，使他们运用综合分析、推理以及评价的认知技能去表达自己的意见与看法。

（2）大学公共英语课程设置中对学生批判性思维能力培养的力度不够。当前很多高校对培养学生的批判性思维能力不够重视，对大学英语口语课程，阅读课程和写作课程等培养学生批判性思维能力的重要途径设置的教学时间少，或者根本没有单独设置课程，这些都不利于批判性思维活动的广泛开展。

综上所述，大学英语口语教学实践中，无论是教师方面、学生方面还是教材教法、课程设置等方面都存在着诸多问题，不仅不利于学生批判性思维能力、创造能力、研究和解决问题的能力的培养和锻炼，而且学生英语口语水平也很难进一步提高。因此，教师作为课堂教学的主导者，要想使大学生的批判思维能力得到有效培养，就要转变传统教学观念，创造性地运用教材，完善英语口语教学方法。

二、大学英语口语教学中学生批判性思维培养的影响因素

（一）传统教学模式根深蒂固

大学英语口语教学中影响学生批判性思维培养的一个关键因素就是学生深受传统应试教学模式的影响，形成了一种固化思维模式。固化思维模式一旦形成，就很难得到根本性的转变。在传统教学模式当中，学生一直处于被动地位，没有养成良好的自主学习的意识，大多数学生不情愿参与课堂讨论活动，更倾向于听教师的讲解。此外，学生对“以学生为中心”的合作教学模式缺乏正确的理解，习惯在简单表明自己的看法后等待教师的讲解。

（二）网络信息对课堂教学提出挑战

随着信息化时代的不断发展，学生学习的途径也越来越多样化，我国高等院校当中，计算机已经十分普及，大多数学生选择上网了解自己感兴趣的知识。这样就使得学生对教师的课堂教学有了更高的要求。一旦学生觉得教学内容不符合他们的期望，内容不够新颖，无法拓宽自己的视野，就会立即失去兴趣。

（三）学生层次高低不齐

大学生来自不同地区、不同层次，统一教学难以满足不同层次学生的需求，存在“吃不饱”“吃不了”的现象。许多学生在课前准备不足，无法参与课堂讨论和交流。此外，学生的自我评估直接影响课堂讨论和参与的积极性。学生充满自信，对自己的评价就高，在与他人交流合作方面表现得更积极；相反，学生缺乏自信，在与人沟通交流方面就会表现得不够积极，甚至出现不屑于其他同学交流的现象。从客观条件来看，英语专业学生的英语水平通常远低于他们的思维水平。因此，在讨论思维难题时，学生往往很难跟上语言水平，但这种困难不足以成为忽视思维能力培养的理由。

（四）教学科研任务繁重

目前，高等教育越来越趋向于大众化，学生的数量也在逐年增长。大学英语作为一门基础课，其教学任务十分繁重。此外，大学里重科研、轻教学的氛围使英语教师不愿投入太多精力进行教学。虽然大多数教师在课堂上倡导以学生为中心的教学理念，但仍然存在教学方法不合适，课堂上设置的问题不够新颖，教学活动简单缺乏挑战性等问题，这使得学生认为大学英语教学在某种程度上已经成为高中英语的重复，从而不愿意参与教师布置的课堂活动，从主观角度分析，一部分教师不了解提高学生思维能力的重要性，不清楚思维能力的内涵，不知道教学方法如何提高学生的思维能力。

三、口语教学中大学生批判性思维培养的途径

针对以上大学生英语口语的现状和影响因素的分析，本书作者认为在英语口语教学中采用批判性口语教学模式是最佳选择。有效的英语口语训练不仅可以培养学生的批判性思维，还可以促使学生个性化发展和创造性观点的形成。此外，大学英语口语教学活动中批判性思维的培养反映了学生知识获取从被动接受向主动探究的转变，能够激发学生用个性化的方法表达自己的欲望。当他们处于不同情境时，能够进行独立、客观、多角度的思考，并能够合理运用不同的语言表达方式，从而对英语口语的学习不只停留在日常用语表达阶段，而是更加注重运用英语表达自己的思想观念。大学英语口语教学中学生批判性思维培养的途径主要有以下几点。

（一）营造良好的课堂氛围

良好的课堂氛围对学生批判性思维的培养至关重要。首先教师要为学生营造一种宽松的、愉悦的、没有压力的课堂氛围。要实现此目的教师要对学生多加表扬和鼓励，使他们树立自信心。由于中学阶段的纯技能笔试训练使他们的口语表达落后于其他技能造成他们对口语表达的焦虑和紧张。教师要根据此实际情况，帮助学生摆脱这种不良心理的影响。关注他们的每一点进步和每一个“闪光点”并及时地给予表扬和鼓励。这有利于调动他们进行口语交流的主动性。对于口语中出现的表达错误不要直言批评，要引导他们正确看待。让他们明白语言的习得就是在不断的出错、纠错中进行的，这样学生就不会因出现错误而挫伤口语表达的积极性。其次，营造良好课堂氛围的关键在于和谐师生关系的建立。为建立良

好的师生关系，教师要加强与学生的沟通交流。大学阶段，英语课程课时是非常有限的，而且有的教师同时教授好几个专业的学生，学生数量非常多，仅仅利用课上与学生进行交流是不够的，所以，教师应当采取创建 QQ 群或微信群的方式，利用课后时间与学生交流沟通。作者几年以来一直采用这种方法与学生进行课下交流得到了学生们的好评。交流的内容包括英语趣闻、英语国际时政要闻的分享、潮流动态以及对社会热点问题的看法，鼓励他们利用网络资源进行电影片段的英语配音练习，然后分享到群里，大家互相点评优缺点，这极大调动了学生的积极性，缩短师生间的心理距离，为营造良好的课堂氛围提供基础性保障。

综上所述，为学生营造良好的课堂环境能够免除学生的心理焦虑，使学生树立自信心，激发好奇和求知欲，思维更加活跃，更容易表达自己的见解，更易于开放视野、进行大胆的猜想，发挥自身潜能，形成新的观点。因此，学生在提高口语表达能力的同时促进了批判创新思维能力的发展。

（二）运用多种教学手段进行口语教学

分析、推理和评价是批判性思维能力的核心组成部分，教师在努力创造和谐友好的课堂氛围、鼓励学生更加大胆、自信、开放、好奇的前提下，应该注重采用多种教学手段来培养和提高学生的批判性思维技能。

1. 采取问题引导法

问题是批判性思维形成的载体，问题的解决过程中蕴含着批判性思维的形成与发展。以问题为导向的教学方法可以按照提出问题、分析问题、解决问题和评价总结的步骤实施。

首先，教师要提出富有思考性的问题，启发学生运用发散式思维，促使学生展开分析。本书作者以教材全新版大学英语第二册第三单元的教学为例。三单元题目为：Generation Gap（代沟）。教师可先提出问题：

Do you think that there is a generation gap between you and your parents？（你认为你和你父母之间有代沟吗？）

这种问题，学生肯定只给出简单的回答："Yes" 或 "No"，针对这种情况，教师要多从 what、why、how 等方面进一步促使学生进行阐释、论证自己的观点。教师应该引导学生发散思维，对问题作更深入的思考而进行继续提问，例如：

Why is there the generation gap between you and your parents？（为什么你跟父母间存在着代沟？）

如果学生仍不能给出令人满意的回答，老师可启发学生分别从家庭生活和成员关系等方面继续引导提问：

Do you always do what your parents want you to do？（你经常按父母要求做事情吗？）

Do you think you have showed respect to your parents？

（你认为你尊敬父母了吗？）

Have you ever quarreled with your parents？（你跟父母争吵过吗？）

这些问题的设计虽然学生可以简单回答，但是已经给出了第一个问题的答案。学生可以通过三个问题当场进行归纳总结：代沟的存在是由于有时没按父母意愿做事情，有时对父母不尊敬，有时和父母争吵。接下来教师扩大问题范围继续提问：

What are the causes of the generation gap except above？（除了以上提到的以外，产生代沟的原因还有哪些？）

这次学生的思维就被调动起来了，他们回答了一些其他原因，诸如：

The old generation and the young generation live in different periods.

（老人和年轻人生活的年代不同）

Different time have different cultures，different backgrounds.（不同年代有不同文化和不同生活背景）The lack of communication.（缺乏交流）

也许学生还会有更多的答案。开放性问题的设计在于没有固定的答案，不仅使学生的思维得到发散，而且有利于学生根据自己已有的认知对问题进行探索分析，从而得出答案。由于开放性问题的引导，学生在探究学习过程中有效地运用了批判性思维。

其次，教师要进行迁移式问题的提问。要求学生换位思考，采取由此及彼的思维方式，能激发学生大胆地推测和假设，要鼓励学生独立解决问题。

按上文提问问题的教学思路继续提问：How to narrow the generation gap？（怎样缩小代沟？）

下面列举部分学生的回答，缩小代沟的方法是：

Communicate with each other，try to understand each other.（互相交流和理解）Try to keep silence.（要保持沉默）Should have patience.（要有耐心）Learn to contain others.（要学会包容他人）

学生对面临的问题或获得的信息积极地从不同角度全面地思考问题，获得对事物完整、清晰的认知后独立做出决定，并对自己的批判性行为进行自我调节和监控。

在解决的过程中，提高了他们批判性思维的清晰性和深刻性，激励了批判性的精神，训练了他们的批判技能。

最后，教师鼓励学生分析问题和解决问题之后善于评价和总结问题。教师掌控问题的发展进度，提出最后的问题：

What would you do if you want to be a good child？（你应该怎样做个好孩子？）

这是个总结性的问题，学生经过上述过程后不难说出较为全面的答案。因为已经经历了具有一定深度和广度的逻辑推理和分析，深化了思考的过程。随后，为了让学生对自己批判性思维的过程有一个清楚的认知，可以要求每位学生在主题结束后完成一篇 200 字左右的写作，对全班的讨论结果做出总结，并对讨论的主题进行合理而又完整的阐述。

2. 引入演讲辩论法

演讲与辩论是一种高级的语言交际活动，是辩证逻辑思维发展的较高阶段，一般在学生英语课程设置的中后期，学生有了一定的词汇量基础上再进行。通过演讲和辩论活动，可以促使学生对演讲和辩论的题目进行深入的剖析，分析演讲和辩论的主题，选择有效的方式表达自己的见解。由此可见，演讲和辩论过程中包含学生逻辑推理、综合、分析、评论等多种思维能力的训练。具体而言，英语讨论或辩论活动除了促进学生把从读听之中学会的单词学用结合、融会贯通之外，还可以促进学生深入思考分析主题，理解主题的多层观点。教师可以在课前或者是课中提出话题，围绕该话题开展讨论或辩论活动。

自主学习与合作学习的方式都能让学生批判性的思维得到锻炼，学生在这种学习方法中可以运用已掌握的知识去理解、分析、解决、讨论和辩论问题。学生会在课外积极查资料、找论据、想论点等，扩大知识面，而且在辩论激烈氛围的刺激下，其听力、口语、词汇量等方面的进步都十分明显，对于知识的理解更加深刻，对已有论点进行批判，获得创新成果。学生惊喜于自己英语各方面能力的进步，对英语产生浓厚兴趣，用动力进行英语学习，进而形成良性循环。讲座、辩论和访谈通常涉及社会、生活、工作和学习的方方面面，题目非常广泛，极大地扩展了学生的词汇量和知识面。一些批判性思维训练方法，如即兴演讲、小组辩论、现场提问和交叉询问，极大地提高了学生创新驱动的批判性思维能力。

在口语课堂教学中，教师可结合教材或当前社会热门话题确定辩论的主题。主题的确定要兼顾学生的兴趣和可辩性。由于非英语专业大学英语没有设置专门的演讲与辩论课程，一般情况下教师会在精读课上进行操练，多数结合教材涉及的文化背景等内容设计主题。有时也会就近期学生感兴趣的热门新闻选题，诸如娱乐新闻、时事新闻、体育新闻和社会新闻等，演讲辩论前教师会提前布置，让每位学生通过中国日报英文版（China Daily）、21世纪英文杂志（21st Century）或其他的英文网站搜索和查阅相关资料，批判性地甄选信息，并查看各种已有的评价，然后，经过分析、整合和判断以后，形成自己的观点，提出论据并进行逻辑推理，从而得出结论。在这个过程当中，教师扮演着重要的角色，不仅是学生的引导者还是组织者，因此教师应该在学生辩护立场的选择以及持有不同正反观点的学生如何在小组内根据自己掌握的信息辩护自己观点等方面给予引导。此外，教师在学生演讲过程当中，还应该引导学生谋划合理的布局，使其语言表达做到思路清晰、合乎逻辑。这些分类、综合、筛选、思考、辨别、推理、判断、评估和结论的过程就是批判性思维的过程。经过长期演讲和辩论训练的学生一般口语交际水平较高、逻辑思辨能力也较强，因为演讲和辩论对学生语言表达的准确性和流动性、观点看法的突出性以及逻辑思维的严密性均提出了较高的要求。

3. 采用探究教学法

在大学英语口语教学中应用探究式教学模式，突出了以学生为中心的教学理念。探究式口语班教学的过程从学生在小组内情景或者问题进行讨论开始，到小组对所学内容和学习过程的反思结束。教师在划分小组时，为了带动水平较低的学生，可以进行混合搭配，即将英语口语水平好的学生和英语口语水平差分成一个小组。

对于教师设计的话题，他们以小组为单位，首先确定分工和任务，然后自主学习探寻自己被分配的任务；接着每位学生将向小组展示自己的新发现并与小组其他成员进行有效沟通，小组内经过评判把新观点和新发现纳入他们的汇报内容之中；最后小组发言人在全班进行汇报演说，或是小组人员分工、每个组员各讲一部分内容。学生根据自己的学习经历，以个人或者小组的形式对学习过程进行批判性地评价。本书作者在授课过程中曾将学生的汇报演讲录成视频，分享到班级英语QQ群里，课下学生可以随时通过自己的手机播放观看并进行进一步交流。这种形式可以使学生的语言错误和思维过程中的失误得到纠正。通过以上分析得知，探究教学模式主要体现了集体探究、集体自主学习、集体评论和集体汇报。学生在讨论（不断地演讲、不断地提意见）的过程中会发现新知识、产生新观点。英语口语教学中运用这种教学模式有利于学生的集思广益、互相交流、互相讨论、互评互学、自行发现知识和组织知识，能够调动学生的积极性，使学生积极地参与到批判性思维的活动当中，从而使自己的批判性思维得到有效锻炼。同时，在探究的过程当中，学生运用主动性思维进行自主发现，有助于智力的提升。除此之外，学生经过探索和研究，能够获得极大成就感和满足感，有利于学习主动性的培养。总之，探究式的口语教学法与传统的口语教学方式相比较，有更大的优越性。探究学习最终使学生形成独立的求知欲和独立的批判性精神和思维能力，不断提高他们的人生水平和创新能力，有利于高校培养创新型人才目标的实现，促使学生在社会发展进步中贡献自己的力量。

（三）建立反思和反馈机制

我们一再强调学生写反思日志对其批判性思维培养的重要作用，可是却忽视了教师写反思日志的必要性。

教师也应当撰写反思日志，对自己日常的教学行为做出反思，总结成功或失败的教学经验，牢固树立自我反思意识，不断提高自我能力，逐步完善教学方法，提高课堂教学效果。一般教师进行自我反思的内容主要包括：教学内容是否充分得到展示；针对课上提出的问题学生是否进行思考并积极参与；教学的成功与失败之处在哪里；课堂教学中设置的问题能否激发学生的兴趣；学生在课堂上是否全身心地投入；课堂教学的效果与预期之间是否存在差距以及差距产生的原因等等。除此之外，更重要的一点是，教师应当在课后耐心倾听学生对课堂教学的反馈并认真解答学生提出的问题，要尽可能多地与学生交流，定期组织学生进行教学反馈活动，或是不记名形式的问卷调查，从而使每个学生都能参与进来，更高效地完成课堂活动。以上证明，建立反思和反馈机制，能够使教师批判地看待自己的成绩与不足，更有效地组织英语课堂口语教学。

（四）教师批判性意识的培养

教师在教学中发挥着榜样的作用，学生批判性思维的培养在很大程度与教师是否具有批判性思维的素养有关。通过对当前大学英语口语教学现状的分析可以看出，部分教师对批判性思维的概念和内涵认识不够明确，对培养学生批判性思维的途径与方法了解不足，对如何将口语、阅读以及写作等相关课程有机结合来培养学生的思维能力的教学方法感到陌生。因此，他们不够重视提高学生的批判性思维能力。所以，教师需要利用业余时间多学习批判性思维的相关理论，并参加寒暑假举行的批判性思维教师培训班，通过专门的批判性思维训练之后，教师更易于把所学到的批判性思维教学法知识运用到自己的教学实践中。在教学过程中，顺利完成角色转变，从课堂知识的讲授者变成教学过程中与学生进行批判性对话的平等伙伴，成为学生不断成长的促进者和帮助者，教学相长，在教学的同时使自己的批判性思维意识和批判性思维能力得以提高。

（五）根据学生的思维水平设置话题

如果没有话题，是很难激发起学生的讨论兴趣的，在学习时，他们往往只会对文字进行研究，对于教材内容背后的深层次内容多会出现理解困难。在口语教学活动中，可以遵循由浅入深的原则，让学生针对特定的问题与事件进行分析判断。因此，教师需要根据学生的英语水平，与教材内容相结合，制造适宜的话题让学生进行讨论，话题需要具有挑战性和争议性，既可以启迪学生的思维，又可以让他们产生讨论兴趣。大学教材中的讨论素材是非常丰富的，这些多元化的素材体现了不同民族与国家学生的价值观念，针对某个素材，可以收集与之相关的报刊评论、新闻报道、网络视频，挖掘出具备新意、实效性的资料，引起学生的质疑心理。

（六）为学生提供丰富的语言材料输入

语言信息输入需要遵循丰富多样的原则，利用重组的语言材料来提升学生的语言表达能力，必备的语言知识对于学生的思辨能力与口语表达能力有着直接的影响，如果学生词汇量缺乏，是很难参与到讨论中的。实践证实，为学生提供必备的语言信息输入，大多数学生都会主动参与到学习中，更新自身的知识。通过对相关知识的更新与学习，学生的辩证思维能力得到了有效的提升。

（七）设计锻炼学生批判思维的活动

传统口语训练模式呆板落后，不利于学生综合素质的提升，这种传统口语训练大多采用一对一的机械形式来开展，很容易导致学生出现学习惰性，在思维能力的提升上收益并不高。为了解决这一问题，教师需要提高辩论与演讲的比例，将学生进行分组，鼓励小组之间进行交流和讨论，让学生从多个角度分析、讨论问题，积极提出自己的见解。辩论与演讲是人类的高级语言交际，是培养学生批判思维能力的重要内容，可以有效培养学生的思辨能力。就讨论中涉及的话题，教师可以根据学生的观点进行分组，在辩论与讨论环节中，由各个小组发言人针对自身的问题进行陈述性回答，回答完毕后，其他小组可以质疑与提问，由该小组成员进行回答。在辩论结束后，将学生的观点与支持理由写在黑板上，让学生根据主要论据来写出作文。在写作时，鼓励学生根据自己获取到的知识先写出一篇 100 字左右的短文，内容包括观点陈述（State）、阐述理由（Elaborate）、举例说明（Exemplify）、做出总结（Conclude）几个部分。即先确定好作文的主旨，引出不同观点，由教师做主提示，引导学生进行积极的思考，再从多个角度阐述主题，引出相关论据，回归主题，重新阐述和说明主题。

第二节　阅读教学中的批判性思维培养

在探讨阅读中培养学生批判性思维能力之前，首先要明确的一点是，在阅读过程中的批判性思维指的是对阅读、反思和对文本做出批判性回应的一种能力。这种能力远不止是文本信息本身或对文本字面意义的解释，而是通过分析实现高水平的理解。这意味着读者在阅读和思考时，应该保持开放的心态，不是简单层面上的同意或不同意，而是去探索信息、发表观点和想法。

在阅读中培养批判性思维，对学生的能力提出多方面的要求，即具备理解能力，能够准确理解文章的意思；能够掌握文章的主要思想和细节；能够区分事实和观点；具备逻辑能力，即能够理清内部关系；有预测可能发生的事件的能力；具备分析、归纳与总结能力；具备欣赏和运用语言修辞的能力；具备识别作者意图的能力。

一、批判性阅读

批判性思维是由诠释、分析、评价、推理、解释和自我调解六方面的认知能力构成的。批判性思维的关键在于论证，对于论证的分析则依赖于对文本的阅读与理解，这就需要运用批判性阅读来关注与论证相关的信息，对论证进行分析和评价。一般来说，阅读有不同的层级，批判性阅读属于较高层级的阅读。

批判性阅读指的是对文本内容深层次的理解，它是由西方国家在培养批判性思维能力过程中提出的一种阅读模式。众所周知，文本可以再现客观世界，读者在阅读过程中对文本进行质疑、分析、判断或者是加以评价，就是批判性阅读。具体来说，批判性阅读是要辨别文本的重要信息和非重要信息；区分文本的事实和观点；确定作者的目的、态度和语气；推导文本的言外之意，填补文本信息的缺失；得出符合逻辑的结论。批判性阅读的过程就是批判性思维的实践过程。

批判性阅读的最主要目的就是理解和评价。这里所说的理解是指在了解作者立场的基础上把握作者的论证；评价就是在质疑和批判的基础上对作者的论证作出客观公正合理的判断，既要认识到作者的可取之处，又要发现作者的不足之处。因此，这就要求进行批判性阅读时要注意以下三个方面：一是进行批判性阅读时要立足原文，保证忠实作者的原意，即站在作者的立场，从作者的角度和观点去理解作者的论证，尤其注意不要把自己的观点强加给作者，要准确理解文本，防止曲解作者本意；二是要从多重角度考察作者的论证，包括考察理由的真实性、推理的有效性，是否有不同的观点、解释和论证，是否有反例等方面；三是在上述基础上，还要对文章有一个整体性的评价和判断，包括思考作者的论证是否可接受等。总体来说，通过批判性阅读我们要搞清楚作者是如何表述其思想的，作者的论点是什么，给出的理由或论据是什么，结论是怎样从论据中得出的，论证中涉及的重要概念有哪些，作者论证的出发点和意图是什么，作者论证背后是否有隐含的假设和原则，作者给出的理由是否真实，推理是否有效，是否还有其他的反例，作者的论证是否可接受等。

二、阅读教学中批判性思维培养原则

（一）准确理解批判性思维

虽然批判性思维非常复杂，迄今为止学界就“什么是批判性思维”也没有达成一致意见，但通过广泛而深入的理论学习，事实上我们可以提炼出批判性思维的一些基本属性，从而形成对批判性思维的准确理解。当然，这还远远不够。鉴于人的批判性思维发展一般涉及面广，历程也较长，教师要在学科教学中培养学生的批判性思维，还应当聚焦本学科课程标准中核心素养视角下批判性思维的内涵，明确其目标、内容与要求，把握本学科之于学生批判性思维发展的独特意义，在此基础上制定方案，摸索流程，采择、开发工具，开展教学实践并进行反思和总结。

（二）寓批判性思维的培养于语言教学与内容教学之中

培养批判性思维固然重要，但不可喧宾夺主。《课程标准》明确指出，语言能力是英语学科核心素养的重要组成部分，也是文化意识、思维品质和学习能力的依托和基础。因此，英语学科教师要培养学生的批判性思维，不能舍本逐末，应该基于对批判性思维的准确理解，尤其是对其在课标规约下的内涵的准确把握，仔细梳理教材，往复沉潜文本，捕捉不同语篇中可用以践行批判性思维培养的操作点，由此摸索路径，形成序列，搭建语言教学与内容教学表层下的里层思维教学架构，将语言、内容和思维有机融合。换言之，教师一方面要独具慧眼，能发现并开掘语篇的批判性思维教学价值；另一方面，教师也要充分认识到，语篇所承载的教育教学意义远不止此，还包括对语言知识的学习、语言技能的操练、话题内容的掌握，甚至是文化内涵的理解和学习策略的运用。

（三）重点关注学生批判性思维的养成过程

批判性思维的评估对象是思维本身，而对思维进行批判性地评估需要经历一定的过程，包括区分观点与事实、识别论点与论据、推断信息间的支撑关系、反思论证是否站得住脚等等。并且这一评估过程还需依据一定的标准，如概念界定是否清晰（清晰性）、所用论据是否与论点相关（相关性）、所援引的数据是否准确（准确性）、是否考虑到了所有可能性（广度）、因果推论是否成立（逻辑性）。因此，教师要培养学生的批判性思维，应该更多关注学生的思维养成过程而不仅仅是思维的结果，在必要时要巧设问题、巧用工具来助推学生批判性思维的发展。我们常会在一些英语课堂上看到教师请学生就一段有争议的论述发表个人见解，如："The author argues ... Do you agree or disagree？ Why？"要知道，类似这样的设问（或指令）充其量不过是给学生提供了一次表达意见的机会，事实上如果学生的回答只是泛泛而谈，或者抛开了该段论述本身的内容转而去新开一个维度谈自己的看法，这都没有在根本上帮助他们提升批判性思维。

（四）充分认识考试评价对学生批判性思维的考查

很多教师都心存疑惑：既然批判性思维如此重要，那么月考一类的考试评价对它是否有考查？又是怎么考查的呢？

首先，阅读作为人参与社会活动的基础，本就包括一系列复杂的认知和语言技能，如理解、应用、评估和反思。此外，《课程标准》还对英语阅读理解的命题提出了建议，阅读理解不仅包括对语篇内容和语篇结构的理解，还包括对语篇内容的分析、解释和评价。试题的设计可以引导学生理解和判断语言中的文化差异，分析和解释文本中反映的情感态度和价值观。

目前，部分高校英语科目阅读理解的题型主要以循证性阅读选择（evidence-based reading）为主，即"考查学生依据所读文本信息，根据题目要求，在四个选项中选出最为适切的答案"。这过程的核心其实是推理，以所读文本为依据（理由和证据），以所选答案为结论的推理，而学生批判性思维能力的强弱，决定了这推理是否基于正确的依据，能否推导出正确的结论，进而也将影响学生最终的成绩。

三、英语阅读教学现状

作为一种交流和获取信息的方式，英语阅读变得越来越重要，这决定了阅读教学在英语教学中的重要地位。然而，在现阶段的英语阅读教学中，仍然存在批判性与创新的不足的问题，具体包括以下几点。

（一）以教师为中心的传统的英语阅读教学模式

目前，大学英语阅读教学模式主要以词汇、语法、句子分析、篇章问答及练习为主。这种教学方法以教师为中心，注重句子分析、语法结构和篇章层次，却忽视了文章语篇的总体结构和系统思维逻辑在阅读中的作用，不仅与英语阅读教学的目标相背离，而且导致师生之间缺乏交流与互动现象的发生。教师在进行阅读教学时，重点讲解生词、语法、难句、问答和练习，将阅读材料作为词汇、句法和语法的应用实例，强调对句子的分析和讲解，教学过程比较枯燥乏味，难以激发学生参与课堂和阅读的兴趣。在这种英语阅读教学模式下，学生逐渐养成了运用语法知识进行分析和理解，逐字逐句阅读的习惯，导致学生对整篇文章段落之间的逻辑性缺乏理解，从而使学生的思维能力不能得到有效提高，对阅读内容也不能进行批判评价与创新。

（二）忽略学生主体地位、限制学生个性和思维发展

教师在传统英语课堂教学中占有主体地位，从词句到篇章，教师都为学生进行逐词、逐句、逐段地讲解。在这种教学模式下，学生的积极主动性难以得到有效发挥，学生在课堂中只是一名被动的听众，而不是主动地参与阅读过程。学生在这样的课堂当中不需要发挥自身的积极和创造性，但需要依靠死记硬背的方式来获得语言要素，这样得到的信息大多是语言现象，而不是篇章信息，学生在英语阅读中得以训练的能力只是记忆单词和语法的能力，而不是基于推理和评价的批判性思维能力。大多数学生为了应对英语四、六级考试，采取“题海”战术，盲目做题，导致阅读速度较慢，更不会对文章内容持有批判性和创新性的态度。因此学生英语阅读时很费力，逐字逐句阅读、花费时间长，理解篇章能力差，忽略段落之间的关系和相关的背景知识的理解，做题错误率较高，久而久之对英语阅读失去兴趣和阅读动力，甚至出现抵制情绪。

（三）课堂阅读教学缺乏师生互动和生生互动

传统的英语阅读教学流程一般为：学生在课前对阅读材料进行预习；教师在

教学课堂上对阅读材料进行简要概括（材料的背景介绍、材料的内容、作者的信息背景等）后，对重点、难点的词汇、句子、语法等做出解释。然后提问问题让学生解答；课后让学生对词汇、短语、句子、语法等进行复习并记忆。由此可知，传统的英语阅读教学中，教师与学生缺乏充分的互动，并且学生的大脑始终处于抑制状态，这就导致学生在课堂当中难以提起对阅读的兴趣。教师采用传统的英语阅读教学方法，妨碍了学生对阅读材料内容的整体理解，不利于学生阅读技能与批判性思维能力的发展。缺乏师生互动的英语阅读课堂，学生局限在自己固有的知识圈内，由于不能够与群体分享知识和技能，使得阅读策略难以得到有效的发展。

（四）语言和文化脱节

语言和文化紧密相关，学生的阅读水平深受自身文化知识背景的影响。教师在日常教学中，只是注重讲解英语教材中的知识，忽略了文化背景知识的传授，而学生对阅读材料的理解程度取决于他们对文章中涉及的知识的掌握程度。因此，学生对文章的内容不会产生独特的看法。

四、批判性阅读对大学生批判性思维培养的重要作用

培养大学生的批判性阅读能力可以促进其批判性思维意识的形成和培养。上文对批判性阅读的概念进行了介绍，认为批判性阅读本身就是一个对阅读材料进行反思和评价的过程。在批判性日常阅读教学中，教师积极组织学生参与具备批判性思维元素的课堂活动。

学生进行批判性阅读可以有效锻炼自身的逻辑推理能力。在教学中，教师不仅引导学生分析、推理和评价阅读文本，从内容、结构和语言应用三个角度对好的推理进行介绍，而且为了让学生进行针对性的训练，组织开展课外阅读练习活动，并提供适当的课外指导，从而使学生对推理在阅读中的重要性有清晰的认识。推理能力以培养批判性思维能力为最终目标。

批判性阅读可以有效提高学生的写作能力。这是因为批判性阅读主要包括三个部分：获取信息、分析结构、评估作者的观点和论述过程。学生在批判性阅读过程中不仅可以有效理解文本内容，掌握篇章段落之间转、接、启、承的关系，形成对作者观点的判断和评价，还可以提高自己的写作技巧。

批判性阅读可以让学生区分重要和不重要的信息，掌握文本的基本结构，让学生在最短的时间内掌握文本的要点，以提高学生阅读的速度和效率以及问题的

准确性。

五、批判性阅读能力的培养策略

学生具备批判性思维的前提是要有阅读批判的心理准备，而学生具备良好的阅读批判心理的关键在于消除迷信权威的心理定式。因此，对于教材上的内容，学生不能不加选择地盲目跟从，应当在阅读过程中进行批判性地欣赏与吸收。以下是作者根据自己的教学经验总结出的培养学生批判性阅读能力的策略。

（一）优化英语阅读课堂教学环节

在培养学生批判性阅读能力之前，教师应当对学生批判性思维能力的现状有一定的了解，掌握每位学生当前批判性思维的倾向和批判性思维技能所处的状态。通常，学生的批判思维倾向在分析性、系统性、自信性和好询问性四个方面表现最弱，批判性思维技能在分析能力、推理能力和自我调节能力方面表现最弱。因此，教师应在教学过程中引导学生通过层层分析和提问来推理阅读材料中的故事情节，大胆质疑文章中有问题的部分，在小组讨论中自信地发言和讨论，通过批判性阅读过程来改善学生批判性思维能力的薄弱环节。接下来，本书将对教师在教学过程中应采取的具体措施进行详细论述。

在课堂教学中，教师应当明确自己的身份地位，教师应当清楚地认识到教师在课堂教学中不应占据主导地位，而是作为学生的引导者与促进者去传授知识。批判性阅读相比传统阅读教学模式需要教师投入更多的时间与精力，尽管教师在批判阅读课堂中阐述的时间变少了，并不意味着教师工作可以变得轻松。

（1）课前，在备课过程中，教师应根据阅读内容认真提出可能激发学生兴趣的问题，在设置问题时要保证问题的情境与学生认知水平和知识基础相适应，而且问题能够在学生的心中制造一定的悬念，促使学生的阅读活动达到最佳状态。同时，让学生在课前预习中选择文本中的关键词和短语、值得推荐的精彩内容和值得讨论的问题，这不仅可以引导学生掌握学习重点，同时也让学生在阅读前养成“扬弃”的习惯。此外，教师应让学生一方面欣赏课文的微妙之处，另一方面对有问题的地方提出质疑。教师只有充分了解了学生的兴趣和疑虑，以及学生对文章重点和难点的理解，才能掌握学生的需求，从而合理地设置课堂教学中的问题，确定教学的重点和难点。

（2）在课堂教学过程中，教师要对批判性别阅读课程的环节有一定的掌握，批判性阅读课包括背景知识汇报、教师提问与评价、分析文章、学生提问与评价四个环节。其中，背景知识汇报环节可以有效激发学生的元认知能力，促使学生了解阅读材料中的相关背景信息。在阅读中，10% 的信息来自文本本身，另外 90% 的信息来自于读者的整个知识结构，包括文章的背景知识、社会文化背景知识和个人生活经历，这些信息属于非视觉信息。

理解文章基本知识的过程在于利用这些知识弥合表面语言信息之间的鸿沟，建立语言信息之间的相关性，并在此基础上建立对文本含义的理解。批判性思维来自反思和质疑。因此，教师课堂提问是非常重要的。通过提问，教师一方面可以引导学生反思课文的内容和意义，另一方面可以通过示范让学生理解提问的技巧。根据保罗提出的批判性阅读理论框架，教师可以提出以下问题：

①文章的写作意图是什么？②文章的关键问题是什么？③文章中最重要的信息是什么？④文章的主要结论是什么？⑤为理解文章我们需要把握什么主要观点？⑥隐藏在作者思想中的主要假设是什么？⑦文章中的某句 / 段暗示了什么？⑧作者的立场和关注的角度是什么？

通过这些问题，教师可以引导学生在字面理解的基础上，对文本进行深入的分析和理解，为了激发学生的思维，让学生明白收集基本材料的过程实际上就是运用批判性思维的过程，不能在没有批判的情况下使用所有信息，而是应该对理解文本有价值的重要信息格外关注。在文本的分析和解释阶段，教师通过提问帮助学生获得文章的结构模式，找出各部分之间的关系，总结文章的主题，然后指导学生开展评价活动。学生在提出问题时，不仅要质疑阅读文本的信息，还要质疑教师的解释以及其他学生的问题，甚至还要对自己观点质疑。最后，教师要求学生根据分析结果评估文章的语言表达是否准确地代表了某个群体；词与短语之间、段落之间、主题与背景之间、主题与语言特征之间是否存在相关性；文章的叙述过程是否合乎逻辑；文章的主题是否有价值；作者的意见是否正确、公正。在回答这些问题后，学生完成了对文章的解读、分析和评价的批判性思维过程，并建立了文章的结构方案，从而理解文章的语言和文化内涵，形成自己的判断。

（3）课后巩固。教师可以通过口头演讲、情节再现、表演或写作来帮助学生巩固他们在课堂上学到的知识。教师可以引导学生在讲述课文时添加自己对课文的评价，包括课文中最美的部分、值得反思的部分或感受最深的部分。当学生相互评判时，老师会提供评估标准，比如故事内容是否与文本主题相关，想法是否清晰，语言使用是否准确恰当，个人观点是否深刻公平。此外，教师可以让学生在每一单元结束时写一篇课后反思，不仅反思他们对单元知识的掌握，还反思他们在分析和评估阅读文本方面是否取得了进步和不足，以及反思课程对自己批判性思维的形成过程带来的帮助。这不仅有助于学生有意识地培养其批判性思维，也有助于教师根据实际情况对课程进行调整。

（二）明确批判性阅读教学目标

以批判性阅读的定义和修订版的教学目标分类学说为基础，教学活动主要有三大教学目标。

首先，学生能够学习相关的阅读策略。长时间以来，阅读教学的侧重点都是在对知识点的处理上，学生习惯了字面解读阅读，并且教师很少会教学生如何批判性地阅读，有些学生甚至不知道批判性阅读是何物。所以，教师的职责就是引导学生批判性地阅读，教给学生阅读的策略，在相关教学活动的展开下训练学生的思维。

其次，学生必须能用这些阅读策略，通过对策略的运用来读懂文章、理解主题、形成自己的观点、创造新的写作等等。

最后，批判性阅读是长期而复杂的阅读，所以需要不断地学习和努力。教师可以在每节课提点批判性阅读，使得这种阅读方式更常见，更为学生所熟悉，从而培养学生长期的批判性阅读思维。并且，批判性阅读思维不仅局限于课堂，也在课堂之外。学生不仅要在课内有批判性的慧眼，也得在课外以这双慧眼鉴别是非真假。

（三）引导学生从语篇的整体角度出发分析课文组织特点

分析在批判性阅读中占有重要地位，教师应该引导学生从语篇的整体角度出发，运用正确的方法对阅读文本的中心思想、论点论据以及文体进行分析，从而了解作者写作的目的，并且找出文本的主题以及作者陈述论点的论据。找出论据以后，还要进一步分析这些论据运用的是事实还是理论或者信念。最终，明确作者得出的结论是什么。学生在这样的阅读过程当中，可以有效地发挥自身的创造性思维，大胆运用想象力对阅读文本进行猜想和假设。

（四）课堂活动形式要以互动型和任务型为主

课堂教学的互动可以有效地提高学生的阅读积极性，培养学生的逻辑思维和批判性思维能力。教师应营造民主和谐的氛围，构建师生平等对话与沟通的平台，鼓励学生从不同角度调查问题，在日常阅读教学当中，经常开展角色表演、小组活动和课堂讨论等形式。此外，学生在阅读过程中，教师还要让他们带着任务和问题进行有目的的阅读，将各种批判性思维因素有机地结合起来，并在阅读前、阅读中和阅读后的任务中进行合理的运用。

举例来说，在学生阅读后鼓励他们撰写读书笔记，就是一种任务型的练习形式，它不仅能让学生明确阅读的目的，还可以有效提升学生阅读的效率锻炼学生的组织思维和逻辑思维，从而培养学生综合分析问题的能力以及批判性思维的能力。此外，教师在学生阅读完以后，可以依据文章的具体内容设置相应的问题供学生思考，为了回答这些问题，学生必须进行高水平的认知活动，如分析、推导、评估、比较等，从而促使自己进一步思考并提出自己的观点。可以看出，问题可以鼓励学生仔细处理收到的信息，从而培养独立、敏锐和客观的思维技能，并有意识地抵制作者的诱导。

（五）要灵活运用各种教学策略

教师要根据教材、学情、学校的教学条件和个人的教学特点等，探索教学策略的本土化、个性化实施。比如，教师在规划整体培养方案时，未必只能依托观点表达类语篇，还可以基于对课程标准内容和要求的把握，自行搭建立足特定语篇序列的教学实践体系。又如，在运用路径工具时，SPCD 表不仅能用在丰富议题认知环节，也能用在反思推理质量环节，尤其是“决定性问题”一栏，可用以引导学生关注，如果议论中的概念缺少限定条件而变得模糊，就可能导致解读分歧。再如，同样是运用语言逻辑支架，本书中的两个案例因学生所处的学习阶段不同，批判性思维发展水平不同，因而对语言逻辑支架的运用程度也不尽相同。

（六）在英语课堂中采用问题教学法

“提问本身就是一种批判形式”，批判性思维实质上是一个提出问题并解决问题的过程，它通过提出不同的问题再深入思考分析，而逐渐产生主体自己的新观点。问题教学法有利于提高学生的创新能力并产生有创新、有价值的观点或理念，通过要求学生大胆假设、敢于质疑，不断提出问题，培养学生的批判性思维。因此，在英语课堂教学中，应当以问题为主线，贯穿课前、课中、课后。在课前，以问题引导学生，让学生在课前积极思考，带着问题预习；在课中，提倡讨论式教学，鼓励学生积极提出问题，以问题引导文章的背景、内容、结构等，遵循问题情境和主动探究的实施原则，教育学生介于文章中存在事实也存在作者本身的观点和判断，书本上的内容不一定全是真理，使学生大胆提问发言，并共同解决问题。给予学生充分的自由来表达自己对问题的看法，这会极大程度地调动学生思考的积极性。与此同时组织学生探讨问题，同学之间交流彼此的意见，深入理解学习，碰撞出新的思维火花。在课后，采取问题引导式作业布置，如问题引导式集体写作、问题引导式同伴对话等，以加深对课堂所学知识的理解运用，提高创新驱动批判性思维能力。

（七）要不断激发学生的表达欲

对学生批判性思维的培养，不仅关乎知识的掌握、能力的提升，还关乎其精神气质（或称为心智倾向）的陶冶。换言之，我们在把学生往“能言、善言”的方向培养的同时，还得确保他们首先要“愿言、敢言”。基于一线教学观察和经验，教师们常会发现，学生在步入高中阶段后，或是因为青春期自我意识强化，或是因为进入新的环境和新的集体，又或是因为（英语作为）外语的客观壁垒，很多人会羞于或怯于公开表达自己的想法。因此，教师要积极创新课堂教学的组织形式，以丰富的活动、适切的教学语言来调动学生自我表达的积极性，再搭配使用各类路径工具表，帮助学生准确而得体地表达。比如，教师可以尝试近些年在欧美很流行的“四角思维广场”（Four-corner Think Quad），即让学生就某一议题先选择立场——“支持”“反对”“中立”或“尚不表态”并站到相应的角落，随后组织各派的内部讨论，让“支持派”与“反对派”相互辩论并请“中立派”和“不表态派”做裁判，或让“支持派”与“反对派”分别游说“中立派”和“不表态派”并允许后两者中的人重新站队，通过诸如此类的活动源源不断地为学生提供表达的机会，让他们在组内、组间开展多向度、多轮次的互动。

（八）激发学生批判性思维自我培养意识

从学生自身角度来说，在批判性阅读能力培养方面，学生应该对自己在批判性思维能力上的薄弱环节有所掌握，注重培养自己的好询问性、系统性、分析性、自信性，以及解析能力、推理能力和自我调节能力。在日常阅读课堂中，学生应该加强与教师的合作，在课堂上培养系统技能、分析技能和推理技能。平时也要注意通过参加一些活动来培养自信心，发现自己的优势，发挥自己的优势，通过成就感来激发自信心。同时，必须始终保持对周围事物、知识和真理的好奇心，从而追寻着这样的好奇心拓宽自己的视野，开阔胸怀，以更宽广的眼界分析和判断事物的本质。在培养批判性思维倾向的同时，学生还应善于自我调节，包括自我情绪、状态、学习进度等。最重要的是，学生还应该意识到英语阅读和批判性思维之间的密切关系，并在阅读过程中积极使用批判性阅读策略来提高自身的批判性思维能力。

因为意识是最重要、最先决的因素，所以在批判性思维培养的早期阶段，学生可以利用报纸文章来培养自身的批判性思维意识。一旦学生意识到批判性思维，他们就会在下次阅读中用这种意识进行思考、分析、判断和评估，而最能引导批判性阅读的文本材料就是大家都认为应该批判地阅读的文章，特别是一些带有争议性言论的报道。在阅读过程中，学生应该意识到阅读的目的不仅是接受纯粹的语言信息和学习语言结构，而且在阅读中也要进行思考和分析。只有通过思考和分析，才能更好地理解文章，从而使自己的世界观得到丰富。除了略读、查读和跳读等阅读策略外，学生还需要学习一些具有思辨性的阅读策略，例如预设信息的识别、潜在意义的推导、事实与观点的区分、目标读者的识别、观点的识别与评价等等。学生应该学会在阅读过程中积极运用这些策略来分析和评价文章，并有意识地养成批判性思维的良好习惯。21 世纪是信息时代，互联网为学生创造了更多的学习机会。大学生在访问一些英语网站进行课外英语阅读时，需要积极思考，而不是被动地接受他人的人生观、价值观和世界观，不要盲目地肯定或决定一切。在选择和拒绝大量信息的过程中，学生应逐步养成积极思考和理性分析的批判性阅读习惯，以提高自己的批判性思维能力。

综上所述，批判性思维在英语阅读教学中发挥着重要的作用，在英语阅读教学中培养学生批判性思维能力，不仅要求教师从宏观的角度掌握批判性思维能力的培养策略，还要从微观的角度去实施具体的培养策略。教师要将培养学生批判性思维能力作为一个长远的目标去执行，充分意识培养学生批判性思维的重要性。在过程中注将教学内容、环节以及课堂活动设计、课后练习与学生批判性思维的培养相结合。为了显示出教学成效，教师应当鼓励学生在学习过程中循序渐渐地实践，在感悟中树立批判性思维意识，掌握批判性思维的技能。

第三节　写作教学中的批判性思维培养

从 20 世纪 80 年代开始，国内有关英语写作方面的研究不断增多，研究内容和方法呈现多样性。近些年，英语写作研究颇受瞩目，很多学者将写作看作外语研究的重要领域，发表相关著作或文章。写作是英语专业教学中重要的构成要素，它不仅是英语专业教学的重要目的，也是英语专业学生语言学习的重要内容。英语专业学生在写作中如何遣词造句、如何布局谋篇体现了学生的写作能力和思维能力。学生的写作技能和思维水平高低会直接影响他们写出文章的水平，也同时反映出了他们的学习效果。

大学教育培养的是全面发展的人才，英语专业学生不仅要有扎实的语言功底、听说能力，还要能够拥有进行批判性思考与写作的能力。武宏志在《批判性思维初探》一书中谈及批判性思维与教育使命时，强调了大学教育中批判性思维能力培养的重要性，指出很多大学的办学宗旨或使命都把批判性思维列为目标。英语专业学生批判性思维能力的培养需要多方面的共同努力，学校、教师与学生都应该首先正确认识批判性思维能力培养的重要意义，同时从不同方面着手对学生进行批判性思维能力的培养，如让教师正确认知自己的角色、改变教学理念和写作课程的教学模式、激发出学生的主动性等。同时，教师要将批判性思维能力培养融入写作课程的教学实践中，在写作的不同阶段去体现批判性思维、锻炼学生的批判性思维，从而使学生的批判性思维能力和写作水平达到共赢。

一、大学公共英语写作教学的现状

21 世纪，随着中国与世界各国交流与合作的深入，频繁的国际交流对学生的英语写作水平提出了更高的要求。然而，目前我国大学生在英语学习方面，仍然存在着许多不足，英语写作水平低就是其中一个较为普遍的问题。学生在英语写作过程中，出现大量的中国式英语，这越来越成为不可忽视的现象。大多数普通高等院校的学生在英语写作的遣词造句以及开篇布局中暴露出各种各样的问题。据最近的研究表明，中国大学生英语写作能力低下与教师的写作教学密不可分。下面作者对当前大学公共英语写作教学的现状进行分析。

（一）重视应试教育，轻视写作能力的培养

大学公共英语课堂集听、说、读、写为一体，没有开设专门的写作课程。因此大学英语教师大部分都是在精读课上讲授一些写作方法和技巧。根据对精读课的讲解分析和学生对课文结构等的理解布置作文。除此之外，在期末考试和大学英语四、六级考试之前，教师会重点分析讲解一些例文和评析学生的作文。

有的教师为了让学生顺利通过期末考试以及大学英语四、六级考试，在日常教学当中非常注重让学生进行范文以及固定作文模板的背诵，还有的教师直接让学生针对四、六级容易出现的题型加以练习。在这种教学方法下，虽然有的学生能够取得高分，但是他们提高的多是应试能力，写作能力并没有得到真正意义上的培养。部分大学英语教师忽略了课文理解分析与写作教学之间的关系，在精读教学课堂上花费了大量的时间为学生进行词汇和语言知识点的讲解，他们片面地

认为这样可以达到教学的目的并且能够使学生提高对语篇深层次理解的能力，殊不知，这样做实际上只是将知识灌输到学生的大脑当中。学生在这一过程中毫无选择地进行全盘接收，不能对读、说、写、译等方面进行有效的训练，最终出现语言知识综合能力降低、写作水平不高的问题。根据调查，本书作者认为：当前学生的英语作文在很多方面都存在一定的问题，例如作文的审题、立意、布局等。这样造成的后果是：短期强化并不能够使学生语言运用能力及逻辑思维能力得到显著提高。

（二）没有加强对学生语言运用能力的培养

反观当前英语教学，教师在课堂教学中没有加强对学生语言运用能力的培养。为改善这一现状，在课堂教学中，教师应努力创造真实的交际情境，使学生在自然语言交际中习得语言，发展自身的语言技能，让学生能够带着对获得信息或传递信息的渴求心理去运用所习得的语言，同时调动学生的学习兴趣，并将之投入到交际活动中。批判性思维指导下的英语写作教学不要求学生刻板，而是要求学生使用正确的语言表达，并且敢于表达自己的观点。

听与读是对信息输入的过程，而说与写则是对信息输入的产出。大学英语写作教学的目的是培养学生运用自己已经掌握的句法结构、单词固定搭配等语言知识信息组织编写材料、布局文章框架的能力，此外，学生通过练习词汇、句型、语篇结构等为语言输出做准备。学生在进行英语写作时，不仅要具备内化语言知识的能力，还要具备批判性思维能力。现阶段，大多数英语教师在教授学生写作时没有充分认识到这一点，忽略了知识输出的重要性，未能加强对学生语言语用能力的培养，从而致使学生写作水平低下。为改善这一现状，教师应转变自己的教学方法，可以让学生在完成英语写作以后开展小组讨论，充分调动学生的积极性，让他们在全班内进行作文讲译，使原本枯燥的课堂变为快乐的学生语言交流的课堂，从而增强学生学习英语的自信。

（三）轻视学生逻辑思维能力、辩证思维能力和创新思维能力的培养

除了与辩证思维能力、逻辑思维能力有关以外，大学生的批判性思维能力更与创新思维能力密不可分。辩证思维能力主要包括换位思维能力和多角度的分析问题的能力；逻辑思维能力则包括抽象与概括、分析与综合能力；而创新思维能力则是对发现问题、解决问题和批评能力的概括。可以明显地发现，这三种思维能力与批判性思维能力的认知技能是一致的。我国大学英语写作教学注重对语言

知识、写作结构和写作技能的分析和解释。教师更加注重学生作文的语言形式和篇章结构，因此学生的思维能力得不到充分的培养和发展。由此可见在写作教学中，教师们应更注重培养学生的思维能力，尤其是批判性思维能力。

（四）没有对学生进行系统的写作理论指导

根据第二语言的学习规律，要掌握外语写作技能，不仅要了解如何构思二语写作，还要对二语文本的写作特点和写作过程进行分析和把握。因此，学生在英语写作课上要学习如何构思文章、规划布局、使用正确标点符号、使用修辞手段等基本知识，这些知识通常是高度系统化的，有相关的理论基础，英语写作理论教学应与写作技能教学受到同等重视。然而，由于大学英语教师的教学任务繁重，许多教师对大学英语写作的相关理论知之甚少，无法用先进的写作理论指导学生的写作。一些研究表明，学生的英语写作能力不强，教师对英语写作理论的学习和研究不够，不能有效地指导学生的写作实践。没有宏观英语写作理论的指导，学生往往很难弄清英语写作的语境和写作规则，也很容易增加他们对英语写作课程的厌倦感。

（五）轻视思维习惯的培养，缺乏专门的写作课训练

写作能力的培养和提高需要长时间的积累与练习。作为一种书面语言，写作只有拥有充足的词汇和丰富的内容，才能在有限的空间内最大限度地提高文章的完整性。在普通写作教学中，通过大量的英语写作练习，有意识地引导学生写作，让学生多写多实践，才能促进学生写作能力的提高。通过定期和定量的写作训练，我们可以及时解决写作中涉及的问题，包括正确使用词汇或正确表达句子含义，如何整合思想内容，如何重新处理选材，等等。大学教师大多尽可能专注于课堂教学，只有当整个班级以一种紧张有序的方式安排时，我们才能被认为是对学生负责，事实上并非如此。完整的教学方法使学生将英语视为一种机械记忆活动，不会将所学知识应用于写作。学生也无法组织文本段落，并利用现有知识逐步提高写作的准确性和英语思维的逻辑性。随着时间的推移，他们形成懒惰的思想，不善于思考，更不用说形成良好的思考习惯。

此外，由于教学强度高、课堂容量大的特点，大学英语教学没有设立专门的写作课程和写作教材，教师没有特别的时间来讲解写作课和指导学生进行写作训练。所以高校教师应注重学生基本技能的培养，通过定期的作文训练，培养学生良好的英语写作习惯，全面提高学生的英语写作能力。

（六）写作教学模式单一

大学英语写作教学模式单一主要表现在三个方面。第一，教师把教学模式固定化。他们一直按照布置作文—收取作文—判作文—发放作文的固定模式进行。教师只注重了模式化教学，而忽视了语言的实用性。没有把写作过程看作是一个不断学会认知的心理过程。第二，教师利用“作文模板”进行写作教学。这种教学模式限制和禁锢了学生的思维。他们依据已有的框架，只是给文章补充一些相关句子就完成了任务。这种情况也许短时间内能使学生考高分，但是学生的思维能力和应变能力很差，一旦遇到没有模板的作文题目就高度紧张、无从下笔。第三，写作教学形式单一，缺乏和学生互动。大部分教师在写作课上主要对词、句、结构和写作步骤等方面重点讲解，缺乏对理论、技巧和语言使用规律等的解析。并且只注重传统的讲解，缺乏现场引导和启发学生认真思考、积极构思，因此学生对写作失去了兴趣和积极性。第四，教师对写作教学的畏惧与轻视心理。由于学生受母语影响，英语写作教学的难度较大，而且短时间内很难达到好的效果。国家的应试制度和应试教学使教师多数都是在对学生进行考前突击训练，由于不愿在写作教学上投入足够的时间和精力，不愿花很长时间在写作训练和指导上，大学生的英语写作没有取得相应的进步，这与应试教学中对写作的轻视有关。由于教师在英语写作教学中缺乏投入和重视，写作教学模式往往单调、缺乏创新，不易调动学生学习写作的积极性。

（七）没有重视写作反馈

由于大学公共英语课程学生数量庞大，大学英语教师在日常教学中忽视了安排过多的写作练习，因为作文批改费时费力。一些教师认为，即使他们仔细、详细地纠正学生，也不是所有的学生都能注意并及时注意，从而导致忽视或延迟纠正反馈。作者对大学公共英语教师进行了一次调查，发现由于大学英语教学每周只有四个课时，许多大学英语教师不重视作文评价，每学期平均评价作文两次。当然，这也与繁重的作文批改和教师的繁重任务有关。对大学生的调查显示：50% 的学生反映教师偶尔会评论作文；60.2% 的学生表示老师只写简单的评论和分数；69.8% 的学生只是简单地看一眼作文中的错误和评论，但没有认真纠正错误。学生对教师反馈态度大体持赞同态度（Radecki Swales，1988；Enginarlar，H.，1993）。因此，在教学中也应注意教师对作文的反馈。通过教师的反馈，学生可以更好地掌握和理解自己的写作进度。

二、大学英语写作教学中批判性思维培养的重要性

涂靖在《大学英语写作教程》一书中指出批判性思维是能抓住要领，善于质疑辨析，基于各个推断，富于机智灵气，清晰敏捷的日常思维。因此，人们在进行批判性思维时就要对事物是否真实、是否精确、具有什么性质以及是否有价值等进行判断。质疑精神为批判性思维所倡导，一个具有批判性思维能力的人不会迷信他人的观点，不会迷信书本的知识，不会盲目听从于权威。批判性思维者能够依靠自己的智慧、知识、思考对事物或问题进行质疑、分析、判断，能够明辨是非，通过批判性分析形成自己的见解与观点。批判性思维可以让人对信息进行筛选、发现与摒弃那些准确度差、相关性不强、清晰度弱、重要性低或者前后矛盾的信息，同时将那些准确、清晰、相关、重要并且一致的信息进行处理、组织，形成自己的观点并进行阐述。在英语专业写作学习中，学生如果能够用批判性思维进行思考，就可以对写作中遇到的问题进行深刻的剖析，带着质疑的态度对问题进行不同方面、不同角度的思考，在对不同观点进行批判、整合的基础上形成清晰而且明确的观点，并能够找到充足的论据对观点进行符合逻辑的推理论证。

崔珣丽在《高级英语写作教程：思辨能力进阶》一书中曾表示批判性思维能力是个体具有对事物或者论断进行审慎与敏锐地判断的能力。一个具备良好批判性思维能力的人会对未知的事物充满热情，并能以开放的态度对事物进行探索。同时，能够熟练地应用思维技能，依据事实、经验、证据等对事物进行判断。英语写作的过程其实也是写作者形成自己的判断并对判断进行阐释的过程。因此，在英语写作教学中培养学生的批判性思维能力，使学生学会质疑、对证据进行挖掘剖析，是将批判性思维能力的培养与英语写作水平的提高合二为一，既锻炼了学生的批判性思维能力，让学生学会梳理自己的思维，驾驭自己的思维，让学生学会清晰地、系统地去表达自己的思想观点，同时也提升了学生的写作能力和水平。张在新在《英语写作教程：从创新思维到批判思维》书中对批判性思维与英语写作的知识进行介绍，同时还探讨了如何将批判性思维训练应用于英语写作教学。批判性思维使学生能够深入思考写作的主题。它还培养学生的创新能力，使学生能够写出有说服力、逻辑清晰的文章。良好的写作水平是英语专业学生应该具备的基本素质。英语写作水平的高低将对英语专业学生未来的就业和发展产生重要影响。

当今社会是一个飞速变化并不断进步的社会，高校教育改革由于种种原因也在不断变化。近些年，英语专业教学大纲和人才培养计划在日益减少专业课的课

时数量。在此背景下，教师在进行知识传授的过程中教会学生学习方法显得尤为重要，因为教师不可能通过课堂教会学生所有知识，学生也不可能通过课堂学习学会所有知识。英语专业写作课程的教学不能仅仅教给学生基本的写作知识与技能，还要教会学生如何进行批判性思考，如何提出问题、解决问题，写出有创意、能表达自己观点与思想的文章。黄坤锦就在《美国大学的通识教育》一书中强调了批判性思维的重要性，一个有教养的人必须能清晰而有效地思考和写作，也就是说学生必须被培养成具有精确而批判性思考方式的人。杨桂红在《高级英语写作突破：思维和策略》中也指出了思维能力对英语学习者写出高质量作文的影响，学生想要提高英语写作能力，不仅需要提高英语基础技能，也要提高自己的思维能力。将批判性思维融入英语写作教学中使得英语写作教学从语言、结构等简单的教学模式提升到思维能力培养的阶段，是对学生英语水平更高阶段的培养。

我国目前的英语写作教学对学生批判性思维能力的培养重视不够。在大学公共英语教学中，存在学生写作中思维能力培养的缺失。许多学生只是在作文中使用模板，意图简单，缺乏新的想法。作文内容空洞，多以事实罗列，缺乏深入的分析和推理。大多数老师的批改都是针对语言和语法错误。尤其是在议论文写作中，学生往往感到无话可说，文章内容单一，论点不清，逻辑混乱。因此，在写作教学中培养批判性思维是非常必要的。

（1）在写作教学中培养批判性思维，使学生愿意接受任何不同的观点和观点，而不是形成僵化、封闭的思维，善于发现问题、多角度分析问题、全面看待问题和论证问题。这与我们的评估机制有关。无论是研究生入学考试还是大学英语四、六级考试，评价的重点仍然是语言是否准确流利。英语写作的过程实际上是一个组织思维的过程，而定稿阶段需要重新整理自己的观点，所以提高的过程也是一个提高思维能力的过程。因此，在写作教学中，教师应注重培养学生的思维能力，尤其是创造性思维能力。

（2）在写作教学中培养批判性思维，使学生具有求证精神，努力为自己的观点寻找证据，实事求是，形成科学结论，不做主观臆断。本书作者对班级内320名文理专业大二学生的分析表明，只有四分之一的学生的英语作文是合乎逻辑和合理的。究其原因，我国目前的英语写作教学侧重于语言知识、写作结构和写作技能，而对学生作文的评价也侧重于语言形式和篇章结构，这使得学生的逻辑思维能力和辩证思维能力很差。这进一步表明，大学生思维能力的培养存在严重缺陷。英语教师迫切需要重视学生批判性思维能力的培养。

（3）在写作教学中培养批判性思维可以提高学生的分析能力和评价能力。

通过这两种能力，学生可以分析问题，发现不足和错误，然后评估推理的正确性和逻辑性、陈述的可靠性、信息的相关性、证据的正确性，并感知已表达和未表达的意图和观点。学生的分析能力和水平主要体现在分析综合能力、抽象概括能力；学生的评价能力主要体现在换位思考能力、发现问题能力、解决问题能力和批评能力上。这些能力是批判性思维能力的综合表现。因此，在写作教学过程中注重学生批判性思维能力的培养，可以很好地培养学生在分析能力的过程中不断创新，在表达的过程中整合个人的反思和判断，最终做到言行一致，从而真正提高学生的写作水平。

（4）在写作教学中培养批判性思维可以培养学生的创新思维能力，使学生的写作具有创新性和非常规性，丰富作文内容。批判性思维能力离不开逻辑思维能力和创新思维能力。写作本身就是一个认知和思维的创造过程。从立意到构思再到写作再到修改，我们需要运用批判性思维。如果意图是新的，作者需要质疑他人的观点并找出问题。构思要缜密，作者需要从多个角度分析问题。写作的过程就是组织思想的过程，而修改阶段需要作者在改进文章的过程中重新审视自己的观点，发展自己的思维。因此，学生只有在写作材料的分析与综合、抽象与概括中才能从多个角度分析、解决和评价问题。这些认知技能与批判性思维能力相辅相成。

三、写作教学中批判性思维的培养策略

经过以上分析得知，在大学英语写作教学中培养学生的批判性思维能力是至关重要的。由于大学公共英语教学并不像专业英语教学那样开设专门的英语写作课程，因此无论从时间还是课程安排等方面，都给写作教学带来了一定的困难。本书作者曾访谈不同教师是怎样安排英语写作课的？答案大部分是在四级考试前才根据自己所教班级学生的情况进行写作教学。作者认为，在两年期间的大学英语课程的教授过程中，教师不仅要进行四级考试前的写作辅导教学，还应注重讲授完每篇精读课文后的写作训练。教师根据文章内容以及写作方法安排选题并留作课下作业，然后有效利用教学网络平台，对学生的写作进行批改并且给予评价。这一过程加强了学生的语言运用能力，加之教师对文章论证过程的评阅，无疑会促进学生批判性思维能力的提高。除此之外，教师的课堂写作教学如何设计才能够更加积极有效地培养学生的批判性思维能力呢？本书作者根据自己多年的教学经验做如下总结。

（一）充分备课使课程融入批判性思维

英语专业教师要想在写作课程教学中进行批判性思维教学，必须充分备课。批判性写作教学效果能反映出教师对批判性思维与写作教学相关知识的理解程度，只有在备课环节教师对批判性思维的相关知识进行了解，自身拥有了批判性思维意识并知道如何才能将其引入英语写作课程教学，才能在课前备课中进行合理的教学安排，设计教学活动，在授课过程中对课堂进行调控，对学生的活动进行设计与调整。因此，在课前充分备课，将批判性思维融入写作教学不仅是一名教师综合素质的展现，也能反映出教师的教学理念。

教师在课前认真备课是上好课的重要前提。要对学生进行批判性思维能力培训，任课教师在备课环节不仅要备课程，也要了解学生，二者缺一不可。英语写作课程的备课要求教师对所授课程的内容心中有数，了解教学的重点、难点，清楚授课思路，这样才能把握何时以及如何在写作教学中融入批判性思维。同时，任课教师要充分了解学生，结合学生现有英语写作水平以及批判性思维的实际情况，把握教学重点、难点，根据不同班级、不同学生，对课程安排和讲解进行调整。教师还要把握教学进度和目标，帮助学生加强写作基础知识与写作技巧，同时发现学生批判性思维能力培养中出现的问题并及时做出调整。

（二）在大学英语教学中加强对学生语言运用能力的培养

在课堂教学中，教师可以通过创设真实的交际情境使学生在自然的语言交流中发展其语言能力，还可以通过查阅网上的信息，有意给予学生错误的信息敦促学生产生一定的好奇心和求知欲望去求证信息的真伪，然后做出正确的陈述和表达。这不但使习得的语言知识得以运用，还能调动学生学习兴趣。需要注意的是教师在课堂教学中要放下架子，以协商者或组织者的身份与学生共同参与活动，鼓励学生敢于发表自己的观点并运用正确的语言方式表达。在写作教学过程中，教师通过向学生进行词汇、习语、句型、语篇结构的讲解等形式的语言输入，促进学生良好写作的输出。这一过程包含着语言训练的同时还有学生批判反思所运用的语言材料的因素在内。此外，教师还可以在学生完成作文后，在学生之间、小组和全班进行练习和作文讲解，以促进学生积极动脑学习，提高学生学习英语的自信心，把枯燥的语言学习变成愉快的语言交流和话语体验。这种语言运用能力的培养和训练队学生批判性思维能力的发展起到积极的作用。

（三）在大学英语教学中加强写作训练

写作能力的培养和提高需要长时间的多次训练，需要平时大量的语言知识和语法知识的积累。写作作为一种书面语言，要求用丰富的词汇和充实的内容在有限的篇幅内最大限度地体现文章的完整性。教师在平时的写作教学中，要重视对学生英语写作的指导和训练，在课堂上可以定期、定时、定量地布置英语写作练习。只有让学生通过大量的英语写作训练的实践，他们才能意识到如何正确运用词汇或句式表达、如何整合思想内容，如何对所选材料进行再加工、如何组织语篇段落等，并且逐步提高行文的准确性和英语思维逻辑性，由浅入深，循序渐进。这一过程恰好是批判性思维的培养与形成过程。

（四）巧设选题培养学生的批判性思维能力

本书通过对大学英语专业学生写作现状的分析发现目前学生提高自己写作水平的方式多以背诵范文为主，大多数学生不能有效地利用批判性思维进行思考，因而不能有效地组织语言材料，提出好的、新颖、有深度的问题，写出的内容缺乏新意。同时，在英语写作教学中教师布置的作文多以命题式作文为主，因此教师能否巧妙合理地设置选题，利用好的选题去培养学生的批判性思维就显得十分重要。

在设置选题时，教师可以通过选择那些富有启发性和争议性的话题来激发学生的批判性思维，让学生在开放性的氛围与空间进行思考，启发学生进行多角度的思考与评判，在自由的思维空间去探究话题，激发学生的灵感与新意。设计巧妙的写作选题能够激发出学生的创新性思维与求异性思维，因此教师在选题的时候可以选择那些学生日常生活中关注的社会现象或与他们的日常生活较为贴近的话题，引导与启发学生结合自己的认知与人生体验对选题进行反思与评判，以此推动学生的批判性思维能力的发展。

（五）通过文章的论证过程培养学生的批判性思维

批判性思维除了体现在提出问题的过程中，还体现在分析和解决问题的过程中。学生写作中的论证过程是学生思维发展的过程。从确立主题、构思、写作文章到修改文章，我们都需要运用批判性思维。如果立意是新颖的，学生需要有质疑的观点，如果想法是谨慎的，学生需要有从多个角度分析问题的能力。写作的过程是一个系统化和组织思想的过程，而修改文章需要学生在改进文章的过程中重新审视自己的观点，发展自己的思维。批判性思维要求作者选择立场和观点来捍卫相关问题。例如，在一篇命题作文中，论文的主题是关于高中生对校内住宿和校外住宿的选择。一些学生文章的论点是选择校内住宿，然后积极展示他们的观点，同时对校外住宿的观点进行批判性展示；也有一些学生讨论了校内校外生活的利弊。结论是根据他们的个人情况进行选择。最后一部分从权利和自由的角度对学生进行了探讨，认为学生选择居住地的自由是学生的自由，学校不应该对其加以限制。这三种议论文写作方式反映了三种不同的思维方式，驳斥和批判了与自己观点不同的命题，并通过实例恰当地表达了自己结论的正确性。

（六）借助混合式评价培养学生批判性写作能力

写作教学中的评价方式不仅表现为教师评价，还可以采用师生共同评价和学生之间同伴评价等方式。采用多种评价方式评价学生写作的文章对学生写作能力的培养可以起到积极的促进作用。在写作教学中可以将批判性思维培养融入写作教学的评价环节之中。在对学生的文章进行评价时，不能只评价学生写作中出现的单词、语法、标点与格式等问题，还要对学生写作内容的观点论证、语言思维等多方面进行评价，指出学生在写作中是否明确地提出了论点，是否进行了充分恰当的论述，是否运用准确合理的语言进行表达，是否在行文中逻辑不清、思维混乱，教会学生运用评判性思维去看待写作。

同时，教师的评价可以选取范文进行示范评价，因为教师通常没有足够多的时间与精力对所有学生的文章一一做出评价，所以选取有代表性的作文进行示范评价是有效的途径。通过示范点评可以让学生看到他们在写作中存在的问题，既可以引导学生在写作中要注重语言形式，如写好主题句、利用好衔接词、把握好段落结构等，也要指导学生了解并掌握评价的标准和要求，将批判性思维运用到对他人的文章评价中，学会在评价中分析他人文章的选题是否具有价值性，内容呈现实际否有创新性，文章的论证过程是否有逻辑性等。

英文写作可以清晰体现出学生的批判性思维结果，写作的同时反映出学生对于主题的个人思考，巩固批判性理解。同伴互评则是指学生以小组或个人形式阅读并批改其他人的作文，并提出合理的更改建议。在同伴互评作文中，学生批判性阅读同伴的作文，找出错误并加以指正，在促进学生相互合作、相互帮助的能力的同时，在批判性基础上发展了批判性思维能力。当学生能够从自己的视角出发，借助于分析、比较等手段对其他同学的写作内容进行综合性评价时，也是学生运用批判性思维进行思考的过程。做出评价的学生的立场观点可能与被评价学生的立场观点相同，也可能与被评价学生的立场观点相异。当评价者与被评价者的观点不同或对立时，双方都可以为自己的观点进行辩护或对对方的观点进行反驳。但是，辩护的过程要求学生都要做到有理有据，不能把自己的思想观点强加给对方。通过对彼此作文的评判学生不仅可以进行思想交流，发现自己与他人写作中的优缺点，还能通过讨论、互辩等环节促进批判性思维的发展，从而能辩证地看待文章的选题。当然，学生之间的同伴互评不可避免地存在问题和缺点，写作课的评价过程不能仅仅体现为同伴互评。所以，教师要适时地对学生之间的同伴互评进行总结性评价，发现并指出他们彼此评价中的精彩内容，同时指出和弥补他们评价中的不足之处，这样才能更为有效地促进学生的写作评价能力和批判性思维能力的发展。

（七）教师通过作文反馈积极作用于学生的英语写作

写作反馈对英语写作教学有反拨作用。开展作文复习和评论活动是巩固语言基础，提升英语写作水平的有效途径。复习是发现和解决问题的过程。只有不断修改和审议，才能形成思路清晰、话语连贯、主题鲜明的好文章。许多研究发现，教师的反馈会对学生的作文修改产生很大影响。保罗斯（Paulus）在他的研究中发现，学生对作文所做的所有修改中，有13%是由同伴反馈引起的，87%是由老师的评论反馈引起的。因此，他认为老师的反馈比同龄人的反馈更有可能鼓励学生对作文进行更多修改（Paulus，1999）。杨敬清认为，在学生作文中，老师的反馈是有效的（杨敬清，1996）。戚焱认为教师反馈比同龄人反馈更有效，因此学生更关注教师反馈，希望教师对他们的作文进行评价（戚焱，2004）。在具体的大学英语课堂教学实践中，教师的反馈是通过对学生习作的讲评来实现的。讲评过程中有批判也有肯定和鼓励，不要一味地批评以免使学生丧失写作的积极性。教师可以通过对共同的语言文化、逻辑性错误的讲评，帮助学生避免中式英语表达。关于作文中出现的较为低级的错误：如拼写、格式和结构等低级错误，可以采用学生之间互相修改的方式进行。针对一部分特殊学生：比如语言错误特别多的学生，要在课下进行当面指导。另外，教师要注意收集写作中的集中性错误，在讲评中加以强调。教师给出的评语语气不要尖锐而是要委婉地说明问题，要多探讨学生文章立意的新颖之处。最后再从写作思想的深度、文章结构的清晰度等方面来加以评价，让学生充分认识到教师反馈的重要作用，使他们养成认真修改作文的好习惯，并在其反复修改的过程中形成和提高其批判性思维能力。

（八）写作过程中体现批判性思维

教师巧设选题只能帮助和激发学生的批判性思维，学生只有将批判性思维落实在他们的写作过程中才能真正提升自身的批判性写作能力。所以，学生在进行英文写作，在分析问题、解决问题时必须融入批判性思维。写作是一种交际方式，不同于听说，它借助于书面语来传递信息。因此，写作能力的培养其实是在培养人通过书面语言传递信息的交际能力。英语专业学生需要培养和提升这种能力。写作过程中单纯地模仿范文并不可取，学生需要找到合适的表达方式创造性地表达自己的想法。学生在完成初稿之后，可以不断地斟酌，发现作文中存在的问题。教师可以让学生进行同伴互评、自评等。在评价、修改的过程中，调动学生的写作兴趣，激发学生的批判性思维，让学生在互动交流中学习，提高写作能力。只有学生在写作立意、内容构思、行文及成文修改中不断运用批判性思维，才能写出立意新颖、构思缜密的文章，才能从不同角度分析问题，对选题进行质疑思考。语篇写作的过程是思维向语言的转化过程，学生可以通过思维将语言系统化和条理化，通过语言表达自己的观点。文章的修改过程不仅是语言的修改与变化过程，也是学生批判性思维能力发展的过程。

（九）注重写作内容

教师在写作过程中改变传统的教学模式，应从重点关注形式转移到强调内容上。因此，老师们在备课时应注意写作主题，提问引导和学习方式的选择，以激发学生积极思考，为写作做铺垫。

第一，写作主题应该既符合学生的语言水平又贴近生活，使他们能够根据自身的经验提出详细论据来支撑观点，巩固学生的基础、拓展知识面、提高写作兴趣的同时，还能启发学生独立思考，不断提高其批判性思维能力。

第二，巧妙提问是教学过程中的关键一步，是学生能否产生自己观点的关键之处。面对较难的主题时，教师的引导是剖析问题，挖掘主题内涵，将不熟悉的主题简单化的重要一步。而对于较为简单的主题时，巧妙的提问会使学生不断地产生创新的想法，促使其思维能力的提高。

第三，小组讨论即学生在小组内进行合作学习。在写作之前进行分组，他们就主题提出观点，在讨论中进行思维碰撞，不断地进行批判性思考，在质疑、创新、回答中不断完善论点和论据，提高写作质量。

（十）将批判性思维能力评价纳入写作测评体系

传统的写作评价体系，侧重学生的语言表达能力，将批判性思维能力作为大学生的一项写作考核指标，会对学生写作产生正面的反拨作用，使得学生重视批判性写作技能以及自身批判性思维能力的培养，而不是局限于遣词造句等语言层面。在评价学生写作质量时，需要检测学生如何支持某一论题、如何对其加以详细阐述以便为他人所理解的角度看对其是否存在反对意见、自己所坚持的立场是否存在局限等。

（十一）提升教师综合素质水平

首先，写作只是英语学习的一部分，所以教师要有意识地培养学生批判性思维的意识。仅在英语写作课上培养学生的批判性思维能力是不够的。教师需要通过引导学生在教学过程的各个方面进行思考、推理和分析，培养学生的批判性思维意识。教师应该激励学生思考，而不是选择简单直接的教学活动来完成学习目标。同时，应该给学生足够的灵感和时间在课堂上思考和创造。

其次，教师应改变传统的教学模式，重视英语写作。写作是一个复杂的思维过程，能很好地培养学生的批判性思维能力。然而，由于受中国传统教育模式的长期影响，教师认为写作只是巩固单元知识的一种形式，因此不必花费太多时间在写作上，而是直接分配写作任务，让学生在课后完成。所有这些都会导致批判性思维的培养缺失。因此，建议教师改变传统的教学方法，关注写作课的各个环节，包括写作前、写作中、写作后，充分利用写作课引导学生进行思考、分析和评价，培养学生的批判性思维能力。

（十二）教师应将阅读输入与写作输出相结合

语言输入是语言输出的基础，而英语写作是一种语言输出，这意味着学生需要足够的语言输入才能写出优秀的作品。这就要求教师在写作前向学生提供与写作主题相关的阅读材料，使学生能够分析、评价和选择有助于自己写作的材料，从而在阅读过程中，拓宽思路，使写作内容更加丰富和全面。此外，还将培养学生的分析和评价能力，培养他们的批判性思维。

（十三）注重对学生英语写作的引导

作者在与学生的交流和复习的过程中发现，学生对英语写作的理解存在一些误解。一些学生认为，如果单词拼写正确、语言流利，没有语法错误，一篇作文就可能是一篇好作文。因此，在英语写作过程中，学生往往只注重语言知识，而忽视了作文内容的概念和思维。事实上，英语写作是表达思想的重要方式。作文的内容应具有逻辑性和创新性。因此，教师应该引导他们改变对英语写作的错误理解。

此外，引导学生养成积极思考的习惯。“学而不思则罔，思而不学则殆。”学习和思考应该相互促进，这要求学生在英语写作过程中和日常学习中都要积极思考。要求学生分析、评价、消除错误、寻求真理，最终形成自己的观点。只有这样，他们的文章才能深刻、创新、逻辑清晰。此外，他们还需要审视自己作品话题的观点是否正确；论点是否能支持论点；如何使论点更具说服力，以此激发他们批判性思维能力的培养。

四、结语

大学教育培养的不仅是学生的专业技能，还应该包括对学生心灵的熏陶、思维能力的培养和全面素质的提高，只有如此，才能将学生培养成全面发展的人。人并非天生就有批判性思维，但通过后天的训练和实践，人们可以学习批判性思维，并具备批判性思维的能力。对于英语专业学生来说，如果他们想成为一名批判性的思考者，并在英语写作过程中进行批判性思考，他们还需要培训和实践。在英语写作教学中，从不同方面入手融入批判性思维，通过教师的示范、学生的练习，帮助学生掌握并能应用批判性思维进行思考，可以使学生在写作过程中更加高效地思考问题、更高质量地解决问题。因此，将批判性思维融入写作教学对英语专业教师提出了更高的要求，他们需要改变教学理念、转变个人角色，在具体教学实践中尝试批判性写作教学，以此来培养学生的批判性思维能力和提高学生的写作水平。

第六章　批判性思维视域下大学英语教学之借鉴与探索

本章节内容是批判性思维视域下大学英语教学之借鉴与探索，分别从美国高校批判性思维培养之启示、基于批判性思维层级理论的高校英语课堂教学设计两方面展开深入论述。

第一节　美国高校批判性思维培养之启示

培养大学生的批判性思维能力是我国高等教育的一项重要任务，是培养具有创新精神和创新能力的创新型人才的关键。美国是对批判性思维研究较早的国家，至今已经取得了丰硕的成果，积累了丰富的经验。在高校的课程设计、教学内容、教学方法和模式、教学理念以及评价方式等方面都有突出成绩。本小节从以上几个方面对美国高校大学生批判性思维能力的培养加以剖析，为中国批判性思维研究的理论和实践提供启示和参考，以期探索适合中国国情的教学思路和教学模式。

一、美国高校大学生批判性思维的培养

（一）课程与教学

美国是对批判性思维研究较早的国家，至今已经取得了丰硕的成果，积累了丰富的经验，在高校的课程设计、教学内容、教学方法和模式、教学理念以及评价方式等方面都有突出成绩。

批判性思维的培养离不开课程与教学，在美国研究型大学中课程与教学是批判性思维培养的核心。美国大学的文科类教学除了院系制订的一些课程外，教师还可以根据自己的专业特长开设自己的课程，但需要递交申请报告，报请所在院

系批准。如获批准，就被定为一门正式课程。所批准课程的设计与教学内容均是由任课教师自己来完成。由于美国政府对学生批判性思维培养的重视，教师必定在设计课程、选择授课内容和学生的阅读材料时把培养学生的批判性思维放在首位。第一，授课内容往往是授课教师在进行大量考察、筛选后选择的学生最需要的教材（有些教师不设固定教材），并且根据每周授课内容教师会给学生设计相关的阅读材料。学生通过阅读大量学习材料锻炼了自己的归纳、总结和分析能力。这种具有开放性的教学内容有利于学生批判性思维的培养和形成。第二，教师设计自己的授课方式和进行步骤，包括课堂教学、学生讲座、报告、研讨会、辩论以及课堂外的实践和调查。本科生通常需要讲座和汇报，而研究生通常采用汇报的形式。在教学过程中，老师会督促学生在上台表演之前阅读大量材料并准备演讲，无论是设计演讲、报告、讨论还是辩论。这一准备和表演过程都能极大地促进学生思维、创新和批判能力的培养。

1. 课程维度

随着研究型大学批判性思维理念和目标的确立。批判性思维过程随之产生并逐渐丰富。研究型大学的批判性思维培训课程主要包括独立批判性思维课程和与学科知识相结合的批判性思维课程。

（1）独立设置的批判性思维课程

独立设置的批判性思维课程的最早局限于一些哲学领域的逻辑课程，所以说批判性思维的最早是在哲学领域开始培养的。逻辑学是一门推理和论证的科学，主要包括形式逻辑和非形式逻辑。非正式逻辑主要描述日常生活中分析、解释、评价、批评和论证的非正式标准、尺度和程序。人们普遍认为，批判性思维的发展促进了非形式逻辑的诞生。如今，美国研究型大学独立开设的批判性思维课程，除了传统的逻辑课程外，还开设了一些思维技能训练课程，如写作课程、新生讨论课程等。这些课程中有些是面向所有学生的，有些是面向新生的。它旨在培养学生的批判性思维能力，如分析能力、演示能力和推理能力，为今后学生的专业知识学习打下基础。例如，批判性思维写作程序和宾夕法尼亚大学的创造性写作计划。

（2）与学科知识相融合的批判性思维课程

批判性思维在发展的过程中不再局限于哲学、文学、科学、数学等领域。因此，与学科知识相结合的批判性思维课程逐渐出现并变得越来越丰富。该课程非常受欢迎，因为它可以将批判性思维训练的目标和理念融入专业知识的学习中。例如，加州大学洛杉矶分校英语系的批判性思维阅读课程旨在将文学作品的阅读与批判性思维的训练结合起来，培养学生在学习英语专业知识时的批判性思维。然而，鉴于学科知识本身的独特性，如何更好地将批判性思维的概念渗透到学科课程中，引导学生将习得的气质和能力转移到其他学科领域和日常生活中，是教师在教学中需要面对的一大挑战。

2. 教学维度

教育中要注意教学内容和教学方法并重，当前要提升对教学方法即如何教学的关注。批判性思维的培养也是如此。大学批判性思维的培养不仅需要丰富的课程内容，还需要相应的教学策略。美国研究型大学的批判性思维教学策略包括案例教学法、小组合作教学法、苏格拉底问答法、启发式教学法、小班教学法等。其中，许多研究型大学广泛使用苏格拉底问答法（Socratic Questioning）的批判性思维教学方法。该方法通过引导学生不断提问、提问、思考和回答，提高学生的理解、分析和推理能力。在批判性思维的教学中，教师需要引出一些问题，定义讨论并明确讨论的方向：当存在观点冲突时，教师应鼓励学生寻找证据并进行双向讨论。应该清楚的是，讨论不是在真空中进行的，而是在现有的知识库和对知识的理解下进行的。同时，教师和学生应充分参与讨论，思想开放，愿意接受新观点。启发式教学法是中学教学的主体。教师在教学中应创设相应的情境，及时引导学生提问，激发学生思维。在现有知识的背景下，学生根据自己的问题提出假设，收集材料，并不断观察、提问、分析、探索和论证自己的假设。终于小组合作教学就是按照主题进行小组合作和分工。小组成员发挥主观能动性，积极参与小组讨论，解决问题。小组合作的中心是学生，所有小组成员都需要参与小组讨论。范例教学法通过教师的示范展示范例，学生观察和分析范例的特点和解决方法，从而转移并应用到其他情境中。这些教学方法需要调动学生的思维，要求学生积极思考和分析。

（二）教学理念

美国教师所拥有的最先进的教学理念，非常有利于培养学生的批判性思维。美国大学教育能够培养大量的创新人才，主要得益于一批具有先进教学理念的教师。教师是否具有先进的教学观念对教学成败的关键影响也印证了教学观念可以直接影响教学行为。课堂活动的概念、教学信念和教师的角色与学生批判性思维的培养密切相关。首先，课堂活动的概念是教师组织课堂活动的内在因素。通过对一些从美国大学归来的教师的访谈，我们得出结论：美国教师的课堂活动理念是如何让课堂“活”起来；如何鼓励学生积极参与各种课堂活动；如何与学生沟通和互动；如何设计问题来激发学生的演讲和辩论意识；如何激发学生的思维，鼓励他们自己解决问题。这些教学行为引起的学生反应是批判性思维形成的内在要求。第二，教师的教学信念即教师对教育、教学、学习及学生等的看法。它和课堂教学实践有着密切关系并对其产生直接影响。它决定着课堂活动的设计、教学步骤、教学方法以及师生在课堂中的角色等。由于中美文化背景的差异，美国教师与中国教师有着明显不同的观点。美国教师大都认为教学重点在“导”而不在“教”；学生学习重点在于学了之后要“习”（即练习、实习）。这种教学信念指导教师如何从学生的兴趣出发，以自身为例启发、引导学生；根据授课内容提供多练习的机会以及安排小组活动进行对话、竞赛、讨论等。而学生通过练习实践和小组活动等不断提高自己的分析、归纳、总结以及解决问题的能力，进而使自己的逻辑思维和批判思维能力得到提高。第三，教师角色是指教师在教学过程中的作用和地位。美国教师主张以学生为中心，自己是课堂活动的设计者、引导者、参与者、辅助者、资源的调配者及信息的提供者。教师善于倾听每位学生的发言并为他们提供发表个人思想、意见、发挥个人批判性思维能力的课堂环境。

（三）教学模式和方法

美国采用最多的教学方法和模式为启发诱导式教学、小组合作活动、范例式教学、切块拼接式学习等。

1. 启发诱导式教学

美国的启发诱导式教学最早源于美国教育家杜威20世纪初在其《思维与教学》一书中提出的“问题－发现法”。杜威反对传统的教育灌输，主张让学生在教师的启发诱导下成为提问的主体。20世纪80年代以后，启发诱导式教学方法逐渐被广泛用于大学课堂。在美国，真正意义上的启发诱导并非教师设计出问题进行启发诱导，也并非教材中的显性问题。教师以学生为主体，引导学生提出问题，创设多样的问题情境，激发学生探究性地思考，在问题情境中发现问题。学生在发现、提出问题后，开始建立假设，收集大量知识资料并进行观察、理解与探索，进而推理与论证，最终解决问题。从建立假设、收集资料直至论证假设、解决问题。在这一过程中教师只是根据提出的问题引导学生的思维并引导他们进行自我判断与自我纠正，自始至终学生是主体。这不仅提高了学生提出问题、分析问题和解决问题的能力，还培养了其创新能力和批判思维能力。

2. 小组合作活动

合作学习的重要形式之一就是小组合作，小组合作活动体现了以学生为中心的教学模式。尽管小组合作的模式在世界各地的课堂上都得到了广泛的应用，但美国高校的小组合作活动有着与众不同的内涵，可以作为我们研究批判性思维培养模式的学习对象。在美国课堂教学活动的整个过程中，教师的任务只是指导、提示和评价。在活动中，小组讨论是必不可少的，经常使用头脑风暴法。大家可以集思广益，共同参与，充分发挥自己的主动性。在小组讨论中，教师主要是倾听方，活动主体是学生，教师不会直接否定不成功的观点，而是分析其原因并给出提示和指导，小组设计和合作创造体现了学生的合作精神和主动性。最后是课堂讲授和合作演示。团队成员分工协作，每个人都积极主动地参与到材料的搜索、构思、设计和课堂演示中，选择最佳方案，并通过多媒体展示结果，这是知识的外化过程。教师是评判者，评价作品的创作和表现，并提出建议。由此可见，美国课堂上的小组合作活动彻底改变了传统的教师教与学生学的局面，实现了教师、学生和学生之间的多边互动。在小组合作和多变的互动中，学生探索问题，交流信息，激发求异思维。同时，学生的批判性思维能力是随着意识形态的碰撞而逐渐培养起来的。在理解和掌握知识的过程中，他们的批判性思维能力得到了充分的训练。

3. 范例式教学

范例教学模式由美国的乔伊斯等（Joyce & Weil，1996）提出。这种教学模式即“教师示范，学生创新”，同样体现了以学生为中心的教学理念。它是由教师运用范例进行教学，给学生提供示范，包括解决问题的方法、对信息的归纳与重组、由具体到抽象的知识构建等。它为学生提供了某项典型课题的研究示范过程。当学生选择了某一典型范例时，根据自己所学，通过观察、归纳与比较验证自己对知识的构建。最后学生在系统而深刻地理解所学知识的基础上，进行概括、综合与运用，创造新的范例。这一阶段是学生运用知识和创新能力的升华。在这一综合运用知识的过程中体现了批判性思维技能和精神的指导作用。

4. 切块拼接式学习

切块拼接式学习由美国心理学家阿伦森（Aronson，E.）提出，后经斯莱文（Robert E.Slavin，1991）发展的。在美国大学课堂上，切块拼接式学习指的是以学生为中心、以学生为主体的通过伙伴教学形式进行的学习活动。零碎学习完成了教师教学向学生教学的巨大转变。在文科课上，老师会把课文切成小块，把全班分成几个小组，然后把任务分配给指定的小组。他们将自己分组阅读，小组成员将合作备课，并通过多媒体讲座展示结果。通过这种方式，课堂教学已经从原来的教师系统教学转变为小组成员之间和小组之间的相互教与学。每个小组成员都是一名教师和一名学生。他们积极参与合作，共同备课，展示学习成果。在认真听取学生的报告后，教师帮助引导学生整理和总结零散的知识，并对零散的信息进行分析、综合和比较。在这一课堂学习过程中，师生之间的交流与对话是培养学生批判性思维最有效的工具和方法。教师是协调员和向导，学生的求异思维和批判性思维可以在教师创造的“教中学”和“学中教”课堂情境中得到充分的训练和发展。

（四）考核方式

合理有效的考核方式是培养学生批判性思维能力的内在需求。在美国，大学教师可根据自己的授课情况和学生的学习情况自行制定考核方式和评分标准（需符合院系的统一评分标准）。为使测试成绩公平、合理、有效，一般所列出的考核项目不少于 3 项，例如：课堂参与（15%）、口头汇报（25%）、课堂讨论与小测（15%）、中期小测（15%）、期末笔试（20%）、读书报告（30%）、调查报告（30%）等（此内容和比例参考了美国大学教师 Atice 教授的考核方式和评分标准），都是教师们选择的最佳方式。口头汇报、读书报告、调查报告所占分值比重较高。近些年来这些考核方式已成为美国高校教师对本科生和研究生考核的最主要方式。这充分体现了教师注重学生的综合运用能力。学生准备课堂汇报、读书报告和调查报告都需要他们亲自查阅大量资料，进行大量的文献阅读，然后整合全部的材料积累并加以分析和归纳，从中找到撰写报告的切入点，选择新颖独特的分析角度进行论证。看似仅仅写一份报告就万事大吉了，实际上对学生来说并非易事。学生花费的时间和精力远远超过只做好一张期末笔试卷。因此，美国高校大学生不会像中国大学生那样一学期选修很多课程，因为所选每门课程（尤其是文科类）都会要求学生有大量的文献阅读，而期末考核大多都要求提交具有原创性的研究报告，这一要求意味着学生必须真正地全身心投入到学习中去。这一准备和测试过程正是学生培养批判性思维、融合批判精神和批判技能的过程。

二、美国研究型大学批判性思维培养对我国的启示

批判性思维是近年来我国教育研究的热点之一，其重要性已在国内达成共识。当下我国的高校非常重视批判性思维，开始探索批判性思维的培养实践方法。然而，出于种种原因，批判性思维的培养在我国高校中尚未普及。经过一个世纪的发展，美国研究型大学批判性思维的培养得益于政府、社会力量和研究型大学的共同努力。通过与美国研究型大学批判性思维培养的比较分析，可以从美国研究

型大学批判性思维培养的经验中得到一些有益的启示。

（一）从政策层面确立批判性思维的重要性

进入 21 世纪以来，我国一直重视创新人才的培养和创新型国家的建设。批判性思维已逐渐引起政府和学者的重视，并作为创新型人才的一个重要特征。然而，目前中国还没有明确要求学校从政策层面开展批判性思维教育，这一政策的不完善也是我国高校开展批判性思维教育存在困难的原因之一。批判性思维在美国的发展历史表明，批判性思维在美国的发展与国家教育改革密切相关，并得到了政府的大力支持，从《2000 年目标：美国教育法》到《不让一个孩子掉队法案》，再到 2010 年的《州共同核心标准》，我们可以看到美国的联邦政府和州政府在政策层面对批判性思维非常重视，政策的制定不仅为批判性思维的发展和实践提供了政策保障，而且使美国研究型大学批判性思维的培养逐渐合理化和普及。

在全球性的创新人才的培养和学生的全面发展中批判性思维的培养起到了重要作用。因此，我国应重视批判性思维的培养，逐步完善相关教育法规和文件，丰富批判性思维教育的内涵、标准和目标，确立批判性思维培养在高等教育中的规范性和重要性，在法律法规的强制和约束下，确保批判性思维培养的有效性。

（二）从理念和目标层面审视高校人才培养理念和目标

批判性思维的培养为美国研究型大学和社会的可持续发展作出了重要贡献。批判性思维的教育在美国研究型大学的教育中经历了一个漫长的发展过程，事实证明其最终被高校认可并付诸实践。如今，美国高等教育，尤其是研究型大学，已经确立了批判性思维的概念和人才培养目标。在理念和目标的指导下，无论是独立的批判性思维课程，还是批判性思维理念与学科教学的整合，其目的都是培养学生的批判性思维技能和特质。研究型大学经过一个世纪的发展，通过广泛深入的批判性思维教育，培养了大批具有批判性思维的人才。

目前，我国高等教育已基本实现大众化。高等教育人才的数量在高等教育的扩张下有了大幅度增加。然而，高等教育人才数量的增长与其质量并不平衡。我国高校应当对如何在数量不断增加的情况下提高高等教育人才的质量的问题进行思考。批判性思维对提高学生的综合素质、培养创新人才具有重要作用。在高校实施批判性思维教育，不仅可以逐步缓解高等教育扩张带来的人才质量问题，还能有效实施国家创新型人才战略，为国家培养创新型人才。因此，在高校实施批判性思维教育显得尤为重要。然而，需要明确的是，批判性思维教育的发展和确立需要一个过程。批判性思维教育从萌芽到研究型大学的实践在美国经历了几十年的发展。目前，批判性思维教育在中国的发展时间很短。要实施高校的批判性思维教育，就必须充分考虑高校现有的软硬件条件，循序渐进，因人而异。在具体实施中，要确立明确的批判性思维概念和人才培养目标，所有教学和课程的实施都需要明确的目标指导。

（三）从课程和教学层面更新课程和教学模式

批判性思维的课程和教学对批判性思维的培养起了至关重要的作用。美国研究型大学的批判性思维教育就为此开设了丰富的课程，并结合写作课程的特点，开设批判性思维写作课程，培养学生的写作能力和批判性思维。在我国高校实施批判性思维教育首先需要根据学生的需要和学校的实际情况设置有针对性的批判性思维课程。这就要求批判性思维课程应有明确的目标和完整的内容。课程内容应将批判性思维与现有学科知识相结合，并结合具体情况培养学生的批判性思维。

需要明确的是，一两门课程无法成功实现批判性思维的培养，批判性思维的培养也不能仅仅通过记忆概念和基本原则来实现。课程与教学相辅相成，批判性思维的培养需要一种新的教学模式。实施思维教学文化模式，学生不再只是被动地接受知识，而是知识的积极探索者。教师应引导和鼓励学生提问、思考、分析和评估知识。因此，在培养批判性思维的过程中，教师应根据批判性思维课程的内容，采用小组讨论、问答、案例等教学方法，改变教学模式，实现“记忆性教学文化”向“思维型教学文化”的转变。

（四）从环境层面构建新型课堂教学环境

环境对人的影响是微妙而关键的，课堂教学环境也是如此。学生的批判性思维需要长期的培养才能形成。批判性思维的形成不仅需要批判性思维课程内容和教学模式，还需要良好的课堂教学环境。良好的课堂环境需要教师和学生的共同努力。

良好的课堂环境应该是自由、民主、积极和充满活力的。在这样的环境下，教师需要改变传统的师生观，重新认识自己的角色和行为。在课堂教学中，教师不再是一个只传授知识或是一些思维概念或思维训练技能的角色，教师应努力为学生创造良好的自由的课堂教学环境，形成平等的师生关系，鼓励学生对问题提出假设，并认真思考、分析和验证。学生可以自由地表达自己的观点，积极地思考和提问，从而使整个教学行为能够服务于学生批判性气质和能力的提高。

良好的课堂环境要求教师通过给予学生足够的尊重和信任来帮助学生建立自信。通过这种信任使学生相信自己有能力、有价值，做到真正愿意、敢于参与课堂活动，认真学习，积极思考，发挥想象力，勇于探索。良好的课堂环境也要求教师给予学生足够的鼓励。鼓励环境对培养批判性思维和培养学生自信心尤其重要。在一个鼓舞人心的环境中，学生可以大胆自信地自由表达自己的观点，充分发挥自己的主动性和积极性。

（五）从师资层面加强教师培训与指导

大学的主要学术来源就是教师。一所大学招聘到的教师水平，直接关系到学校的学术活动、学生的整体素质、教学和学术的成绩、通过公益服务为社会提供服务的能力，以及从个人和公共渠道获得资源的能力，等等。综上所述，高校和学生的整体素质受到教师素质的直接影响。在课堂教学中，教师的知识水平会直接影响学生的学习情况，而教师的思维方式也会对学生的思维产生潜移默化的影响。

美国研究型大学批判性思维培养对教师批判性思维能力有一定的要求。在美国，几乎所有大学都有一本自己的教师手册。教师手册的政策、资源和信息主要来源于：

（1）大学董事会或者由校长等学校行政人员制定、经董事会批准的大学使命、大学目的和基本政策等。

（2）美国大学教授协会和其他学术组织的有关学术的政策和实践。

（3）大学教师评议会提供的学术政策和学术规划等。

（4）大学教师工会制定的教师薪水和福利等政策，经与学校当局谈判并获得同意后，成为大学官方政策。

（5）大学的一些咨询委员会提出的有关教师素质提升、专业成长等建议。

美国许多研究型大学会将批判性思维能力写明于大学教师手册中。例如，在宾夕法尼亚大学的教师手册中，要求教师教授批判性思维课程，以理解批判性思维、学习批判性思维知识，并具有一定的批判性思维能力。而加州大学洛杉矶分校在大学教师手册中规定，教授需要能够独立思考和分析，并对事物做出客观判断。

我国高校批判性思维的培养需要重视教师的指导和培训。首先，高校要建立系统的教师指导和培训体系，充分利用高校和社会的优秀资源，为教师提供学习机会和平台。其次，教师自身应认识到批判性思维的重要作用，学习批判性思维训练的知识和方法，以及批判性思维教学的专业知识。树立正确的教学观念，提高学生的专业知识和教学水平，将批判性思维的概念与学科教学相结合，培养和发展学生的批判性思维。

三、适合我国国情的批判性思维培养策略

美国高校的批判性思维教育有诸多值得我们学习与借鉴的地方。面临全球性的教育挑战，我们必须把对大学生批判性思维的培养列入自己的教学目标中，这就需要我们不断转变教育思想，更新教育理念，勇于创新教学，尤其是创新教学内容、教学过程、教学方法和模式等。

（一）选择好的教材

批判性思维能否有效融入课程教学中取决于能否找到一批好的教材。因为教材决定着教师的授课内容、授课方式、教学模式甚至教学思想。教材不是选择越多越好，而需精编、精选、精练的教材。以中国高校使用最多、最广的大学英语教材为例，许多高校所选教材内容陈旧，极大地限制了教师对课程的设计和对学生批判性思维的培养。由于我国当今对大学生批判性思维培养的重视，许多教育专家在教材内容设计上专门列入了批判性思维培养的内容，例如，《大学体验英语综合教程》在内容上凸显对大学生批判性思维的培养，在单元后的讨论练习专门设计了有针对性的栏目“Critical Thinking”，教材的编写是在学生学好课本内容的同时，以培养学生的批判性思维能力为主线的，在学生基本掌握了课文内容的基础上将知识加以扩展和延伸，并根据自己掌握的知识和现实生活中的实际情况进行口头汇报。学生间共同讨论与辩论，教师做评判和引导。这极大地促进了学生的分析能力、口头表达能力和批判辩论能力的提高。

语言教学不可忽视的是大量泛读。我们要借鉴美国教师每门课程都要布置大量阅读任务的教学方法，加大授课内容的开放性，对学生的要求不只限制在教材上，也需要给学生分配大量教材之外的各种阅读，要杂而广。培养学生的多学科视野增加模糊记忆、提高学习趣准练思想。只有这样，才有利于学生把课堂中学到的批判意识和思维方式有效运用到实践中去，学生在做大量阅读的过程中，逐渐提高其分辨真伪、归纳分析、逻辑推理与论证假设的能力，进而给批判性思维能力的培养与提高提供很好的练兵场。

（二）更新教学理念

一所大学能否办好就要看是否具备训练有素的教师，而教师的教学理念又决

定了其教学成效的好坏。美国一些大学的批判性思维教育成绩显著，与具备先进教学理念的大学教师是分不开的。在中国语境下，大学教师也应该具备现代化的教学观点和教育理念。在课堂教学中体现在具备“让课堂活起来”的课堂活动观念，创新教学方法，设计支持和激发学生思维的学习环境，激发学生思维，使他们积极参与小组活动、发言和辩论。在教学过程中，教师总是注重如何“引导”，而不是如何“教学”，学生也注重“实践”。由于文化背景的差异，中美大学教师在批判性思维训练的教学理念上也存在明显差异。在课堂教学和培养学生批判性思维能力的过程中，中国高校教师更加注重学生的提问和思考能力，培养学生严谨的学术精神，而美国大学教师注重培养学生的综合应用能力和创新批判精神。因此，教师还应根据中国学生和教学实际情况，注重提问和思考，提高学生的综合能力、创新能力和批评能力，培养国际应用型人才。

（三）教学模式需改革与创新

近年来我国教育界在大力提倡教学改革，各级部门分别专门设置了教改项目（国家级、省级、市级和校级等），增加了教改方面的投入。为适应我国经济社会的发展，各级部门把教学方法和教学模式的改革以及培养学生的批判性思维和创新意识列入教改的主要内容。为适应国家教育政策，许多大学教师分别加入教改项目中来，积极申报教改课题，为我国的教育教学改革出力献策。综合诸多大学教师的教学经验，应主要从以下几个方面做起：

启发诱导式教学模式的实施需进一步完善。古往今来，不少教育者强调并运用这一教学模式，但并未做到对其真正意义上的实施。经查阅相关资料，运用此教学模式的课堂设计大多都是以教师设计问题的形式进行，问题内容局限于教材的显性答案，在深度和广度上需要提高。这种情况下学生只是在教材中寻找现成答案，根本谈不上对思维的培养，更谈不上批判与创新。从上文对美国大学教师的启发式教学模式分析不难看出，教师只有从创设情境出发，引导学生自己发现问题、提出问题，然后督导学生通过推理、论证解决问题，才能够使学生在分析、归纳和探索过程中培养自己的批判性思维能力。

建立小组合作形式的交互式学习机制。小组合作成果既是个性化的创作，又是集体智慧的结晶。教师的主要任务是设计小组的活动内容，“以课本内容与现实生活相结合”内容的教学设计为最佳选择。这种交互式学习模式适合小班教学。教师把一个二三十人的小班分成若干小组，分配每组同样的学习内容。每个团队成员共同设计和准备课程，并使用多媒体展示结果。这表明团队成员可以获得更好的机会来展示他们的个人才能，培养他们的个人智慧。展示的过程就是相互交流、相互学习、互动学习的过程。对于相同的活动内容，不同群体的结果报告存在明显差异。在认真听每个小组的报告的同时，老师对每个小组的口头报告进行评估，并提出其优缺点和未来努力的方向。这一教学过程不仅实现了教师与学生、学生之间的知识交流，也实现了他们之间的思维甚至思想交流，有利于提高学生的批判性思维能力和创新能力。

推广“项目式学习”。“项目式学习”更适合研究生教学。研究生在知识积累、分析和解决问题的能力以及研究方法的运用等方面比本科生占优势。项目式学习是以所学课本内容为中心，以小组协作形式，利用多种现实资源对项目展开探究活动，并在限定时间内解决一系列问题，实现项目目标。这种学习方式注重小组协作、共同探究和解决问题。“项目式学习”的实施过程是：第一，根据授课内容，师生讨论、确定项目题目和项目目标。第二，根据项目主题指导学生查找相关资料、确定研究方法。第三，设计调查问题，寻找调查对象，收集相关数据。第四，写出项目调查分析报告，并回顾在整个调查过程中理论和实践相结合的重大意义。第五，学生进行项目成果展示，教师进行项目成果评价。可见，在这一过程中，教师充分发挥了设计者、指导者的作用，而学生在阅读分析文献、查找收集资料、调查实践到总结表述研究成果的过程中，不但锻炼了自己的综合分析能力、批判反思能力和创新实践能力，还充分体验了成就感和合作的乐趣。

尝试“切块拼接式学习”的实践教学。这种教学模式在美国得到了普遍实施，收到了非常好的教学效果。它是学生参与课堂教学、提高自主学习能力的重要方式。近几年，我国有些高校教师也在逐渐尝试这一教学模式。作者也在 2017—2018 学年第二学期，两次在两个班级实施“切块拼接式”教学，选用教材某单元——英国小说家萨默塞特·毛姆的作品——《患难之交》（A Friend in Need）作为实习内容。根据课文结构，把其内容分为 5 个部分，授课任务分别由 5 个小组来完成。每个小组在小组长的带领下都积极备课，查阅资料，阅读相关文献，并且在把握词汇、句法讲解的基础上，充分考虑到了篇章的理解与结构，最后通过多媒体进行了成果展示。由于班级是 60 人左右的大班，每组都是由 3~4 名学生代表展示。随后通过访谈形式对学生进行了教学效果调查。调查结果大体分三类：第一，在集体备课、协作学习的过程中，学生增长了知识，提高了自主学习能力。第二，通过上台多媒体演示，学生真正体验到了一名教师的授课过程（教学设计、教学步骤和教学方法等），为他们以后走向社会提供了尝试。第三，学生享受到了集体协作的乐趣，通过对问题的讨论与辩论，提高了思辨能力和批判能力。学生希望教师以后多提供这样的机会。尝试的不足是由于班容量大，不能做到让每位学生都上台进行成果演示，但确实是可行、有效的教学方式，有待在专业课和小班教学中积极推广。

（四）对学生的考核方式需多样化

当前许多高校由于国内高校考核方式的改革，将单纯的期末笔试转换为将课堂参与情况、作业完成情况、学生的考勤、自主上机学习情况以及课堂小测的平时成绩等按比例列入考核，并以分数呈现。这样的评定使得学生们用长期学习的成果取代了原先期末考试突击式的复习检验结果，只有在这样的学习过程中，学生才能真正获得能力的提升，才能对自己进行长期严格的要求。另外考核的目的由单纯的应试变成了对学生能力的培养、对思维能力的提升等。在文科语言类的考试中，应用更有时代性和实用性的命题来考试，主观题的比例要大于客观题，并加强考察语言应用的技能。

与此同时，包括课堂报告、阅读报告、调查报告、项目总结报告等在内的评估方法也应纳入评估范围，并占一定的分数比例，甚至可以单独作为一门课程的最终评估方法，这种评估方法也有利于培养学生的批判性思维能力。

在高等教育中，国内外在社会环境、传统文化和教育方法等方面都存在差异，并且对批判性思维的培养的侧重点也各有不同。例如，我国对学生批判性思维的培养侧重于提问和思考能力以及严谨的学术精神，而美国则侧重于培养综合能力和创新批判性精神。因此，教师应充分考虑中国大学教学的具体环境和中国大学生的特点，对美国大学教学科研成果进行借鉴和吸收。

四、结语

国内外的文化、社会、教育等各方面都存在差异，这也导致我国的批判性思维的培养也存在与众不同的方法方式，我们在学习借鉴国外先进的批判性思维培养的方法过程中，应当结合我国的实际情况，有所学习也有所摒弃，在不断发展的过程中慢慢探索出属于我们自己的大学生批判性思维培育的道路。

第二节　基于批判性思维层级理论的高校英语课堂教学设计

当今对大学生批判性思维和创新思维能力的培养是我国外语教学改革关注的热点问题。大学的英语基础课程是一门公共课，因此想要系统专业地培养学生的批判性思维具有一定的困难，过程缺乏系统性和有效性。本节以大学英语精读教学为实例，以批判性思维层级理论模型为理论指导，结合大学英语教学的具体实践，探讨了有效培养学生批判性思维能力的大学英语教学实施方案与具体课堂设计，为教育改革提供新思路和新方法。

一、批判性思维层级理论模型

本部分重点不再是研究批判性思维的相关理论，而是着重分析其层级理论模型。国内外有影响的论述批判性思维的理论模型有：中国心理学教授林崇德提出的三棱结构；美国特尔斐研究（The Delphi Research）小组提出的双维结构模型；美国学者保罗与埃尔德提出的三元结构模型。文秋芳教授综合了以上三种理论模型提出了更适合我国英语教学的批判性思维层级理论模型。

文秋芳教授把层级理论模型分为两个层面，即元思维能力和思维能力。元思维能力主要指自我调控能力，是对自己思维进行计划检查、调整与评估的技能。思维能力包括认知能力和情感特质。处于第一层次的元思维能力对整个思维能力的形成和发展起到了主导作用，也充分体现了思维者必须具有主观能动性。处于第二层次的思维能力即思辨能力，它是在具备了一定的认知能力和具有良好的情感特质的条件下才能实现的。认知技能包括三大核心技能：分析、推理和评价。分析技能是指能够对所学知识合理归类，对真假信息能够进行正确识别，并且给予比较与区分，最后得以合理的阐释。推理技能是指对某些知识的正确性和理性产生质疑，提出自己的假设，然后通过推理、论证与阐述证明假设的正确性。评价技能是具有对假定、论点、论据、结论等的评判能力。本理论根据 Paul（保罗）与 Elder（埃尔德）提出的三元结构模型和林崇德提出的三棱结构模型，列举了批判性思维能力的五项认知标准：精晰性、相关性、逻辑性、深刻性、灵活性。认知过程中思维要清晰，思维内容与主题要具有相关性，思维活动要具有条理性有深度和广度，并能够从不同角度思考问题。总之，认知能力的培养关键在于三项认知技能和五条认知标准。

在批判性思维的层次理论模型中，情感特征包括五个方面：好奇心、开放性、自信、正直和毅力。好奇心意味着思考者对事物充满兴趣，易于提问和提出新问题；开放性意味着思想者思想开放，善于接受他人的正确观点；自信是指思想家敢于质疑权威，对自己的分析、推理和评价能力有很强的自信；正直意味着思考者不怕力量，有勇气坚持自己的信仰，有能力坚持自己认为正确的东西，必要时不回头，并能公开反对自己认为错误的东西；毅力意味着思考者性格坚定，做事有毅力和韧性，有不怕挫折和失败的精神。根据层次理论模型的构建，只有具备一定的认知技能和必要的情感特征的人才能够逐步培养批判性思维能力。

二、批判性思维能力分层培养模式的实践方案

下面会从认知能力的培养角度出发，基于批判性思维能力的层次性特点，并同时结合教学内容与教学目标，设计以下培养方案（见表 6-2-1）。

表 6-2-1 批判性思维能力分层培养模式的实践方案

实施阶段	初级阶段	提高阶段	高级阶段
培养目标	分析能力	推理能力	评价能力
教学方法	苏格拉底问答法	讨论式教学法	探究式教学法
教学实践	教师设计问题、提出问题；答案具有开放性；学生协作、自主分析	教师分配小组和个人任务；小组分工又合作；学生在论辩冲突中探究与推理	教师适当引导，学生思考与探究；提出个人观点；分析、推理基础上给予评价

根据层次理论模型，认知能力应该具备的三种核心能力也具有从低级到高级的层次特征。三种核心能力分别是分析、推理和评价。对应的批判性思维的培养也被分为三个阶段，每个阶段都注重培养一种能力。由于非英语专业的大学英语只有两年的课程教学，教学时间按四个学期计算。分析能力和推理能力的培养分别占一个学期的学时，评价能力的培养占两个学期的学时。第一阶段是初级阶段，主要是培养学生的分析能力。教师在教学过程中通过苏格拉底问答教学法有针对性地设计问题。在良好的课堂环境下提出的没有统一答案的公开问题以鼓励学生畅所欲言，并在此过程中培养和提高他们的分析能力。第二阶段的改进阶段，主要目的是培养学生的推理能力。老师在课前分配小组任务，然后每个组长分配任务给每个小组成员。教师既可以进行抽查也可以进行个别指导。在课堂上，教师运用讨论式教学方法引发辩论，使学生在不同观点的辩论冲突中产生推理的冲动和欲望。教师和学生共同接受辩论中其他人的有序检查。对于辩论者来说，他们的观点或态度会因这种对抗而随时改变。在这个过程中，学生通过个体思维和集

体合作，有效地锻炼了自己的逻辑推理能力。第三阶段是高级阶段，主要培养学生的评价能力。评价是培养批判性思维能力的最高层次。学生评价能力的形成和提高意味着学生具有一定的批判性思维能力。这一阶段的实施主要集中在探究式教学法上。以课文精读为例，教师提出问题和自主学习的起点，让学生通过阅读和思考，自觉、主动地探索和掌握理解和解决问题的方法和步骤，探究文章段落之间、段落与主题之间的逻辑关系，在此基础上评价文章的优缺点，并提出自己的观点和意见，教师做出适当的评论，引导学生猜测深入。综上所述，这三个阶段的实施是按照层次培养批判性思维。这一过程加强了对知识点的记忆和理解，使学生的认知结构趋于系统化。

三、以批判性思维能力为导向的大学英语课堂教学设计

教学设计实践采用李荫华等主编的《全新版大学英语综合教程》教材。教学对象为大一、大二的学生。该教材不仅选课内容比较丰富，同时还搭配了包括词汇、文本理解（完形填空）、短语和句子结构和段落翻译等在内的多种课后练习。这些练习主要强调对知识点的记忆和理解。学生可以在学好教材课文的基础上独立完成。完成这些练习属于低级思维活动。根据分层理论模型和分层培训方案，教学需求应当来源于教材而高于教材。为了达到培养学生批判性思维能力的目的，教师必须为学生设计一定的思维空间，进行开放式的实践教学训练，从分析、推理、评价等方面不断提高学生的认知能力，从而提高他们的批判性思维能力。

（一）初级阶段

这一阶段的任务是培养学生的分析能力，使本阶段的学生掌握一定的分析方法，培养时间为大学第一学期，在英语课堂上实施。教师需要从课文中找出并分析材料，设计合理的问题。因为恰当的提问不仅能帮助学生掌握和巩固知识，还能迅速激发学生的学习兴趣，促进学生的主动思维、定向思维和开拓思维，从而提高他们的分析能力。教师采用苏格拉底问答教学法，引导学生逐步获得答案。答案并不是唯一的。教师可以随时根据学生的答案进行引导，从而直接激发学生的新思维。这个过程还使学生能够灵活思考，系统地组织材料，适当地使用分析方法。下面结合《全新版大学英语综合教程》一册第一课教材内容，进行如下教学设计：

文章题目：Writing for Myself（为自己而写）（李荫华和王德明，2012）

Step1：导入阶段（Lead-in Activities）。在导入阶段中，教师可以通过多媒体

的形式，如短片等的方式切入，并提出课文相关的问题。

1.How do you feel about English course？（你觉得英语课怎么样？）

2.What do you think of your English teacher？（你觉得你的英语老师怎么样？）

这两个开放性的问题都可以由学生自身的喜好进行回答，内容较为丰富不会造成卡壳的尴尬气氛。同时教师也要根据学生的回答及时做好引导，并注意找到合适的切入时机。在问答过程中尽量提出更多的引导性的问题，这样才能更好地锻炼学生的诸如区分辨别、归类以及阐释等能力。

Step2：背景介绍（Background information）。在背景介绍阶段，教师的主要任务是负责介绍与文章有关的背景，包括作者的信息、写作的背景等等。要想真正理解一篇作品想展示的内容，必须要对其背景有深入了解，同时在介绍背景的过程中教师还可以将涉及的知识进行深入的扩展，进而引发学生的思考，同时在与学生交互的过程中也可以让学生的区分辨别、归类以及阐释等能力得到进一步锻炼。

Step3：文章分析（Text analysis）。这个阶段首先要将文中涉及的词汇、语法等基础知识进行讲解，同时对文章结构及内容进行多元分析，来培养学生的思维能力和分析能力。课文从故事的发展角度可分为三个部分：

1.Baker was bored by English courses.（贝克对英语课感到厌烦）

2.Baker wrote about a topic.（贝克写了一个话题）

3.Baker discovered his talent for writing.（贝克发现了他的写作天赋）

以上三点分别体现了故事的开始、发展和结局。内容是贝克一直对英语课感到厌烦。这学期新来的英语老师和学校安排的英语课程也不例外，但老师的作文作业引起了他的兴趣。他作文中由衷的语言受到老师的赞扬，极大地激发了他的写作热情。他突然发现自己有写作潜力，给自己制定了成为一名作家的目标。

学生根据老师的提示通过快读和略读掌握文章大意，并能自然地理清文章脉络。以第一部分（第一部分包括文章的一、二自然段）为例，进行问题设计：

1.What's Baker's impression of his new English teacher？（贝克对他的新英语老师印象如何？）

2.How many "prim/primly" are used in Para.2？（第二段使用了多少个"prim/primly"）

3.How to describe a person？（如何描述一个人？提问深入）

4.What's your ideal teacher like？（翻译：你理想中的老师是什么样的？提问得到扩充）

前两个问题由学生通过对文章的内容进行归类、识别与阐释来回答，教师在学生回答的过程中适当的引导，比如文章中对新英语老师的描述，从声誉、印象外表、长相和谈话方式等多个方面来进行。为了描述老师的严厉，作者九次用“prim”（一本正经的）一词，并且用它的多个近义词来表达（formal，rigid，straight，severe 即正式、僵硬、直率、严厉）。通过对文章内容的解释，教师引导问题深入和扩展：如何描述一个人？你理想的老师是什么样的？在学生回答后两个问题的同时，教师积极引导和补充一些描述人的外貌、性格和特征的词汇，以达到掌握知识的目的。这个过程提高了学生应用和分析知识的能力。

Step4：批判性思考阶段（Critical Thinking）。设计两个问题：

1.Do you like the author's English teacher—Mr. Fleagle？ Why or why not？（你喜欢作者的老师弗利格尔先生吗？为什么？）

2.What's your impression of today's English teacher？（你对今天英语老师的印象如何？）

通过两个问题，把课文内容引向学生本身。让他们自己叙述对 Fleagle（弗利格尔）先生的看法，并说明原因，以及对自己现在的英语老师做出评价。

（二）提高阶段

提高阶段的任务是培养学生的推理能力，并应用和深化基础阶段获得的分析能力。主要在大一的下半学期来实施。采用讨论式教学法可以有效解决推理涉及提问、假设、推理和演示技能的培养和训练的问题。教师在学生掌握了教材基本内容涉及的词汇、语法以及文本结构等的基础上，可将学生分成 4~5 人的小组，讨论教材中的相关问题。每个小组将在组长的组织下讨论问题，最后选择一名代表以 PPT 的形式进行解释或演示。这样，团队成员通过合作完成一个主题，形成一个完整的推理过程。如果小组之间有任何异议，老师将进一步引导他们进行辩论并发表评论。下面结合《全新版大学英语综合教程》第二册第一课教材内容，进行如下教学设计：

文章题目：Learning，Chinese Style（中国式的学习风格）（李荫华和王德明，2012）

Step1 基于课本的主要问题设计：

1.What is the attitude of the author and his wife toward Benjamin's efforts at inserting the key into the slot？（作者的妻子对本杰明将钥匙插入插槽有什么不满？）

2.What is the attitude of the hotel staff toward Benjamin's efforts？（酒店员工

对本杰明的努力持什么态度？）

这两个问题主要考查学生对文章内容的认知程度。其设计主要就是从课本的内容着手，以此为基础也为后面提出和讨论较为深入的问题打下基础。第一个问题的观点涉及本杰明的父母让他自己去探索怎样才能把钥匙插进槽口，并从中获得乐趣。第二个问题涉及中国旅馆店员“手把手”教他怎样正确地把钥匙插进槽口。在回答两个问题之后，学生会顺着产生疑问：为什么对孩子的教育方式有如此不同呢？

Step2 基于课本内容的深入探讨。问题设计：

1.Why did not Benjamin's parents care whether he succeeded in inserting the key into the slot？（为什么本杰明的父母不关心他是否成功将钥匙插入插槽？）

2.Why did the Chinese hotel staff teach and guide Benjamin how to insert the key into the slot instead of doing it by himself？（为什么中国酒店的工作人员教并指导本杰明如何将钥匙插入插槽，而不让他自己操作？）

下面小组成员讨论并汇报对两个问题的看法。在讨论过程中，引导学生正确分析原因。美国人重视孩子自由天性的发展，让他在失败后一次又一次地探索，让孩子们知道一个人可以自己解决问题。这种自力更生的精神是美国中产阶级最重要的育儿理念。从广义上讲，美国人培养了“学会独立思考，独立解决问题，进而学会发现需要创造性地加以解决的新问题”的人生观。相反，中国人认为孩子还小，还不能独自完成动作，担心胡乱尝试导致失败会使他失去信心，甚至发脾气。所以要手把手地教他尽快学会这件事，然后做更复杂的事情。对于这两个问题，每组都可以表达自己的观点，并通过自己的推理证明自己观点的正确性。

Step3 基于课本内容的讨论问题进一步升华为中美两国之间的教育方式问题，设计如下：

1.What are the differences between Chinese education system and American education system？（中国的教育制度与美国的教育制度有什么不同？）

2.Do you think both of them go to the extremes？（你认为他们两个都走极端了吗？）

3.What's the best way？（最好的方法是什么？）

上面的三个问题将讨论的主题升华得更加深刻。从文章中的小问题扩展到社会乃至国家教育方法的大问题，这个过程从简单到深入，每一步都将在老师的引导下锻炼学生的推理能力。在讨论过程中，由于小组成员之间和小组之间的不同意见，不可避免地会发生冲突而产生辩论。例如，在上述三个问题上，一些团体支持中国的教育方式，一些团体支持美国的教育方式，一些团体可能支持两种教育方式之间的妥协。在冲突辩论过程中，每个小组都表达自己的观点，展示和阐述自己的观点，以便更好地锻炼自己的推理能力和批判性思维能力。

（三）高级阶段

在高级阶段，是关于学生评价能力的培养阶段，主要会采用探究式教学法，集中在大二第一学年实施。学生的评价能力是批判性思维能力形成的最后阶段，其中包括了预设判断、假设、论证、并提出结论等。学生在分析和推理能力发展后，会逐渐主动提出自己的观点，并对他人的观点进行评价。探究式教学法以知识、问题和论据的探究为基本内容，以师生互动为基础，提高学生的分析能力、评价能力和创新能力。只有探索，才能有批评和创新。在课堂上，老师组织学生进行分析和讨论，以便他们探究事实并阐述自己的观点。随着讨论的深入，学生的观点更加清晰，评价更加准确，批判性思维能力得到培养和提高。下面结合《全新版大学英语综合教程》三册第三课教材内容，进行如下教学设计：

文章题目：The Land of the Lock（锁之国）（李荫华和王德明，2011）

Step1 评价课文中的内容

1.Why needn’t the author take the key when he went out in his childhood？（为什么作者小时候出门不必带钥匙？）

2.Why do big companies ask their employees to go and in with access cards？（为什么今天的大公司让员工携带电子卡？）

Step2. 更进一步的评价和课文相关的扩充内容

1.What’s the deep meaning of “The Land of the Lock”？（“锁之国”的深层含义是什么？）

2.Why don’t people feel safe now？（为什么人们现在感觉不安全？）

在教学的第一阶段，教师引导学生学习基本的语言点和课文内容。进入第二阶段是对文章内容的知识和概念的综合学习和升华阶段。第一阶段培养学生的分析推理能力，第二阶段培养学生的综合评价能力。通过以上问题，我们可以看到设计是由浅入深分两步完成的。

首先，让学生们评价：为什么你出门时不锁门？为什么今天的大公司让员工携带电子卡？学生们通过探索两个问题来评估当今从个人、家庭到社会甚至国家的实际安全问题。这个评价是通过学生的个人思考或小组讨论获得的。

其次，文章标题“锁之国”的深层含义是什么？为什么人们现在感到不安全？教师引导学生结合一些实际案例，如美国 9 • 11 事件，让学生小组对社会和国家安全问题进行深入分析和评估。

最后，评价得出的结论是：人与人之间已经没有了最初的信任感，为了保护自己的人身和财产安全，必须依靠周密的安全设备进行保护，同时国际之间的关系也是如此。

四、结语

当代大学生批判性思维能力的培养是我国大学英语教学改革的核心方向。教师应当如何激发学生的学习潜能，如何改变思辨缺席的实际状况是改革能否成功的关键。在英语专业领域，文秋芳的层级理论模型已经通过了实际的教学实验验证过其实用性、科学性与合理性。本章便是以层及理论为基础设计了针对不同系别和专业的大学英语教学的具体实施方案，但这些方案的实用性和有效性还需要本书的作者以及诸多学者的进一步探究以及更广泛的教学实践来检验。

参考文献

[1] 夏季 . 批判性阅读策略在高中英语阅读教学中的应用研究 [D]. 哈尔滨：哈尔滨师范大学，2020.

[2] 徐娟莉 . 促进批判性思维发展的混合学习评价活动设计研究 [D]. 兰州：西北师范大学，2020.

[3] 牛刘伟，陈航，彭伟强 . 高校英语教师批判性思维倾向研究 [J]. 广东开放大学学报，2020，29（01）：93-97+101.

[4] 袁园 . 简析当前大学生批判性思维发展的制约因素及解决途径 [J]. 英语广场，2019（03）：89-90.

[5] 郭日发 . 促进批判性思维发展的在线学习活动设计研究 [D]. 上海：华东师范大学，2019.

[6] 彭璐 . 大学英语教师批判性思维倾向现状调查研究 [D]. 重庆：重庆大学，2018.

[7] 周志成 . 将批判性思维纳入英语专业培养目标的思考 [J]. 集美大学学报（教育科学版），2018，19（01）：75-79.

[8] 刘琼琼 . 美国研究型大学批判性思维培养研究 [D]. 上海：华东师范大学，2017.

[9] 张丽 . 中美高校课堂教学模式与学生批判性思维能力培养模式探究 [J]. 海外英语，2016（22）：243-244.

[10] 张长海 . 基于批判性思维和创造力的我国大学生信息素养教育模式研究 [J]. 中国图书馆学报，2016，42（04）：102-116.

[11] 杨艳霞，任静生 . 我国外语批判性思维研究可视化分析与反思 [J]. 外语界，2016（03）：50-56+80.

[12] 冉韵 . 课堂提问对批判性思维的培养研究 [D]. 重庆：重庆师范大学，2016.

[13] 郭豆豆 . 高中英语阅读教学中学生批判性思维能力培养的应用研究 [D]. 济南：山东师范大学，2016.

[14] 雷雅琨 . 高中英语阅读教学中培养学生批判性思维能力的实证研究 [D]. 重庆：重庆师范大学，2016.

[15] 朱叶秋 .“翻转课堂”中批判性思维培养的 PBL 模式构建 [J]. 高教探索，2016（01）：89–94.

[16] 马军英，赵强，张燕，朱爱玲 . 高校师范生批判性思维倾向的调查研究 [J]. 数学教育学报，2015，24（06）：21–25.

[17] 林敏霞 . 高校英语阅读教学中的批判性思维培养研究 [J]. 海外英语，2015（20）：31–33.

[18] 邱谊萌 . 英语专业批判性思维课程设计 [J]. 当代外语研究，2015（09）：65–70.

[19] 赵婷婷，杨翊，刘欧，毛丽阳 . 大学生学习成果评价的新途径：EPP（中国）批判性思维能力试测报告 [J]. 教育研究，2015，36（09）：64–71+118.

[20] 李正栓，李迎新 . 中国大学生批判性思维教育实施的策略研究 [J]. 外语教学理论与实践，2015（03）：49–56+95–96.

[21] 李加义 . 我国批判性思维研究综述 [J]. 唐山师范学院学报，2014，36（06）：135–138.

[22] 荣志强 . 高中生英语批判性阅读能力培养实证研究 [D]. 四平：吉林师范大学，2014.

[23] 郝文娟 . 高校英语教学中如何培养学生批判性思维能力 [J]. 河南工业大学学报（社会科学版），2013，9（04）：160–163.

[24] 刘芳，董元兴，李慷 . 高校英语教师批判性思维技能研究：基于部分教师的现状调查与分析 [J]. 外语电化教学，2013（06）：66–70+80.

[25] 黄芳 . 大学生批判性思维能力培养方式实践探索 [D]. 上海：上海外国语大学，2013.

[26] 刘静 . 大学英语教学中大学生批判性思维品质的实证研究 [D]. 重庆：重庆大学，2013.

[27] 隋晓冰，周天豪 . 外语教材的研发与学生外语能力的培养：基于我国高校主要外语教材的分析与探讨 [J]. 外语电化教学，2012（06）：52–59.

[28] 王一普，李蜜，黄跃华 . 提升教育质量：高校英语教师面临的新挑战和出路：以大学英语课堂教学为例 [J]. 中国大学教学，2012（10）：81–84+70.

[29] 张黎黎 . 英语专业大学生批判性思维能力现状调查与分析 [D]. 延吉：延边大学，2012.

[30] 李莉文 . 试析英语专业技能课程与批判性思维能力培养的关系 [J]. 中国外语，2010，7（06）：68–73.